"十四五"法律职业教育新编系列教材

ZHISHI CHANQUAN LILUN YU SHIWU

知识产权理论与实务

主　编◎王　莹

撰稿人◎王　莹　　汪　婧　　王　瑜

　　　　李迎春　　李晓鸣　　罗丽娅

　　　　钟有为　　李　悦　　胡海国

　　　　梁顸顸　　傅　溢　　赵思宇

　　　　肖　玲　　鲍　健

中国政法大学出版社

2025·北京

图书在版编目（CIP）数据

知识产权理论与实务 / 王莹主编. -- 北京 ：中国
政法大学出版社, 2025. 8. -- ISBN 978-7-5764-2223-8

Ⅰ. D923.404

中国国家版本馆 CIP 数据核字第 2025CK5095 号

出　版　者	中国政法大学出版社
地　　　址	北京市海淀区西土城路 25 号
邮　　　箱	fadapress@163.com
网　　　址	http://www.cuplpress.com (网络实名：中国政法大学出版社)
电　　　话	010-58908435(第一编辑部) 58908334(邮购部)
承　　　印	保定市中画美凯印刷有限公司
开　　　本	787mm×1092mm　1/16
印　　　张	20.5
字　　　数	461 千字
版　　　次	2025 年 8 月第 1 版
印　　　次	2025 年 8 月第 1 次印刷
印　　　数	1~4000 册
定　　　价	69.00 元

出版说明

　　为深入贯彻落实党的二十大和二十届二中、三中全会精神，全面贯彻习近平总书记关于职业教育工作和教材工作的重要指示批示精神，贯彻落实全国职业教育大会和全国教材工作会议有关要求，落实《关于加强新时代法学教育和法学理论研究的意见》《关于推动现代职业教育高质量发展的意见》的有关部署，进一步适应全面依法治国战略对法律职业教育提出的新的更高要求，根据教育部《职业院校教材管理办法》及《"十四五"职业教育规划教材建设实施方案》，结合新修订的《职业教育专业简介》和《职业教育专业教学标准》以及法律职业教育高质量发展的需要，在全国司法职业教育教学指导委员会的指导下，中国政法大学出版社和行业院校共同启动了"十四五"法律职业教育新编系列教材的编写出版工作。

　　本系列教材以习近平新时代中国特色社会主义思想为指导，全面贯彻落实习近平法治思想，坚持落实立德树人根本任务，遵循高素质技术技能人才成长规律，遵循教材建设规律和教育教学规律，适应产教融合、职普融通、科教融汇对法律职业教育教学改革提出的新要求，充分满足法律职业教育高质量发展的需求，尤其是数字化、智能化发展的新需求，紧扣各专业人才培养目标及其职业能力培养需要，全面推动习近平新时代中国特色社会主义思想进教材进课堂进头脑。教材突出法律职业教育的类型特点，统筹推进教师、教材、教法改革，以司法类专业教学标准为基本依据，以更深入地实施司教融合、校局联盟、校监所（企）合作、德技双修、工学结合为根本途径，运用现代信息技术创新教材呈现形式，着力加强实训教材和数字化教学资源建设，充分发挥教材建设在提高人才培养质量中的基础性作用。在编写内容上，顺应新时代、新要求，尤其是突出教材的实践性特点，力争符合法律类专业人才培养目标达成需要和相关课程标准要求，与相关法律职业任职标准（岗位技能要求）相衔接，体现"原理与实务相结合"的特点，注重培养学生应用理论、规则及方法解决实际问题的能力。

　　经过专家们的悉心指导、全体编写人员的共同努力及教材编写基地的大力支持和出版社编辑们的辛勤付出，现在该系列教材已陆续出版，欢迎大家选用，敬请各使用单位和广大师生提出宝贵意见和建议，我们将及时根据教材评价和使用情况反馈对教材进行修订，进一步丰富教材内容，优化教材结构，促进教材质量不断提高。

中国政法大学出版社

2024 年 12 月

序

在全面建设社会主义现代化国家的新征程上，知识产权作为国家发展战略性资源和国际竞争力核心要素的作用愈发凸显。党的二十大报告提出"加强知识产权法治保障，形成支持全面创新的基础制度"，将知识产权保护工作提升到了前所未有的战略高度。职业院校在知识产权人才培养体系中肩负着特殊使命——既要锚定"制造强国""质量强国"的战略方向，更要着眼于培养大批懂理论、精实务、能创新的复合型知识产权技能人才。以此为背景，《知识产权理论与实务》教材出版恰逢其时，该教材以落实全面建设社会主义法治国家和实施知识产权强国、加强知识产权法治保障为编写理念，以"认识知识产权、著作权、专利权、商标权、商业秘密、海外知识产权、其他知识产权"为明晰体系，以"经典案例—理论框架—实务场景"为设计架构，准确传达了成熟先进的知识产权理论结构和知识要点，展现了知识产权法学研究及知识产权制度实施的中国智慧和中国经验，为职业教育服务知识产权强国和社会主义法治国家建设提供了重要的教学载体和实践指南。

一、以知识产权强国建设彰显职业教育时代担当

习近平总书记多次强调，"创新是引领发展的第一动力，保护知识产权就是保护创新"。当前，全球新一轮科技革命和产业变革加速演进，我国正处于从"制造大国"向"制造强国"迈进的关键阶段。高端装备制造、新能源、数字经济等战略性新兴产业的竞争，从制度层面来看本质就是知识产权的竞争。世界知识产权组织数据显示，2023年我国国际专利申请量连续四年居全球首位，但在核心专利布局、知识产权运营转化、纠纷应对能力等方面仍存在明显短板，特别是面向产业的知识产权管理、服务、维权等领域的技能型人才缺口巨大。

职业教育作为与产业发展关联最直接、与技术技能结合最紧密的教育类型，必须主动融入国家创新驱动发展战略。教材开篇即系统梳理了我国知识产权制度的发展脉络，从1982年《中华人民共和国商标法》颁布到2025年《中华人民共和国植物新品

种保护条例》第 3 次修订，清晰展现了我国知识产权法治建设与改革开放同步、与创新实践同频的发展轨迹。尤为值得肯定的是，教材将习近平总书记关于知识产权工作的重要论述作为理论根基，深入阐释"创新主体利益保护""知识产权严保护、大保护、快保护、同保护"等核心要义，引导职业院校学生从战略高度认识知识产权的价值功能，这正是职业教育落实"为党育人、为国育才"的生动体现。

二、以产教融合逻辑构建教材独特育人体系

职业教育的生命力在于产教融合。与传统法学教材侧重概念介绍和理论阐释不同，《知识产权理论与实务》牢牢把握职业教育类型特征，构建了"产业需求导向—典型岗位分析—能力模块设计—课程内容落地"的立体教材架构，体现出三个鲜明特色：

（一）对接产业岗位需求的模块化设计

教材基于职教本科教育教学的产教融合特性，将职业能力划分为"创造—管理—运用—保护"四大模块，每个模块设置对应的典型工作任务。例如，在"策划商标运营"部分，对标商标专员岗位职责，设计实务操作案例，直观呈现商标权运营与产业升级的互动逻辑。这种"从产业中来、到实践中去"的编写思路，使教材内容同职业岗位能力要求高度契合，有效解决了传统教材"学用脱节"的问题。

（二）贯穿实践导向的行动化教学场景

职业教育教学改革的关键在于让学生在"做中学"。教材创新设计七大知识产权项目，共计 35 个实践教学任务，分别配套了任务目标、实践案例和实训项目。这种"理论知识够用、实践能力过硬"的编排体系，为职业院校实施项目化教学和情境化实训提供了有力支撑。

（三）融入技术变革的前瞻性视野

在数字经济蓬勃发展的今天，知识产权保护面临着数据知识产权、人工智能生成物保护、区块链存证等新挑战。教材敏锐捕捉技术变革趋势，专设"人工智能视阈下著作权归属"章节，深入探讨人工智能生成物的知识产权赋权等前沿问题。这种"立足当下、面向未来"的编写理念，有助于培养学生在技术迭代中对知识产权的敏锐感知，使教材内容始终保持与产业发展的同频共振。

三、以"三教改革"理念创新教材使用范式

教材建设是职业教育"三教改革"的重要载体。《知识产权理论与实务》的价值不仅在于知识传授，更在于为教师教学模式创新和学生学习方式转变提供新路径。

（一）为教师提供"课证融通"教学方案

教材开篇设置了知识产权认证类证书和技能类证书模块，梳理职业技能考核要点与教材知识点的对应关系，配套开发教学案例库和试题库。教师在教学中可采用"岗课赛证"综合的育人模式，将教材内容与世界职业院校技能大赛等相结合，培养学生

的知识产权信息检索、侵权风险分析、纠纷处理等核心技能，实现"以赛促教、以证促学"的良性互动。

（二）为学生搭建"工学结合"学习平台

《知识产权理论与实务》作为国家精品课程，本教材配套开发了数字化资源库，包含知识产权法律法规数据库和典型案例视频库等资源，学生可通过线上线下融合学习，对标知识产权师、专利代理师、商标代理人、知识产权合规人员等岗位的任务清单，为参与企业实践提供了行动指南。

（三）为产教融合开辟"协同育人"新空间

教材编写团队由职业院校专业教师和知识产权实务专家共同组成，这种"双元合作"模式本身就是产教融合的生动范例。职业院校可以教材使用为契机，进一步深化与知识产权服务机构、行业协会、龙头企业的合作，共建知识产权产业学院、技术转移中心等校企合作平台，将教材中的典型案例转化为企业真实项目，让行业专家走进课堂，让学生参与企业知识产权管理实战，形成"教材编写—教学实施—实践反馈—教材迭代"的良性循环。

四、以大国工匠培育厚植知识产权文化土壤

知识产权保护不仅是法律制度，更是我国创新文化的重要组成部分。职业院校培养的学生未来将成为产业一线的技术骨干和工匠人才，他们的知识产权意识和创新素养，直接影响着我国产业竞争力的根基。教材在讲述知识产权制度规则的同时，特别注重培育学生的三种精神：

（一）创新创造的工匠精神

教材专设"知言知语"板块，通过展示知识产权保护相关名言、故事、案例，让学生深刻领悟到每一项核心技术突破都离不开知识产权的保驾护航，引导学生深入社会实践、关注现实问题，培育学生"尊重知识、崇尚创新、诚信服务、德法兼修"的职业素养，以工匠精神雕琢技术细节，在平凡岗位上实现技术创新。

（二）合规经营的法治精神

教材通过"'茶颜悦色'诉'茶颜观色'不正当竞争纠纷""宋某与新科公司专利权归属纠纷案"等典型案例，系统解析知识产权侵权认定、损害赔偿计算、跨境纠纷解决等实务要点，培养学生的法律风险防范意识和合规经营能力。

（三）开放合作的全球视野

在"双循环"新发展格局下，知识产权国际化是必然趋势。教材专设"海外知识产权保护实践"章节，详细介绍了《保护工业产权巴黎公约》《与贸易有关的知识产权协定》等国际条约，以及《欧盟商标条例》《欧洲专利公约》等国际规则，引导学生树立全球视野，掌握国际知识产权竞争的"游戏规则"，为我国企业"走出去"提供人才支撑。

　　法学教育的载体和纽带在于教材。无论是学生的学习，还是教师的讲授，都依赖于院校精心编写和选用的课程教材。看到这本新型教材的问世，我由衷地感到欣慰与欣喜。希望这本教材能够成为广大职业院校师生探索知识产权领域的"金钥匙"，在教学相长中培养更多具有知识产权思维的技术技能人才，为加快实现从"中国制造"向"中国创造"、从"中国速度"向"中国质量"、从"中国产品"向"中国品牌"的转变贡献职教力量！

中国职业技术教育学会会长
2025 年 4 月于北京

前　言

在创新驱动发展战略深入实施的今天，知识产权不仅是国家核心竞争力的重要体现，更成为企业和个人在知识经济时代的"无形铠甲"。作为深耕职教领域多年的教育工作者与实务工作者，我们深切感受到，随着数字技术迭代和产业结构升级，培养更多的"懂理论、精实务、能操作"的应用型知识产权人才已成为当务之急。为落实职业教育定位与实务特色，破解知识产权领域人才培养与产业需求脱节痛点，我们组织全国部分法律类职业院校知识产权或法律事务专业的一线骨干教师与律师事务所、专利代理机构、企业法务部门等知识产权领域资深实务专家，共同编撰了这本《知识产权理论与实务》教材。

本书在编写理念、编写内容和编写体例方面力求体现以下特色：

一、编写理念：从"知识传授"到"能力建构"

职业教育的本质是"产教融合、知行合一"。本书突破传统教材"重概念、轻应用"的编写思路，始终秉持三个核心理念：

第一，坚持岗位需求导向。对接知识产权典型职业岗位，提炼管理、代理、维权等岗位核心技能，将理论知识转化为实务操作的能力培养模块。

第二，坚持理实深度融合。采用"经典案例→理论框架→实务场景"的递进式设计，每个知识点均配备"案例导入→法律解析→技能训练"三位一体学习流程，让学生在模拟解决实务问题的过程中构建职业能力体系。

第三，坚持动态知识更新。紧跟知识产权相关法律法规及国际公约条例的最新内容、最高人民法院典型案例以及人工智能、区块链等新技术带来的知识产权前沿议题，确保教材内容与行业发展同频共振。

二、内容体系：构建"理论+实务"双轨知识架构

本书以知识产权核心权利为主线，构建分层递进、实务导向、多维覆盖的编写路

径，通过"理论奠基→实务深耕→海外拓展→新兴补白"，形成"知识学习→技能训练→场景应用→战略思维"的递进式培养体系，既适合职业院校知识产权课程教学，也可作为知识产权从业者的实操手册，实现"理论厚度、实务深度、前沿锐度"有机统一。

项目一是认识知识产权。作为全书基础，该模块系统介绍知识产权领域的重要证书及核心岗位，帮助学习者构建知识产权全局观。

项目二是著作权的应用与维护。以培养著作权应用与管理能力为目标，按照"权利产生→运用增值→纠纷处理→前沿应对"的逻辑展开。包括掌握作品登记流程、区分作品归属；针对不同场景制定许可使用方案、起草合同条款；运用"三步检验法"撰写法律意见书、设计侵权取证方案；解析 AI 生成内容等前沿领域的著作权问题，助力学习者应对数字时代版权挑战。

项目三是专利权的确认与运用。以"技术创新→权利固化→价值转化→壁垒突破"为路径，聚焦专利全生命周期管理。学习者将了解如何运用专业数据库进行专利检索、撰写分析报告、模拟答复审查意见；针对不同领域设计专利布局矩阵、策划运营项目；解析专利诉讼策略、应对海外专利壁垒，并通过实际案例开展"技术方案专利化"训练。

项目四是商标权的取得与保护。围绕商标品牌运营与市场竞争，从"品牌创建→市场布局→风险管控"三大环节强化实务技能。学习者将掌握运用尼斯分类进行商标注册规划、设计防御与联合商标方案；策划商标商业运营模式、制定老字号商标活化方案；处理商标"撤三"申请、应对侵权行为，通过典型案例掌握商标侵权判定要素。

项目五是商业秘密的识别与应用。以"涉密信息管理→合规体系建设→权利侵害救济"为核心，旨在构建企业商业秘密保护体系。学习者将了解如何搭建符合国际标准的管理体系，运用法律原则固定侵权证据、策划报案材料，针对不同行业提供差异化保护方案模板。

项目六是海外知识产权保护实践。以培养跨境知识产权合规能力为目标，基于"走出去"企业需求，构建"信息搜集→权利获取→纠纷解决"体系。学习者可了解如何通过国际途径进行专利申请与商标注册，模拟制定跨境电商侵权应对预案，同时学习国际知识产权协议条款，了解数字贸易壁垒动态。

项目七是其他知识产权。着眼于拓展新型知识产权保护视野，对接乡村振兴与新兴产业需求，内容包括掌握地理标志双轨保护模式，解析植物新品种测试流程，了解集成电路布图设计登记与保护要件，同时衔接相关政策要求。

三、体例设计：注重"实务"和"应用"

本书面对的教学对象主要是应用型人才，因此首先通过"任务描述"、翔实的典型知识产权"经典案例"及其"案件评析"，帮助学习者模拟知识产权竞争环境，在分析和讨论案例的同时，逐步加深对知识产权管理的认知和实践。在此基础上，通过"知识归档""法律法规"，梳理出相关理论，最后通过"知权演练""延伸思考"，帮助学习者巩固所学，使教材不仅具有全面、系统的理论基础，还具有分析、方法指导和操作内容介绍，可以更为有效地指导创新实践。同时，本书还提供丰富的拓展和教辅资源，配套《知识产权理论与实务》国家精品课程内含"知识产权案例库"等数字化资源，满足线上线下混合式教学需求，方便师生教与学。

本书的出版凝聚了编写团队的集体智慧。王莹教授和汪婧博士编写项目一，梁颀颀博士编写项目二的任务1~2；王瑜副教授编写项目二的任务3~4；王莹教授编写项目二的任务5~7；李晓鸣教授编写项目二的任务8；李悦副教授编写项目二的任务9；罗丽娅副教授编写项目三的任务1~4；钟有为律师编写项目三的任务5~6；胡海国研究员编写项目三的任务7~8；汪婧博士编写项目四的任务1~5；傅溢博士编写项目五的任务1~5；李迎春编写项目六的任务1~4；赵思宇博士编写项目七的任务1；肖玲编写项目七的任务2；鲍健编写项目七的任务3；梁颀颀博士和汪婧博士共同编写实训项目清单。王莹教授负责全书统稿工作，汪婧博士、李悦副教授负责全书校对工作。特别感谢李文、汪子鸣、宋智慧和张淇对本书统稿和校对工作的辛勤付出。

本书的编写也得益于兄弟院校、律所、学会的大力支持。特别感谢中国职业技术教育学会鲁昕会长的辛勤指导；深圳市世纪恒程知识产权代理事务所胡海国研究员，广东良马律师事务所创始合伙人马戎、张韵，执行副主任钟有为律师等行业专家为本书编写提供了实践指导；中国中文信息学会徐飚老师对本书的编写提出许多宝贵意见。此外，本书在编写过程中参考了大量中外文献，吸收了相关学科专家、学者的研究成果，特向有关作者表示衷心的感谢。由于知识产权领域发展迅猛，教材难免存在疏漏，恳请广大读者与业界同仁批评指正，以便再版时修订完善。

知识产权的世界充满挑战与机遇——从传统产业的品牌保护到人工智能时代的权利界定，从技术创新到跨境贸易，每一次实践都是理论的延伸，每一次探索都可能改写规则。希望本书能成为一把钥匙，帮助读者打开知识产权的大门，在理论学习中积淀底蕴，在实务操作中锤炼本领，最终成为守护创新、创造价值的"知识产权卫士"。

深圳职业技术大学经济学院院长　王莹

2025 年 7 月

目 录

项目一　认识知识产权

任务描述

　　本节任务旨在让学生全面了解知识产权的基本概念、类型与重要性，构建一个清晰的知识产权认知框架，掌握知识产权保护的基本方法，通过完成具体的知识产权案例分析，提升分析问题、解决问题和团队协作的能力。

经典案例

通领科技集团海外专利维权诉讼"五连胜"

一、基本案情

　　通领科技集团（以下简称通领）凭借自主研发的漏电保护断路器（GFCI）产品进入美国市场。因性价比高，销售额快速增长，冲击了美国莱伏顿公司（以下简称莱伏顿）的市场地位。莱伏顿以侵犯其"558专利"为由，在美国三个州地方法院起诉通领的4家美国经销商。通领主动介入诉讼，提出合并案件审理等动议以获得法院支持。新墨西哥州法院判决通领产品未侵权。之后莱伏顿的行业同盟帕西西姆公司发起"337调查"，美国国际贸易委员会初裁通领侵权，通领上诉至美国联邦巡回上诉法院，最终，法院推翻美国国际贸易委员会裁决，通领最终胜诉。

二、案件争议

　　1. 专利技术差异。莱伏顿主张通领产品侵犯其专利，通领则表明其产品采用"拥磁式"永磁脱扣技术，与莱伏顿的机电一体化设计不同，通领的产品无需莱伏顿专利中的"复位接触件"，从而从技术本质上否认侵权。

　　2. 侵权认定分歧。莱伏顿企图借"等同原则"扩大专利保护范围，通领通过提交《不侵权意见书》，利用马克曼听证程序，促使法院对专利权利要求作出严格解释，以证明自身产品不构成字面侵权或等同侵权。

三、典型意义

1. 法律层面。这是中国企业首次在中美知识产权诉讼中全面胜诉，打破了美国企业借"337调查"排挤中国产品的局面，特别是胜诉ITC一案，开创中国企业起诉美国企业获胜的先例。

2. 商业竞争。通领依靠"技术自主+专利先行"，诉讼期间推出众多专利，以创新突破垄断，其模式为中国企业提供了借鉴。

3. 国际规则参与。通领运用美国法律程序维护自身权益，推动美国专利商标局重新审查莱伏顿专利的有效性，为中国企业参与国际知识产权治理积累了经验。

思维导图

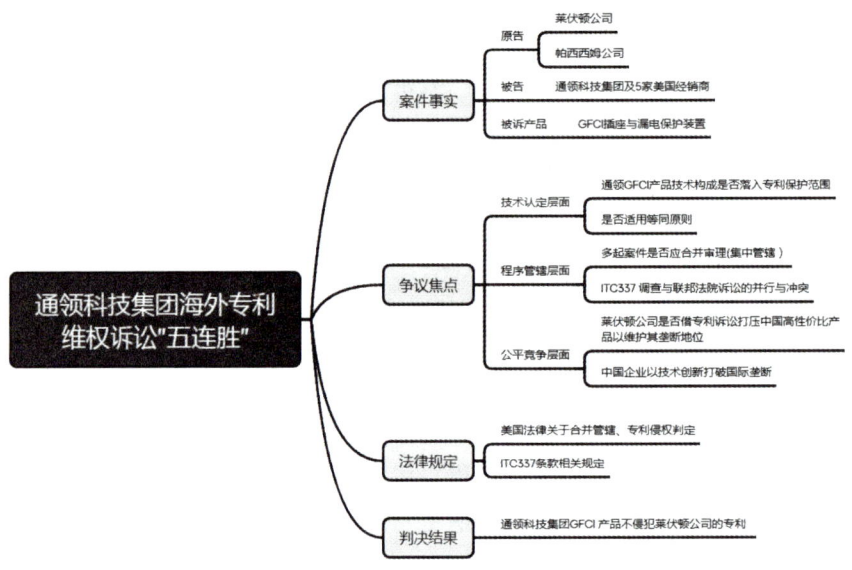

案例评析

在经济全球化浪潮中，知识产权已然成为企业参与国际竞争的核心要素，海外专利纠纷也随之成为中国企业"走出去"过程中面临的重大挑战。通领在与莱伏顿的专利侵权诉讼中成功突围，实现五连胜，这一案例为中国企业提供了宝贵的经验，对中国企业海外发展的启示如下：

1. 加强知识产权保护意识。中国企业在开拓海外市场之前，应充分认识知识产权保护的重要性，提前做好专利检索和布局工作，避免侵犯他人的知识产权。同时，要及时将自身的核心技术申请专利，获得法律保护，建立起自己的知识产权壁垒。

2. 提升海外诉讼应对能力。企业要加强对海外法律制度和诉讼程序的学习和了解，培养或聘请专业的法律人才，制定合理的诉讼策略。在面对海外专利诉讼时，要积极应诉，善于运用法律程序维护自身权益，避免因畏惧诉讼或不熟悉法律程序而放弃抗辩权利。

3. 坚持以技术创新为首。技术创新是企业在国际市场竞争中立足的根本。企业要加大研发投入，增强自主创新能力，走差异化的技术发展路线，降低对国外技术的依赖，以技术优势应对知识产权纠纷和市场竞争。

4. 建立行业协同发展机制。在面对国际竞争对手的专利围剿时，中国企业应加强行业协同，建立专利联盟或行业协会，共同应对知识产权纠纷，分享技术资源和诉讼经验，形成合力，提高整个行业在国际市场上的竞争力和话语权。

知识归档

知识产权是涉及法律、经济和科技等多个领域的综合性学科。以下是知识产权的一些核心知识点：

一、知识产权的概念与类型

知识产权（Intellectual Property）是指人们通过智力劳动创造的成果所享有的法律权利。它是一种无形的财产权，与有形的动产和不动产不同，知识产权的客体是智力成果和商业标记等信息，具有非物质性、专有性、地域性和时间性等特点。知识产权的保护对于促进创新、维护市场竞争秩序、保障权利人合法权益等具有重要意义。各国通常通过制定专门的知识产权法律，规范知识产权的取得、使用、转让、许可等行为，并设立相应的知识产权管理机构和司法机构来保护知识产权。

以下是知识产权的主要类型：

（一）著作权（Copyrights）

1. 概念。著作权是指作者和其他著作权人对文学、艺术和科学工程作品所享有的各项专有权利。

2. 特点。著作权具有自生性，作品创作完成后即自动产生著作权，无需登记；具有独占性，著作权人享有作品的复制权、发行权、改编权等；具有地域性，著作权的保护范围通常限于作品首次发表的国家或地区，但可通过国际条约实现跨国保护；具有时间性，著作权有一定保护期限，如自然人作者的著作权保护期限通常为作者终生及其死后 50 年。

3. 分类。著作权包括著作人身权（如署名权、发表权等）和著作财产权（如复制权、发行权、改编权等）。

4. 对象。

文字作品：包括小说、散文、诗歌、剧本、论文、报告等。

口述作品：如演讲、讲课、报告等口头表达的内容。

音乐作品：包括歌曲、交响乐、歌剧等。

戏剧作品：如话剧、歌剧、舞剧等。

曲艺作品：包括相声、快书、大鼓、评书等以说唱为主要表演形式的作品。

舞蹈作品：包括各种舞蹈的编排和表演。

杂技艺术作品：包括各类通过高超的身体技巧、器械操作以及表演形式展现的艺术作品。

美术作品：如绘画、雕塑、书法等。

摄影作品：包括各种摄影照片。

建筑作品：既包括建筑物本身，也包括建筑的设计图纸、模型等。

视听作品：如电影、电视剧、纪录片等。

工程设计图、产品设计图、地图、示意图等图形作品和模型作品：包括建筑设计图、机械设计图等。

计算机软件：包括计算机程序及其文档。

符合作品特征的其他智力成果及法律、行政法规规定的其他作品：如数据库等。

（二）专利权（Patent Rights）

1. 概念。专利权是指发明创造人或其权利受让人对发明创造在一定期限内享有的独占实施权。

2. 特点。专利权具有独占性，未经专利权人许可，他人不得实施其专利；具有地域性，专利权仅在授予专利的国家或地区有效；具有时间性，专利权有一定期限，如发明专利的保护期限通常为 20 年。

3. 分类。专利权包括发明专利、实用新型专利和外观设计专利。

发明专利：指对产品、方法或者其改进所提出的新的技术方案，如新的化学物质、新的制造方法等。

实用新型专利：指对产品的形状、构造或者其结合所提出的适于实用的新的技术方案，如新的机械装置、新的工具等。

外观设计专利：指对产品的整体或者局部的形状、图案或者其结合以及色彩与形状、图案的结合所作出的富有美感并适于工业应用的新设计，如新的产品外观造型、新的包装设计等。

（三）商标权（Trademark Rights）

1. 概念。商标权是指商标注册人对其注册商标享有的专用权。

2. 特点。商标权具有显著性，商标应具有识别商品或服务来源的功能；具有独占性，商标注册人享有商标的专用权，他人未经许可不得使用；具有可转让性，商标权可以依法转让。

3. 作用。商标权保护商标的独占使用权，防止他人仿冒或混淆，保障消费者权益，同时也有助于企业提升市场竞争力和建立品牌声誉。

4. 分类。商品商标：用于区分商品来源的标志，如商品的名称、图形、字母、数字、三维标志和颜色组合等。

服务商标：用于区分服务来源的标志，如服务的名称、图形、字母、数字、三维标志和颜色组合等。

集体商标：由团体、协会或者其他组织注册，供该组织成员在商事活动中使用，以表明其成员资格的标志。

证明商标：由对某种商品或者服务具有监督能力的组织所控制，而由该组织以外的单位或者个人使用于其商品或者服务，用以证明该商品或者服务的原产地、原料、制造方法、质量或者其他特定品质的标志。

（四）商业秘密（Trade Secrets）

1. 概念。商业秘密是指不为公众所知悉、能为权利人带来经济利益、具有实用性并经权利人采取保密措施的技术信息和经营信息。

商业秘密包括独特的生产工艺、配方、客户名单、营销策略等，是企业的重要资产，能够为企业带来竞争优势，企业通常会采取各种措施来保护其商业秘密不被泄露或不当使用。

2. 特点。商业秘密的特点包括秘密性、价值性和保密性。秘密性指信息不为公众所知悉，未在公开渠道披露，具有非公知性和相对性；价值性要求信息能为权利人带来经济利益或竞争优势，具有现实或潜在的经济价值；保密性则强调权利人采取了合理的保密措施，如签订保密协议、限制信息传播范围等，以确保信息不被轻易泄露。这三性共同构成商业秘密的法律保护基础，缺一不可。

3. 作用。商业秘密能为企业带来竞争优势，保护技术与经营信息，防止被竞争对手模仿或窃取，从而确保企业的市场地位和经济利益。

4. 分类。技术信息：包括生产工艺、技术方案、实验数据、技术文档、设计图纸等。经营信息：包括客户名单、营销策略、销售渠道、价格策略、财务数据等。

（五）集成电路布图设计权（Layout-Design Rights of Integrated Circuits）

1. 概念。集成电路布图设计权是指集成电路布图设计的原创者或其权利受让人享有的专有权利。

2. 特点。集成电路布图设计权具有独占性，未经权利人许可，他人不得复制或商业利用其集成电路布图设计；具有地域性，保护范围限于特定国家或地区；具有时间性，保护期限通常为 10 年。

3. 作用。保护集成电路布图设计的原创性，鼓励技术创新和产业发展。

（六）植物新品种权（Plant Variety Rights）

1. 概念。植物新品种权是指育种者对经过人工培育的或者对发现的野生植物加以开发，具备新颖性、特异性、一致性、稳定性并有适当命名的植物新品种享有的专有权利。

2. 特点。植物新品种权具有独占性，育种者对其新品种享有生产、销售、使用等专有权利；具有地域性，保护范围限于特定国家或地区；具有时间性，保护期限通常为 20 年左右。

3. 作用。保护育种者的创新成果，促进农业科技进步和植物品种改良。

（七）地理标志权（Geographical Indications Rights）

1. 概念。地理标志权是指对地理标志所享有的法律权利。地理标志是用于表明商品地理来源的标志，其商品的质量、信誉或其他特性主要归因于特定的自然因素和人文因素。地理标志权作为一种知识产权，保护的是与特定地域相关的商品标识。

2. 特点。地理标志具有地域性，与特定的地理区域密切相关，只有该区域内的生产者才能使用该地理标志；具有客体的特定性，地理标志权的客体是与特定地理环境相关的商品标识；地理标志权的保护通常没有时间限制，只要其与特定地区的关联性存在，地理标志权就可以持续存在；权利主体具有多元性特征，通常由该地区的生产者集体享有，而不是归属于单一的个体；地理标志具有双重属性，既有私权属性，也有公权属性，是一种介于公权与私权之间的权利类型。

3. 作用。地理标志权通过认证商品真实来源，维护消费者权益，防止误导。它能提升地方产品价值，赋予品牌独特性和溢价能力，推动区域经济发展。同时，地理标志权有助于传承和保护传统文化，增强产品在市场上的竞争力，吸引消费者，提高市场占有率。

二、知识产权的特点

1. 独占性：知识产权赋予权利人对其智力成果的独占使用权。
2. 时效性：知识产权的保护通常有时间限制。
3. 地域性：知识产权的效力通常限于授予国或地区的法律管辖范围内。
4. 无形性：知识产权是一种无形资产，不具有物理形态。

三、知识产权的历史沿革

知识产权的由来可以追溯到中世纪的欧洲，其概念最早见于17世纪中叶，由法国学者卡普佐夫提出，并由比利时法学家皮卡第发展。知识产权制度最早萌芽于意大利，1474年，威尼斯颁布了世界上第一部专利法，标志着现代专利制度的起源。1624年，英国颁布了《垄断法案》，这是世界上第一部具有现代意义的专利法。随后，著作权制度也产生了，1709年，英国颁布了《安娜女王法》，为现代著作权制度奠定了基石。

近现代知识产权制度的确立与工业革命和资本主义的发展密切相关。随着科学技术的进步和国际贸易的发展，知识产权保护逐渐国际化。19世纪末至20世纪初，欧洲大陆各国和美国相继实行了专利制度。1967年世界知识产权组织发布的《建立世界知识产权组织公约》中规定了"知识产权"的范畴。1993年通过的《与贸易有关的知识产权协定》（以下简称《TRIPS协定》）进一步明确了知识产权保护的范围。

我国现代知识产权法律制度的构建始于改革开放初期，这一时期标志着中国知识产权法律体系的初步建立和发展。1982年，《中华人民共和国商标法》（以下简称《商标法》）的通过开创了我国知识产权立法的先河，为商标的注册、使用和保护提供了法律依据。1984年《中华人民共和国专利法》（以下简称《专利法》）的实施，进一步完善了我国的知识产权法律体系，为发明创造的保护奠定了基础。1991年，《中华人民共和国著作权法》（以下简称《著作权法》）的实施则为文学、艺术和科学作品的创作者提供了法律保障。

前述国内法律的制定和实施，不仅为我国知识产权保护提供了法律框架，也为我国加入国际知识产权保护体系创造了条件。1980 年，我国加入世界知识产权组织（WIPO），1985 年我国加入《保护工业产权巴黎公约》（以下简称《巴黎公约》），1992 年加入《保护文学艺术作品伯尔尼公约》（以下简称《伯尔尼公约》）等，进一步推动了我国知识产权法律与国际接轨。2001 年，我国加入世界贸易组织（WTO），同时《TRIPS 协定》对我国生效。由此确立了在 WIPO 框架下相关公约和 WTO 框架下 TRIPS 双重体系的多边知识产权保护机制。我国于 2008 年颁布了《国家知识产权战略纲要》，将知识产权保护提升到国家战略的高度，标志着我国知识产权保护进入新的发展阶段。

随着经济的快速发展和国际地位的提升，我国的知识产权法律制度也在不断完善。近年来，我国陆续修正了《专利法》《商标法》和《著作权法》，以适应新的经济形势和技术发展的要求。同时，我国还积极参与国际知识产权合作与交流，推动知识产权的全球共享与共同发展。

四、知识产权的价值

1. 经济价值：知识产权可以转化为经济利益，如通过许可、转让等方式实现商业化。

2. 竞争价值：知识产权可以作为企业竞争的壁垒，保护企业的市场优势。

3. 文化价值：知识产权保护有助于推动文化的多样性和创新，促进文化和科学的发展。

4. 战略价值：在国际竞争中，知识产权已成为国家软实力的重要组成部分。

五、知识产权证书的种类与作用

1. 认证类证书。在这个部分，我们将学习如何识别和区分不同类型的知识产权证书，包括著作权、专利、商标等，并了解它们各自的保护范围和作用。

表 1-1 知识产权认证类证书

国内证书	证书图样	证书作用与获取方式
作品登记证书		明确著作权归属，维护作者合法权益，促进作品传播与利用，确保创作者获得应有经济回报，享受优惠政策。 获取作品登记证书需要通过中国版权保护中心官方网站提交申请，并经过材料审核后获得。

续表

国内证书	证书图样	证书作用与获取方式
计算机软件著作权登记证书		权利证明与公示，维权与诉讼支持，促进交易与合作，合法经营与销售，政策优惠与认定支持。 获取计算机软件著作权登记证书，需要通过中国版权保护中心官网进行账号注册、实名认证、在线填报并提交申请材料、登记机构受理、登记机构审查，最终取得登记证书。
发明专利证书		防止技术泄露，提升企业形象和品牌价值，宣示市场独占权，享受政府优惠政策。 获取发明专利证书需要经过专利申请、审查、授权等流程，最终在授权后办理登记手续，由专利局颁发专利证书。
外观设计专利证书		促进企业创新发展，享受税收优惠政策，鼓励企业扩大生产，吸引外资和扶持特定行业，推动产业结构优化升级，促进资源优化配置。 获取外观设计专利证书需要提交《外观设计专利请求书》、外观设计图片或照片以及简要说明等申请文件，经国家知识产权局审查合格后，颁发专利证书。
实用新型专利证书		提升企业竞争力，优化资产配置。 获取实用新型专利证书需要提交包括请求书、说明书等在内的申请文件，通过国家知识产权局的初步审查后，办理授权登记手续，由国家知识产权局颁发专利证书。

续表

国内证书	证书图样	证书作用与获取方式
商标注册证		保护品牌独立性，有助于市场推广和品牌建设，推动商业交易和资产评估，防止恶意抢注，保护品牌价值，管理和监督商品质量。 获取商标注册证需要通过准备申请材料、提交申请、形式审查、实质审查及公告、注册完成与证书发放等流程。
国际创新与知识产权管理体系 ISO 认证		ISO56005 创新与知识产权管理体系标准强调知识产权战略、创新战略与业务战略的协同，适用于各类型企业提升知识产权管理效能和创新能力。 国际创新与知识产权管理体系 ISO 认证证书，通常由国家认可的第三方认证机构颁发，这些机构需要经过国际标准化组织的认可，并具备独立的检测和评估能力。

2. 技能类证书。知识产权领域有多种技能证书可以考取，这些证书不仅能够证明个人的专业能力，还有助于职业规划和发展。

表 1-2　知识产权技能类证书

国内证书	证书图样	证书作用与获取方式
知识产权师		是由人力资源社会保障部颁发的国家级职称证书，体现了个人在知识产权领域的专业知识和技能，包括专利、商标、著作权等。 获取知识产权师资格认证需要参加由国家人社部统一组织的全国性统考，考核通过后由人社部颁发相应级别的知识产权师证书。
知识产权工程师		是由中国知识产权培训中心颁发的职业技能证书，旨在评估申请人在知识产权领域的专业知识、技能和经验。 获取知识产权工程师证书需要通过国家知识产权局中国知识产权培训中心独家授权的培训、考核、认证流程。

续表

国内证书	证书图样	证书作用与获取方式
专利代理师资格证书		是由国家知识产权局颁发的专业证书，通过考试后可以成为专业的专利代理师，负责专利的申请、代理和咨询工作。 获取专利代理师资格需要通过国家知识产权局组织的专利代理师资格考试，考试合格后由国家知识产权局授予专利代理师资格并颁发专利代理师资格证书。
商标代理职业能力评价证书		是由中华商标协会人才与教育专业委员会颁发，持有该证书的人员可以进行商标的申请、代理和维权工作。 获取商标代理职业能力评价需要通过申报、提交相关材料、形式审查、符合性审查、技能测验（部分等级）、综合评分（部分等级）以及提名表决（特级）等程序，最终由评价工作组或中华商标协会等机构进行评定。
知识产权管理体系认证证书		由企业向认证公司申请认证，用于证明企业内部知识产权管理体系符合相关国家标准或技术规范的要求。 获取知识产权管理体系认证需要建立符合国家标准的知识产权管理体系、运行满 3 个月、拥有至少 1 件知识产权，然后向具备资质的第三方认证机构提交认证申请，通过认证机构的现场审核后，由认证机构颁发认证证书。
专利估值分析师（Certified Patent Valuation Analyst，CPVA）		由美国商业发展学院（Business Development Academy）提供认证，旨在培养能够在商业交易中进行专利价值评估的专业人士，包括知识产权管理者、许可执行者、技术转移专家、发明者、专利律师等。 获取专利估值分析师认证需要参加由美国商业发展学院主办的 CPVA 认证培训课程（含考试），完成《新兴技术评估》《许可商务谈判》《专利评估进阶》《专利赔偿计算》等四门必修课程并通过考核。

此外，部分知识产权行业协会或行业组织也会颁发相应的资格证书。例如，上海市知识产权服务行业协会举办"上海市知识产权工作者"培训班，学员考试合格后将获得"上海市知识产权工作者"证书；首都知识产权服务业协会发布了《专利信息分析师职业技能等级培训与考核规范》和《商标规划师职业技能等级培训与考核规范》，通过考核的学员可以获得相应的职业技能等级证书。这些证书是由知识产权行业协会或组织颁发的，用以证明持证人在知识产权领域的专业能力和知识水平，作为国家证书的补充。

六、知识产权证书的作用与价值

1. 对个人的作用与价值。知识产权证书对个人而言是专业能力和成就的象征。它不仅证明了个人具备知识产权领域的专业知识和技能，而且有助于提升个人在职场上的竞争力。持有知识产权证书的个人更容易在法律、咨询和管理等行业中获得工作机会。此外，通过获取这些证书，个人可以系统地学习和掌握知识产权的相关知识，为自己的职业发展打下坚实的基础。对于创作者和发明者来说，确权类知识产权证书还提供了法律保护，确保其智力成果得到尊重和保护。

2. 对企业的作用与价值。对企业而言，知识产权证书是提升市场竞争力和保护企业资产的重要工具。拥有专利、商标等知识产权证书的企业，能够在市场上更好地保护自己的产品和技术，减少被竞争对手模仿或侵权的风险。这些证书还有助于企业规避法律风险，减少侵权和被侵权的可能性。同时，知识产权作为企业的重要资产，可以增加企业资产的价值，提高企业的商业信誉和市场估值。在商业合作和交易中，知识产权证书可以作为增加合作伙伴信任度的筹码。此外，许多国家和地区的政府为拥有知识产权证书的企业提供资助、税收优惠等支持，以促进企业进一步发展。

3. 对国家的作用与价值。在国家层面，知识产权证书的作用和价值体现在推动创新、提升国际形象和保护国家利益等方面。知识产权保护和鼓励创新活动，有助于推动国家的科技进步和经济发展。国家对知识产权的保护水平，往往被视为法治和文明的标志，对提升国际形象有着重要作用。在国际贸易中，知识产权保护是重要的谈判筹码，有助于保护国家利益并促进公平竞争。通过有效的知识产权管理和保护，可以促进新技术、新产品的开发，推动经济增长，增强国家的全球竞争力。

七、知识产权的法律体系

知识产权法律体系是一个多层次、多维度的法律框架，旨在保护和促进智力创造成果的合理利用。

在国际法律制度层面，知识产权法律体系主要由一系列国际条约和协定构成，这些条约旨在协调各国在知识产权保护方面的标准和做法，以实现全球范围内的知识产权保护协调一致。例如，《巴黎公约》和《伯尔尼公约》分别对工业产权和著作权进行保护，而《TRIPS协定》则在世界贸易组织框架下，为知识产权的国际保护设定了最低标准。这些国际条约要求各缔约国在本国法律中实施相应的保护措施，以确保知识产权的国际保护水平一致。

　　在国内法律制度层面，中国的知识产权法律体系由一系列法律法规、行政法规、地方性法规以及司法解释构成。《中华人民共和国民法典》（以下简称《民法典》）明确规定民事主体依法享有知识产权，并对知识产权的外延予以详细列举。《著作权法》、《专利法》和《商标法》是该体系中的核心法律，分别对著作权、专利权和商标权进行专门保护。此外，还有《中华人民共和国反不正当竞争法》（以下简称《反不正当竞争法》）保护商业秘密，行政法规如《中华人民共和国著作权法实施条例》（以下简称《著作权法实施条例》）、《计算机软件保护条例》对相关法律进行细化和补充。司法解释则为法律适用提供具体指导，确保知识产权案件得到公正审理。这些法律法规共同构成了中国完整的知识产权保护体系，确保知识产权在国内得到有效保护和管理，促进创新和经济发展。

八、我国对知识产权的重视

　　我国对知识产权的重视体现在以下几个方面：

　　1. 强化战略指引。我国政府将知识产权保护提升至国家战略层面，发布《国家知识产权战略纲要》，明确了知识产权工作的指导思想和战略目标，旨在建设知识产权强国，提升知识产权创造、运用、保护和管理能力。

　　2. 完善法律制度。我国注重加强知识产权法治保障，构建门类齐全、结构严密、内外协调的法律法规体系，包括《著作权法》、《专利法》和《商标法》等核心法律及其实施细则、条例等配套法规，全方位保护创新成果和智力劳动的价值，持续完善知识产权法制。

　　3. 加强保护力度。我国不断加大知识产权保护力度，建立高标准的侵权惩罚性赔偿制度，布局建设国家级知识产权保护中心和快速维权中心，启动建设国家知识产权保护示范区，提升保护效率和效果。

　　4. 提升公共服务。实施知识产权公共服务普惠工程，提高专利、商标电子申请率，实现作品著作权登记和计算机软件著作权登记网上办理，提升知识产权公共服务便利化水平。

　　5. 深化国际合作。推动世界知识产权组织在华设立办事处和仲裁与调解中心，合作建设技术与创新支持中心，深化"一带一路"倡议等多双边知识产权合作。

九、我国知识产权事业取得的历史性成就

　　新时代以来，我国知识产权事业取得了历史性成就。这些成就不仅提升了我国的创新能力，也为经济社会高质量发展提供了有力支撑。

　　1. 不断完善法律制度。全国人大常委会修正了《专利法》《商标法》《著作权法》等知识产权领域专门法律，国务院也相应修订了相关实施细则，建立起符合国际通行规则、门类较为齐全的知识产权法律制度。

　　2. 持续加大保护力度。知识产权司法保护和行政保护全面强化，形成了"严保护、大保护、快保护、同保护"的保护格局。

　　3. 多措并举提量增效。截至 2024 年底，我国国内发明专利有效量达到 475.6 万

件，成为世界上首个突破 400 万件的国家。我国每万人口高价值发明专利拥有量达到 14 件，提前完成国家"十四五"规划的预期目标。[1]

4. 创新引领经济贡献。2023 年，我国专利密集型产业增加值达到 16.87 万亿元，占国内生产总值的比重达到 13.04%，提前实现了"十四五"规划的预期目标。[2] 2023 年，全国专利商标质押融资额达 8539.9 亿元，同比增长 75.4%，惠及企业 3.7 万家。[3]

● 拓展阅读

《新时代我国知识产权事业取得历史性成就》

5. 不断深化国际合作。我国在世界知识产权组织发布的《2023 年全球创新指数报告》中位居第 12 位，与全球 80 多个国家和地区建立了稳定的合作关系，正在实施的知识产权合作协议超过 200 份。

📖 技能达标 ▶

知识目标

1. 掌握知识产权的概念、对象和类型；
2. 认识知识产权的不同证书及应用场景；
3. 熟悉知识产权的国内外法律体系。

能力目标

1. 能说明知识产权制度的由来与作用；
2. 能掌握知识产权证书申请与注册流程；
3. 能表述知识产权的对象和分类。

素养目标

1. 树立知识产权保护与维权意识；
2. 明确知识产权保护的重要意义。

---

〔1〕 中国政府网：《国务院新闻办发布会介绍 2024 年知识产权工作进展情况》，载 https：//www.gov.cn/lianbo/fabu/202501/content_ 6998991.htm，访问时间：2025 年 7 月 25 日。

〔2〕 中国政府网：《国务院新闻办发布会介绍 2024 年知识产权工作进展情况》，载 https：//www.gov.cn/lianbo/fabu/202501/content_ 6998991.htm，访问时间：2025 年 7 月 25 日。

〔3〕 中国政府网：《2023 年全国专利商标质押融资同比增长 75.4%——知识产权专利转化运用加速推进》，https：//www.gov.cn/lianbo/bumen/202401/content_ 6924386.htm，访问时间：2025 年 7 月 25 日。

法律法规

岗位职责

岗位名称	职责描述
知识产权权利人	1. 证明其对知识产权的合法拥有。 2. 控告知识产权侵权行为。 3. 提供知识产权的注册证明和相关文件。
知识产权师	1. 知识产权申请与维护。 2. 知识产权运营与管理。 3. 知识产权咨询与培训。
知识产权工程师	1. 知识产权战略与运营。 2. 纠纷处理与诉讼支持。 3. 专利挖掘与技术申请。
知识产权代理机构工作人员	1. 代表客户处理知识产权注册、维护事务。 2. 提供侵权分析和建议。 3. 协助客户进行维权行动。
知识产权律师和法律顾问	1. 为客户提供法律咨询和策略。 2. 起草法律文件和诉状。 3. 代表客户出庭。 4. 与对方律师进行协商和调解。
知识产权局工作人员	1. 负责知识产权的注册和审查工作。 2. 提供知识产权政策和法律的解释。 3. 在行政诉讼中作为第三方参与。

知言知语

创新是引领发展的第一动力，保护知识产权就是保护创新。
————习近平总书记在十九届中央政治局第二十五次集体学习时的讲话

知权演练

延伸思考

2024 年 12 月 13 日，中国和美国宣布修订并延长《中美科技合作协定》5 年。该协定被视为中美关系的"晴雨表"，在知识产权方面，双方就加强知识产权保护进行了深入讨论，并在商业秘密保护、药品相关知识产权问题、专利有效期延长等方面达成共识。

为什么加强知识产权保护对于中美两国科技合作具有重要意义？

项目二　著作权的应用与维护

任务一　走进著作权

任务描述

本任务要求学生系统掌握著作权纠纷预防与处理的全流程实务技能，构建一个"权利确认—证据固定—纠纷预防"的立体化保护框架，设计一套包含著作权查询、区块链存证、证据保全等多层次的预防方案，完成涉案作品的全流程权利状态核验；运用中国版权保护中心官方平台，构建系统化的著作权检索框架，形成规范的查询分析报告；设计并实施区块链存证方案，完成作品的链上存证操作，生成有效的存证证明文件。本任务旨在提升学生的法律文书撰写能力、证据链构建能力、信息检索技巧和团队协作水平，锻炼学生的实务操作能力，提高职业素养。

经典案例

龚某与某某研究院等著作权权属、侵权纠纷[1]

一、基本案情

原告龚某创作《倒读论语》，提出《论语》具有严密逻辑结构的独创性观点。2013年4月，原告龚某将作品发送给被告杨某征求意见。此后，被告杨某在多篇学术文章、著作及讲座中使用了与原告龚某作品高度相似的表述，包括"《论语》从根本上来讲是一部中国政治学的最高经典""二十篇《论语》服从与服务着整部《论语》的这个思想与目的"等核心观点。原告龚某认为被告杨某侵犯其著作权，要求停止侵权并赔礼

---

〔1〕（2022）鲁民终 2685 号。

道歉。被告杨某则主张相关观点属于学术界的共识性认识。

二、典型意义

本案是著作权法中"思想与表达二分法"原则的适用案例，具有重要指导意义。法院明确区分了思想观念与表达形式的界限，强调著作权法保护的是思想观念的独创性表达，而非思想观念本身。当思想观念与表达密不可分，或某种思想观念只有有限的表达方式时，不应给予著作权保护，以防止思想观念被垄断。

思维导图

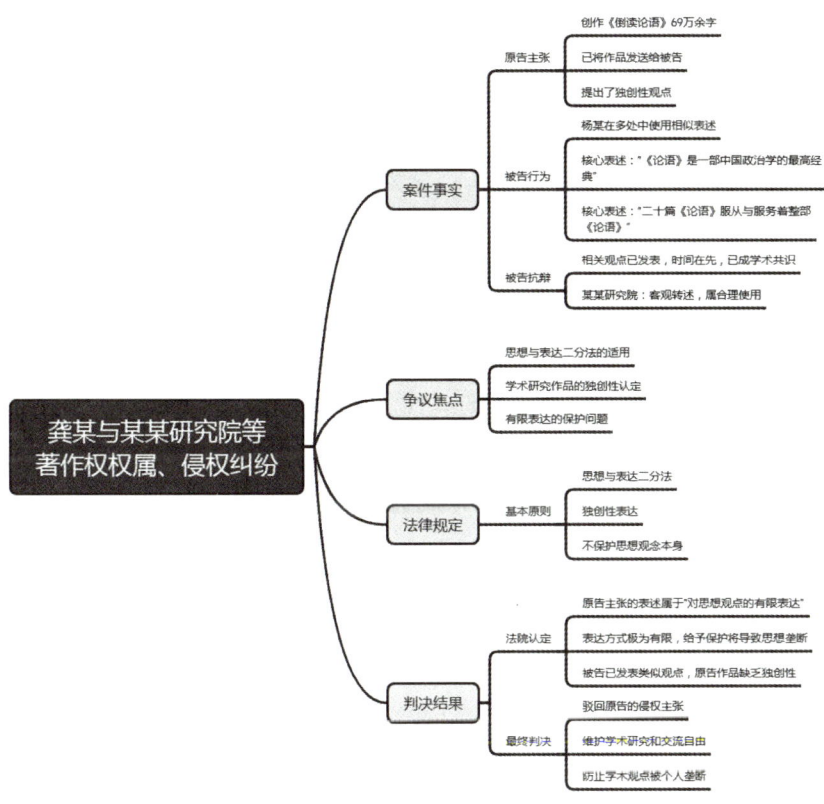

案例评析

一、"思想与表达二分法"的精准适用与保护边界厘定

本案的核心价值在于对"思想与表达二分法"原则的准确运用。法院明确区分了著作权的保护对象（思想观念的独创性表达）与不保护对象（思想观念本身），并认定原告龚某主张的表述属于"对思想观点的有限表达"，在保持语言简洁的前提下表达

方式极为有限，给予保护将导致思想观点被不当垄断。这一认定为学术研究类作品的著作权保护提供了重要的边界厘定标准。

二、学术研究作品独创性认定的特殊标准与时间考量

法院区分了文学作品与学术研究作品在独创性认定上的不同标准，指出学术研究作品因研究对象和材料基本相同而具有天然相似性，其独创性主要体现在材料的选择、编排和说明上。结合时间先后因素，法院查明被告杨某早在 2003 年即已发表类似观点，而原告龚某作品创作于 2013 年，缺乏相对于在先作品的创新性。这一认定明确了学术研究领域著作权保护的特殊考量因素。

三、学术自由保护与防止思想垄断的政策平衡

通过驳回原告龚某的侵权主张，法院有效避免了基础学术观点被个人垄断，维护了学术研究和交流的自由环境。这种裁判既保障了后续研究者的合理使用权利，又促进了学术创新和文化传承，体现了著作权法在保护创作者权益与维护公共利益之间的合理平衡，为传统文化研究成果的合理利用提供了明确指引。

知识归档

一、著作权的历史沿革

（一）古代的版权保护萌芽

中国版权保护的历史可以追溯到宋代。随着雕版印刷技术的发展和图书贸易的繁荣，宋朝政府颁布了"翻版禁令"，这是我国最早的版权保护措施。这些规定虽然主要保护刻印出版者的利益，但已经体现了对知识产权的初步认知和保护意识。

（二）近代著作权法制确立

1. 清末时期。1910 年，清政府颁布《大清著作权律》，这是中国历史上第一部系统的著作权法，标志着我国开始引入现代著作权制度。该法借鉴了日本等国的立法经验，对著作权的客体、主体、保护期限等作出了明确规定。

2. 民国时期。1915 年，北洋政府修订并颁布了新的著作权法。1928 年，南京国民政府又对著作权法进行了修订完善，进一步健全了著作权保护制度。

（三）中华人民共和国著作权法制的发展

中华人民共和国成立后至改革开放前，我国主要通过行政法规和政策性文件进行著作权保护。1990 年 9 月，全国人大常委会通过《著作权法》，这是我国第一部著作权专门法律，于 1991 年 6 月 1 日起施行，标志着我国现代著作权保护制度的正式确立。

（四）法律的持续完善

我国《著作权法》为适应社会发展需要和国际形势变化，先后经历了 2001 年、2010 年和 2020 年三次重要修正，每次修正都具有其特定的时代背景和重点内容。

2001 年的第一次修正主要是为适应我国加入世界贸易组织的需要，重点是与《TRIPS 协定》接轨。这次修正在扩大著作权保护客体范围方面取得重要突破，将数据

库纳入汇编作品保护范围，同时将录音录像制品纳入邻接权保护范畴。在权利体系方面，增设了信息网络传播权，强化了表演者权利，并明确了广播组织权利。此外，还对合理使用情形和法定许可制度进行了细化，同时通过提高侵权赔偿数额和增加行政处罚措施，加强了对著作权的保护力度。

2010 年的第二次修正着重完善了著作权集体管理制度。这次修正对集体管理组织的设立、运营以及使用费收取和分配机制等方面作出了详细规定，同时加强了对这些组织的监督管理。在权利保护机制方面，细化了侵权认定标准，完善了证据规则，优化了救济程序。特别是针对网络环境下的著作权保护问题，明确规定了网络服务商的责任，建立了"通知—删除"规则，为规范在线传播行为提供了法律依据。

2020 年的第三次修正是对数字经济发展的积极回应，也是与国际著作权保护发展趋势接轨的重要举措。这次修正在权利体系完善方面，扩充了著作权人的权利类型，强化了表演者权利保护，并完善了广播组织的权利。在作品保护方面，引入了"视听作品"的概念，完善了电影作品及类电作品的相关规定，明确了作品完整权的保护。特别值得注意的是，此次修正大幅提升了著作权保护力度，将法定赔偿额上限提高到500 万元，同时引入最高可达 5 倍的惩罚性赔偿制度，并将诉讼时效延长到 3 年。在技术措施保护方面，明确了技术措施的定义，规定了破解技术措施的法律责任，同时细化了例外情形。此外，还完善了开放许可制度，对开放许可声明、使用规则等作出了规范，以平衡许可人和被许可人的权益。

这三次修正充分体现了我国《著作权法》与时俱进的发展特点。通过不断完善法律规范，我国已经建立起符合国际标准的著作权保护体系，为应对数字时代的著作权保护挑战提供了有力的法律保障。每次修正都立足于特定时期的实际需求，在保持法律稳定性的同时，不断创新保护机制，推动我国著作权保护水平的整体提升，为知识产权强国建设奠定了坚实的法律基础。

（五）国际化进程与未来发展

1. 加入国际公约。我国著作权保护的国际化进程不断推进。1992 年加入《伯尔尼公约》和《世界版权公约》，标志着我国著作权保护开始全面融入国际体系。此后，我国还加入了《世界知识产权组织版权条约》等多个国际公约，不断提升著作权保护的国际化水平。

2. 新时代的挑战与应对。随着数字经济的快速发展，《著作权法》面临着新的挑战。2020 年修正的《著作权法》增加了网络传播权保护、技术措施保护等新规定，并开始关注人工智能创作等新型著作权问题。我国正在积极探索数字时代著作权保护的新模式，推动著作权制度与时俱进。

二、著作权保护的基本原则

（一）平衡保护原则

1. 权利人利益与公众利益的平衡。著作权法中的平衡保护原则植根于社会契约理论，该理论认为著作权保护是社会与创作者之间的一种契约安排。在理论基础层面，权利限制的正当性源于公共利益的需求，而公共领域理论则为知识共享提供了重要的理论支撑。

这种平衡在制度设计中得到具体体现：首先，通过保护期限制度，规定自然人作品的保护期限为作者终生及死后50年，确保作品最终回归公共领域；其次，法定许可制度，允许在教科书编写、报刊转载等特定情形下，经过法定程序使用他人作品；最后，强制许可制度使广播电台、电视台等机构在特定条件下可以播放已发表作品。在司法实践中，"谷歌图书计划"案的处理体现了数字化环境下的利益平衡，而孤儿作品（指权利人下落不明的作品）的合理使用问题，则反映了公共文化机构数字化项目中的法律边界划定难题。

2. 专有权与合理使用的平衡。合理使用制度是平衡专有权与公共利益的关键机制，其判断标准包含三个维度：①目的性判断，即区分商业性质与非商业性质的使用；②数量性判断，即确定使用是否涉及作品的实质性部分；③市场影响判断，即评估使用行为对作品正常使用的影响程度。最高人民法院通过司法解释明确了合理使用的具体情形，并在典型案例中形成了系统的裁判规则。特殊领域如软件反向工程、人工智能训练数据的使用以及网络环境下的技术性复制等问题，都需要在合理使用框架下建立专门的平衡机制。

（二）思想表达二分原则

1. 理论基础与制度渊源。思想表达二分原则作为著作权法的基石性原则，其理论基础植根于知识传播与创新保护的平衡。在国际法层面，《TRIPS 协定》明确规定著作权保护仅及于表达而不及于思想本身，《伯尔尼公约》则为各成员国确立了最低保护标准。该原则在不同法系中呈现出独特的发展路径：英美法系通过判例法逐步确立"实质性相似"等判断标准，大陆法系则在成文法中构建系统的保护框架。中国在吸收两大法系经验的基础上，结合本土司法实践，形成了具有特色的制度创新。特别是在《著作权法》及相关司法解释中，明确了思想与表达的区分标准，为司法实践提供了规范指引。

2. 构建判断标准体系。思想表达二分原则的具体适用涉及多层次的判断标准。首要标准是表达的独创性要求，这包括三个维度：其一，识别作品中体现作者个性的创作要素；其二，评估表达方式的选择空间；其三，衡量创作投入的实质性。其次是思想内容的界定标准，需要系统性地排除不受保护的要素，包括：基本概念和原理、科学发现、商业方法等。在此基础上发展出"合并原则"（merger doctrine），即当表达某一思想的方式非常有限时，为避免对思想形成事实上的垄断，相关表达也不予保护。这一理论在实用艺术作品和功能性设计的保护认定中发挥着重要作用。

3. 司法实践的发展与创新。在司法实践层面，法院已经形成了系统的裁判方法论。主要包括三种认定方法：其一，整体观察法，注重作品的整体视觉印象与艺术效果；其二，普通观察者测试，从一般公众的视角评判相似程度；其三，在计算机软件等特殊领域采用"抽象—过滤—比对法"，即先将程序抽象为不同层次，再过滤掉不受保护的元素，最后比对剩余部分的相似性。随着技术发展，新型作品的出现对传统理论提出了挑战，如数据库作品的独创性判断、人工智能生成物的著作权归属、虚拟现实作品的保护范围等问题，都需要在坚持原则本质的同时，与时俱进地发展新的判断标准，以适应数字时代的著作权保护需求。

（三）诚实信用原则

1. 理论基础与制度渊源。诚实信用原则是著作权法的基本原则之一，源于民法的基本法理，在著作权领域具有特殊的制度价值。著作权法将其确立为权利行使的基本准则，并通过司法解释进一步细化。国际条约如《TRIPS 协定》也强调权利行使不得构成滥用。该原则在著作权领域的特殊性体现在：首先，著作权具有无形性和排他性特征，使权利边界的确定较为复杂；其次，数字技术发展带来新的权利行使方式，需要更灵活的规制标准；最后，著作权的社会性要求在个人权利与公共利益之间建立合理平衡。

2. 判断标准的具体化。诚实信用原则在著作权领域的具体适用体现在主观诚信要求和客观行为规范两个维度。在主观层面，要求权利人善意行使著作权，具体包括：权利行使目的的正当性评估、权利行使方式的适当性要求，以及权利行使强度的相称性判断。在客观层面，权利行使应当符合以下标准：一是遵循《著作权法》第 24 条规定的合理使用制度，符合"三步检验法"要求；二是依照《著作权法》第 25 条规定的法定许可制度合理使用作品；三是尊重著作权人人身权利，维护作品市场传播秩序。同时，根据最高人民法院相关司法解释，法院在审理著作权纠纷案件时，将综合考量权利人行使目的、方式和损害后果，判断是否构成权利滥用。

3. 救济制度的系统构建。保全措施是著作权侵权救济的首要手段。依据《著作权法》第 56 条的规定，权利人可以在提起诉讼前向人民法院申请采取财产保全措施，或者请求法院责令作出特定行为或禁止某些行为。这种行为保全制度为及时制止正在发生的侵权行为提供了法律保障，体现了著作权救济的及时性和有效性。

损害赔偿计算方法的设计体现了立法的科学性和灵活性。《著作权法》第 54 条规定了多种损害赔偿计算标准，包括权利人的实际损失、侵权人的违法所得、权利许可使用费的合理倍数，以及最高可达 500 万元的法定赔偿额。这种多元化的计算方法为司法实践提供了充分的裁量空间，有助于实现个案公平。

针对数字时代的特殊挑战，《著作权法》第 50 条专门规定了技术措施保护制度。权利人可以对故意规避或破坏技术措施的行为请求承担民事责任，这一制度设计充分体现了法律对数字环境下著作权保护的前瞻性考量。

三、著作权的查询与确权

（一）查询平台综述

1. 全国性平台。

（1）中国版权保护中心。中国版权保护中心（网址：http://www.ccopyright.com.cn）是我国著作权登记查询的核心平台。该平台提供全方位的著作权相关查询服务，主要包括作品著作权登记查询、计算机软件著作权登记查询、著作权质权登记查询以及著作权合同备案查询等。作为全国统一标准的权威平台，其特点在于数据完整性高，支持批量查询操作，并提供电子证书验证服务。

在技术创新方面，该平台开发了多项特色功能，包括与区块链存证平台的对接、智能合约自动核验系统以及分布式存储备份机制。用户在进行存证操作时，可按照"登录平台→选择区块链存证→新建存证→选择存证类型→上传文件→确认信息→支付→获取存证证明"的标准流程进行操作。

为确保著作权保护的全面性，建议权利人对重要作品同步进行区块链存证，可采用传统登记与区块链存证相结合的"双轨制"登记方式，并充分利用智能合约实现自动监测功能。实践中，常见的操作失误包括未完成实名认证即进行查询，以及混淆不同类型的登记查询入口。对此，在首次使用平台前务必完成实名认证，并仔细阅读各查询入口的具体说明。

（2）中国知识产权公共服务网。国家知识产权公共服务平台（网址：https：//gg-fw. cnipa. gov. cn/home）作为综合性知识产权信息平台，提供一站式知识产权查询服务。该平台的显著特色在于整合了版权、专利、商标等多类型知识产权信息，并具备跨库检索功能，方便用户进行综合查询。需要注意的是，该平台数据更新周期为每周 1 次，所提供的信息仅供参考，建议用户将平台信息与版权中心的数据进行交叉验证，以确保信息的准确性和时效性。

2. 地方版权局平台。依托国家知识产权战略的部署，各地方版权局建立了特色化的版权服务体系。作为首都知识产权服务的重要窗口，北京市版权局通过其官方网站（http：//www. bjcopyright. com. cn）构建了全方位的版权服务体系。该平台整合了作品登记快速受理通道，优化了审核流程，并创新性地设立在线纠纷调解机制，为权利人提供便捷高效的一站式服务体验。

在长三角地区，上海新闻出版 上海版权（网址：https：//cbj. sh. gov. cn/）立足国际金融中心建设需求，打造了具有区域特色的版权服务平台。该平台不仅设立了自贸区版权政策专项咨询窗口，且搭建了专业的版权交易信息平台，配套提供版权价值评估服务，形成了完整的版权运营服务链条，有效促进了版权市场的规范化发展。

依托粤港澳大湾区的区位优势，广东省版权局建立了跨区域版权协作体系。通过构建三地版权信息共享机制，打通了区域间版权信息互通渠道。同时，针对文创产业发展需求，开设了重点产业版权登记绿色通道，提升了版权保护的效率和水平，为大湾区知识产权保护工作提供了有力支撑。

3. 平台选择注意事项。在版权实务工作中，常见的问题包括对平台职能认识不清、忽视数据更新时效性以及过度依赖单一平台等情况。为确保版权实务工作的规范性和准确性，实务工作者应当着重把握以下要点：首先，应当准确理解各平台的功能定位与服务范围，结合具体业务需求选择适当的办理平台；其次，应当重视平台数据的时效性，避免因信息滞后影响工作开展；最后，建议采用多平台交叉核验机制，通过信息比对确保所获取内容的全面性和准确性。通过规范的平台使用流程，能够有效提升版权实务工作质量，为后续的版权保护和管理工作奠定坚实基础。

4. 平台功能详细对比。

表 2-1 平台功能

功能项目	中国版权保护中心	地方版权局	知识产权公共服务网
查询范围	覆盖全国范围的作品登记信息，包括文字、音乐、美术等各类作品	限于本行政区域内的作品登记信息，重点覆盖地方特色产业作品	全国范围的知识产权信息，含版权、专利、商标等多维度数据
更新频率	实时更新，登记信息即时同步至数据库	一般在1~3个工作日内完成数据更新，具体时间因地区而异	定期更新，通常以周为单位集中发布新增信息
证书效力	全国范围内有效，可作为作品著作权归属的初步证据	在本地区行政程序中具有优先采信效力，跨区域时需补充其他证明材料	仅供信息查询参考，不具备证书效力
查询费用	基础查询免费，部分增值服务可能收费	常规查询免费，特殊业务按地方规定收费	全部功能免费开放
特色服务	提供电子证书在线验证功能，支持版权登记证书真伪核验和权属状态查询	设有快速登记通道，针对本地重点产业提供优先受理服务	支持跨库检索，可同时检索版权、专利、商标等多个知识产权数据库

(二) 详细操作步骤

中国版权保护中心查询流程。

1. 进入官网。中国版权保护中心作为国家版权管理部门设立的专业机构，其官方网站（www.ccopyright.com.cn）是开展版权查询工作的重要平台。使用者首先需要通过浏览器访问官方网站，点击页面右上角的"登录/注册"按钮进入系统。对于首次使用的用户，需要完成实名认证程序，这是保障用户信息安全和查询结果可信度的重要环节。在实践中，部分用户可能因使用非官方网址或跳过实名认证步骤而影响查询效果。为确保查询工作顺利开展，建议使用者仔细核实官方网址，并按要求完成实名认证流程。

2. 选择查询类型。进入系统后，用户需要在首页点击"著作权查询"选项，根据实际需求选择相应的查询类型。系统提供的查询类型包括：作品著作权登记查询、软件著作权登记查询、著作权质权登记查询以及著作权合同备案查询。每种类型都有其特定的查询范围和要求，用户应当仔细阅读各类型的具体说明，准确判断所需查询的作品类型，避免因选择错误的查询类型而影响查询效果。

3. 输入查询条件。查询条件的准确填写是获得有效查询结果的关键。系统要求填写的必填项包括作品名称（支持模糊查询）、著作权人（需要精确匹配）以及登记号

(如有)。同时，系统还提供创作完成日期、首次发表日期、登记日期范围等选填项，以帮助用户更精确地定位所需信息。在填写过程中，应当注意避免繁简体混用、标点符号使用不当以及多余空格等常见错误。建议使用权利人的原始完整名称，仔细检查特殊字符的使用，确保输入信息的准确性。

4. 高级查询技巧。系统提供了多种高级查询功能，以满足不同的查询需求。在通配符使用方面，"＊"可代表任意多个字符，"？"则代表单个字符。系统支持组合查询功能，允许用户同时设置多个条件并进行时间范围筛选。对于需要批量查询的情况，系统支持 Excel 表格导入功能，单次最多可支持 100 条记录的同时查询。为避免查询失误，建议参考系统提供的示例正确使用通配符，并使用标准模板进行批量导入操作。

（三）区块链辅助验证

1. 区块链技术原理。在著作权查询验证过程中，区块链技术作为一种辅助验证手段，通过其去中心化的分布式账本特性，为查询结果提供额外的可信保障。区块链系统通过多个核心技术机制共同运作，确保数据的可靠性与安全性。其中，分布式存储技术通过在网络中部署多个节点，实现数据的同步存储与互相验证，有效防止单点故障风险；时间戳机制为每一条作品信息标注精确的时间记录，使作品创作的先后顺序有据可查；哈希算法则通过将作品信息转换为独特的数字指纹，任何细微的改动都会导致指纹值发生显著变化，从而确保内容的完整性与不可篡改性。

2. 版权查询中的应用价值。区块链辅助验证技术在版权查询体系中发挥着重要作用。当查询结果存在争议或需要更高证明效力时，区块链技术可通过其不可篡改的特性提供可靠的电子证据，协助确认作品权属信息的真实性。通过区块链存证记录，系统能够完整追溯作品的权属变更历史，为解决权属争议提供客观依据。此外，区块链技术的时间戳特性能够准确记录作品首次登记时间，为确定作品创作优先权提供重要参考。这些功能的综合应用不仅提升了查询结果的可信度，也为版权保护提供了更加完善的技术保障。

3. 法律效力认定。区块链存证的法律效力认定需要依据现行法律框架进行评估。《中华人民共和国电子签名法》（以下简称《电子签名法》）第 13 条对可靠电子签名的构成要件作出了明确规定，具体包括四个方面：①电子签名制作数据应当为签名人专有；②签署时的制作数据应由签名人独立控制；③签署后的电子签名如有改动应当可被发现；④签署后的数据电文内容和形式如有改动也应当可被发现。区块链存证系统通过其固有的技术特性，能够满足上述法定要求：私钥机制确保签名专属性，密码学原理保障签名控制权，而哈希算法则能有效识别任何未经授权的改动。当区块链存证满足这些法定条件时，其查询验证结果可作为认定事实的有效电子证据。

4. 查询验证流程。在实际查询过程中，区块链辅助验证必须遵循严格的操作规程。首先，用户需要登录区块链存证验证平台，进入专门的验证界面。其次，在验证界面输入作品的唯一标识符，可以是作品的哈希值或系统分配的存证编号。系统随后会自动检索相关存证记录，生成区块链存证证明。最后，用户可以下载完整的验证报告，详细核实作品信息，包括存证时间、权属记录等关键数据。这一系列规范化的操作流程，确保了验证结果的准确性和可靠性。

(四) 日常查询场景应用

1. 作品首次发表前。在作品首次发表前的预防性存证环节，权利人应当通过区块链技术对创作全过程进行系统化存证。具体而言，创作者需要对创作过程的关键节点（包括大纲、初稿、终稿等）进行及时存证，同时将修改记录实时上链存储，对于涉及多人协作的作品，还应当记录协作过程中的贡献分工及修改轨迹。

《最高人民法院关于互联网法院审理案件若干问题的规定》（2018 年 9 月 7 日实施）（以下简称《互联网法院案件审理规定》）第 11 条第 2 款规定："当事人提交的电子数据，通过电子签名、可信时间戳、哈希值校验、区块链等证据收集、固定和防篡改的技术手段或者通过电子取证存证平台认证，能够证明其真实性的，互联网法院应当确认。"据此，经过可靠区块链平台存证的电子数据，可以作为认定案件事实的依据。

在具体操作层面，权利人首先需登录经过司法认可的版权中心区块链平台，选择"创作过程存证"功能模块，依次上传各阶段性创作成果。系统将自动生成独特的存证编号和对应的哈希值，权利人应当妥善保存这些技术凭证，以备后续维权时使用。

2. 作品发表后。作品发表后的存证工作主要围绕发表信息的完整性展开。权利人需要采集并存证作品在各发表平台的展示截图，记录出版信息（如首次发表时间、发表平台、出版方式等），同时对作品的传播渠道进行全面记录。作品发表信息是确定权利归属和保护期限的重要依据。

在实施过程中，应当注意以下要点：一是区块链存证应当与作品的官方登记程序同步进行，二者相辅相成；二是应当完整保存作品首次发表的原始证据，包括但不限于发表平台页面、出版物等；三是建立作品传播时间线，记录作品在不同平台、不同时间节点的传播状况，为后续维权提供完整的证据链条。

3. 注意事项。在使用区块链辅助验证系统时，需要注意几个关键环节的管理。权利人应当妥善保管作品的原始文件，确保其与区块链上的存证内容保持一致，这是后续进行权属验证的基础。同时，作品的交易哈希值和存证编号作为重要的查询凭证，需要建立专门的保管机制。权利人还应当养成定期检查存证状态的习惯，及时发现并处理可能出现的数据异常。考虑到技术系统可能存在的局限性，对于重要作品，建议采取区块链存证与传统权属证明相结合的方式，构建多层次的保护体系。

（五）特殊查询实操要点

1. 跨地区登记查询。

表 2-2　跨地区登记查询

类别	具体情况	详细处理要点	法律依据及注意事项
多地登记情况	优先权判断	1. 通过审查登记时间和地点，确定首次登记地，并获取相应的登记证明文件，以确立优先权。 2. 系统收集并整理各地区登记证明，建立完整的时间轴记录，确保登记时序清晰可查。 3. 全面评估各地区相关法规和优惠政策对登记效力的影响，并进行综合分析。	在处理过程中应当妥善保存所有登记凭证，详细注明各地登记的时间顺序，同时建立完整的权利链条档案，并确保相关政策文件得到妥善留存，以备后续查验和追溯。
涉外作品查询	查询路径	1. 通过世界知识产权组织数据库以及各主要国家版权局官方网站进行系统查询，确保信息的权威性和完整性。 2. 依据《伯尔尼公约》框架下的互认机制，结合驻外使领馆文化处及各国版权互认认证机构的有关平台开展查询工作。	依据《伯尔尼公约》第7条确认作品原属国的版权保护期限，同时核实现行双边协议的效力状态，通过官方渠道获取使领馆认证文件，并确保相关文件已完成专业翻译和认证程序。

2. 特殊作品类型查询。

表 2-3　特殊作品类型查询

类别	查询重点	详细处理要点	法律依据及注意事项
衍生作品查询	权利链条确认	1. 全面查询原作品的登记状态并核实原作者的身份信息，确保信息准确完整。 2. 对授权合同进行完整性审查，同时核实授权方的主体资格，并详细确认授权的具体范围及有效期限。	根据《著作权法》第13条关于衍生作品的规定，需严格区分不同版本的权利状态，核实授权期限的有效性，并确保实际使用范围符合授权协议的约定条款。

续表

类别	查询重点	详细处理要点	法律依据及注意事项
合作作品查询	权利人确认	1. 通过查验身份证明文件及相关资质材料，全面核实共同著作权人的身份信息及权利人资格。 2. 详细审查合作协议内容，核实各方权利份额的具体分配情况及相应权益。 3. 对代表人授权文件进行真实性审查，并全面核实授权书中规定的权利范围，包括授权期限、使用方式及地域范围等具体内容。	依据《著作权法》第14条的规定，需要对各权利人信息进行交叉核实，同时查询合作协议的备案登记情况，并妥善保存授权书原件以备后续查验，确保权利行使的合法有效性。

（六）查询结果核验

著作权登记基础信息的核验要点如下：

1. 登记信息验证。著作权登记信息的核验是确认权利状态的首要环节，需要重点关注登记号的规范性和证书的真实性。登记号采用统一的编码规则，即"国作登字–年份–首字母–序号"的格式，如"国作登字–2023–A–00001234"。验证人员应当仔细核对登记号的每一个组成部分，确保格式完整、年份准确、序号对应。在证书真伪验证方面，可通过扫描证书上的官方二维码或使用电子证书验证系统进行核实。

实践中常见的错误包括未能完整核实登记号的所有组成部分，或忽视对证书有效期的检查。为避免这些问题，建议验证人员严格使用官方提供的验证系统，并建立定期检查证书状态的工作机制，及时发现和处理可能存在的异常情况。

2. 权利状态确认。权利状态确认是查询工作的核心环节，需要全面检视作品的当前状态和历史变更记录。基本状态包括有效、无效、待审核和质押中等几种情形，验证人员应当准确识别作品的当前状态。在权利变更方面，需要重点关注转让记录、许可记录和质押记录等信息，这些记录构成了完整的权利链条。

在权利状态确认过程中，常见的错误包括忽视历史权利变更记录或未充分关注质押状态。为确保查询结果的准确性，建议验证人员系统梳理完整的权利链条，仔细核实最新的权利状态，特别是涉及权利转让、许可或质押等情况时，更应当详细核查相关记录。

3. 区块链证据链完整性验证。对于采用区块链存证的作品，除传统查询外，还需进行区块链证据链的完整性验证。验证工作主要围绕三个核心要点：①时间戳的连续性验证，确保存证记录的时间序列完整；②存证节点的认证状态核查，验证数据来源的可靠性；③智能合约执行记录的审查，确认权利变更的有效性。

在具体操作中，建议采取以下措施：首先，将区块链存证信息与传统登记记录进行对照，确保两种记录之间的一致性；其次，仔细检查区块链数据是否存在分叉或断链现象，确保数据的连续性；最后，重点核实涉及权利变更的智能合约记录，验证合约执行的有效性和完整性。这种多层次的验证方式能够最大限度地保障查询结果的可靠性。

（七）特殊情况处理流程

1. 未查询到结果。在著作权查询过程中，未查询到结果的情况并不罕见，这时需要采取系统化的处理方法。首要步骤是仔细检查输入信息的准确性，包括作品名称的准确拼写、权利人信息的完整性以及登记号的正确性。特别是对于包含特殊字符或者有多种写法的作品名称，更需要注意可能的变体形式。

当初始查询未果时，可以采用多种替代查询方案。首先，可以尝试使用作品的关键词进行模糊搜索；其次，可以通过权利人名称进行关联查询；最后，可以扩大时间范围进行筛选。实践中常见的错误是仅凭单次查询失败就判定作品未登记，或者忽视其他可能的查询途径。为避免这些问题，建议查询人员系统性地尝试多种检索方式，适当扩大查询时间范围，必要时直接与登记机构联系核实。

2. 信息不完整。当查询结果信息不完整时，可以通过官方和辅助两个渠道进行补充。在官方渠道方面，可以直接联系相关版权登记部门，依照程序提交补充材料申请。同时，也可以通过辅助查询方式收集信息，如查询相关联作品信息、收集出版记录、检索相关媒体报道等，以构建完整的信息链条。

3. 区块链补充查证。根据《区块链信息服务管理规定》（国家互联网信息办公室令第3号）的要求，区块链信息服务提供者应当向用户提供便捷的查询方式，确保数据的真实性和可靠性。在实际应用中，应当将传统查询方式与区块链技术有机结合，充分发挥两者优势，提高查询效率和准确性。

对于未能在传统渠道查询到的作品，可以通过区块链进行存证，生成具有防篡改特性的时间戳证明，并将作品特征存入指纹数据库。

在智能监测方面，区块链系统采用了创新的 similarHash 相似度监测机制。这种机制通过将作品转换成特征哈希值，形成独特的"数字指纹"，具有"相似性保持"的特点。与传统哈希算法不同，即使作品经过细微修改（如改变段落顺序、替换同义词等），similarHash 算法生成的特征值仍会保持较高的相似度，从而有效识别潜在的侵权行为。基于这一技术特征，系统配置智能合约自动预警功能，可以在发现相似作品时及时触发预警，从而建立起完整的维权证据链。这种技术手段既能弥补传统查询的不足，也为后续可能的维权行动提供有力支持。

 技能达标 ▶

知识目标

1. 了解著作权法的历史发展阶段和立法理念演变；

2. 了解著作权法的三大基本原则及其具体应用；

3. 了解思想表达二分法的理论基础和司法实践中的判断标准；

4. 了解平衡保护原则在权利限制制度中的体现。

能力目标

1. 能够使用中国版权保护中心平台完成著作权登记信息查询；
2. 能够运用区块链存证平台进行作品电子证据的存储与验证；
3. 能够整理著作权登记文件并建立基础权利档案；
4. 能够识别查询结果异常并采取基本应对措施。

素养目标

1. 培养诚实信用的职业操守；
2. 养成细致核查著作权查询信息的习惯；
3. 树立规范使用区块链存证平台的操作意识。

法律法规

岗位职责

岗位名称	职责描述
著作权登记助理	协助整理作品登记所需材料，如作品说明书、创作过程记录；按照规范格式填写著作权登记申请表，校对信息准确性；跟进登记流程，及时查询办理进度并反馈；协助管理登记证书档案，建立电子化台账。
版权合同助理	协助审核简单版权合同条款，标注基础法律风险点；整理合同归档，建立合同台账并更新履行进度；协助联系合作方确认合同细节，跟进签署流程；收集行业合同模板，建立和维护公司合同范本库。
社区普法宣传员	根据公司素材制作知识产权保护科普图文、短视频；协助策划线上线下宣传活动，如海报设计、场地布置；解答基础著作权问题咨询，普及登记、维权等知识；收集反馈宣传数据，优化内容，加强传播效果。

 知言知语

加强知识产权保护。这是完善产权保护制度最重要的内容，也是提高中国经济竞争力最大的激励。

——习近平总书记2018年4月10日在博鳌亚洲论坛年会开幕式上的主旨演讲

▍知权演练

▍延伸思考

在全球范围内，关于 AI 生成内容是否享有著作权，主要存在两种观点：一种观点认为，AI 生成内容可以被认定为作品，但前提是必须体现人类创作者的独特贡献。另一种观点则认为，AI 生成内容本质上是由算法完成的机械性产物，缺乏人类创作的独创性，因而不应被认定为作品。

在技术快速发展的背景下，如何定义"作品"以适应人工智能创作的特点，同时平衡法律保护与技术创新的需求？

任务二　办理著作权登记

▍任务描述

本任务旨在培养学生系统掌握著作权登记申请的全流程实务技能，构建"材料准备—申请提交—审查发证"的立体化登记框架；设计一张规范的著作权登记申请表，完整记载权利人信息、作品信息等法定事项，编制完整的登记材料清单，包括身份证明文件、作品样本、权利归属证明等必要材料。掌握包括但不限于线上申请、窗口递交等多种申请途径，设计一套涵盖申请受理、形式审查、材料补正等多环节的完整工作流程，提升学生的法律文书制作能力、材料审核技巧和沟通协调水平。

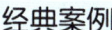

经典案例

深圳市腾讯计算机系统有限公司与上海盈讯科技有限公司
著作权权属、侵权纠纷、商业贿赂不正当竞争纠纷[1]

一、基本案情

深圳市腾讯计算机系统有限公司（以下简称腾讯公司）使用"Dreamwriter"智能写作系统生成了财经报道文章《午评：沪指小幅上涨 0.11% 报 2671.93 点通信运营、石油开采等板块领涨》（以下简称涉案文章），上海盈讯科技有限公司（以下简称盈讯公司）未经许可在其运营的"网贷之家"网站上复制并传播涉案文章内容。腾讯公司认为盈讯公司侵犯了其享有的著作权，同时扰乱市场秩序，构成不正当竞争行为。

二、典型意义

本案是我国知识产权司法实践中首次对人工智能生成内容的著作权归属及法律保护进行系统性认定，具有重要典型意义。法院明确了人工智能辅助创作的法律属性，强调创作过程中的智力活动与个性化选择是作品独创性的核心要素，为人工智能生成内容的著作权保护提供了司法实践参考。同时，法院细化了法人作品的认定标准，明确法人主持创作的具体要求，为企业在人工智能辅助创作中的知识产权布局提供了法律依据。

思维导图

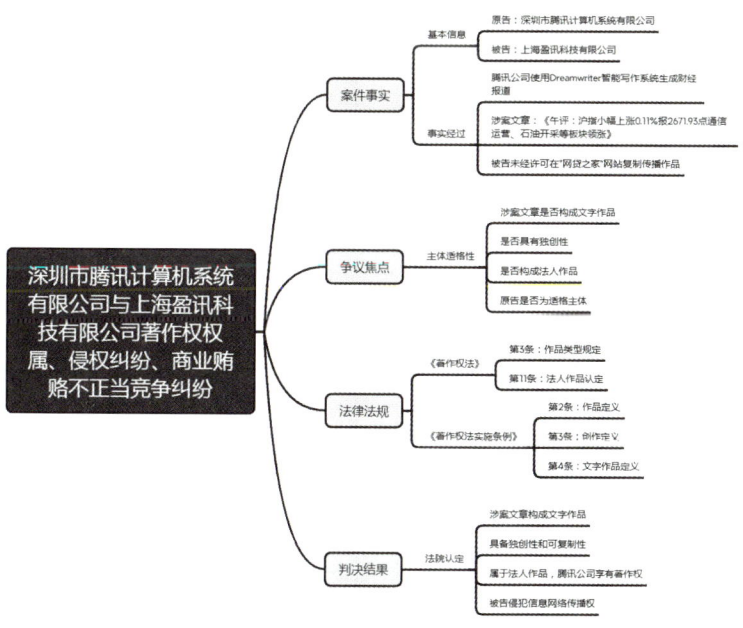

---

[1]　（2019）粤 0305 民初 14010 号。

案例评析

一、人工智能生成内容的著作权归属认定标准

本案中，虽然涉案文章由"Dreamwriter"智能写作系统生成，但其创作过程包括数据输入、触发条件设定、文章模板选择等环节均体现了腾讯公司主创团队的智力活动与个性化安排，符合《著作权法》对文字作品的保护条件。这一认定为人工智能辅助创作内容的著作权保护提供了重要参考。

二、人工智能生成内容的独创性认定路径

法院通过分析创作过程，认为"Dreamwriter"软件的运行结果是腾讯公司主创团队智力活动与个性化选择的直接体现，而非计算机软件的独立创作。这一认定明确了人工智能辅助创作的法律属性，避免了将软件视为创作主体的误区，为人工智能生成内容的著作权保护提供了清晰的法律适用路径。

三、法律效果与市场秩序的平衡

通过否定不正当竞争行为的诉讼请求，法院维护了市场竞争的公平性，避免了著作权保护与市场秩序之间的冲突。这种裁判既体现了《著作权法》的立法本意，也为企业在数字化时代合理使用人工智能生成内容提供了明确指引。

知识归档

一、著作权的概念与特点

著作权（Copyrights）制度是知识产权法律体系的重要组成部分。从法律定义来看，著作权是作者对其创作的文学、艺术和科学作品依法享有的权利。根据《著作权法》第2条第1款的规定，中国公民、法人或者非法人组织的作品，不论是否发表，均依法享有著作权。这一定义明确了著作权的权利主体包括自然人、法人和非法人组织，权利客体为文学、艺术和科学作品，同时强调了作品的发表状态不影响著作权的享有。

著作权具有四个特点：自动性、独占性、地域性和时间性。

自动性体现在《著作权法实施条例》第6条的规定，即著作权自作品创作完成之日起产生。这一原则表明著作权的取得无需履行任何登记手续，作品创作完成即可自动获得法律保护，这与需要经过申请审查的专利权和需要注册的商标权形成鲜明对比。

独占性体现在《著作权法》第10条所列举的著作权人享有的各项权利中。这些权利包括发表权、署名权、修改权、保护作品完整权等人身权，以及复制权、发行权、出租权、展览权、表演权、广播权等财产权。著作权的独占性确保了权利人对作品享有专有的支配权能，未经许可他人不得侵犯或使用，权利受到侵犯时可以获得民事、行政、刑事等多层次的法律保护。

地域性体现在《著作权法》第 2 条第 2~4 款关于境外作品保护的规定。著作权保护原则上仅在各国领域内有效，需要通过国际条约（如《伯尔尼公约》《世界版权公约》）或互惠原则来实现跨境保护，并在国际保护中遵循国民待遇和最低保护标准。

时间性体现在著作权的保护具有期限性。根据《著作权法》第 23 条的规定，自然人作者的著作权保护期限为作者终生及其死后 50 年，截止于作者死亡后第 50 年的 12 月 31 日；而法人或非法人组织的作品保护期为作品首次发表后 50 年，这种时间限制既保障了作者及其继承人的合法权益，又确保作品最终能够回归公共领域，实现知识传播与文化传承的社会效益。

二、著作权登记的概念与功能

首先，著作权登记具有自愿性。依据 1994 年由国家版权局发布的《作品自愿登记试行办法》的第 2 条："作品实行自愿登记。作品不论是否登记，作者或其他著作权人依法取得的著作权不受影响。"第 3 条明确了各省、自治区、直辖市版权局负责本辖区的作者或其他著作权人的作品登记工作，国家版权局负责外国以及台湾地区、香港地区和澳门地区的作者或其他著作权人的作品登记工作。对登记条件、登记程序、登记材料等也作出了具体规定，如申请登记的作品应是已在国内外公开出版或发表的，或未发表但创作完成后已满足著作权保护条件的。其次，《计算机软件著作权登记办法》第 2 条："为促进我国软件产业发展，增强我国信息产业的创新能力和竞争能力，国家著作权行政管理部门鼓励软件登记，并对登记的软件予以重点保护"；第 3 条："本办法适用于软件著作权登记、软件著作权专有许可合同和转让合同登记"；第 4 条第 1 款："软件著作权登记申请人应当是该软件的著作权人以及通过继承、受让或者承受软件著作权的自然人、法人或者其他组织"；第 6 条："国家版权局主管全国软件著作权登记管理工作。国家版权局认定中国版权保护中心为软件登记机构。经国家版权局批准。中国版权保护中心可以在地方设立软件登记办事机构。"

三、著作权登记的作用与价值

1. 对个人的作用与价值。著作权登记对个人创作者而言是一项重要的权利证明机制。它为文学、艺术、音乐等作品的创作者提供了一个明确的权利公示方式，在发生著作权纠纷时可作为确认权利归属的初步证据。登记不仅能够明确创作完成时间，还能为后续的许可使用、权利转让提供可靠依据。对于职业创作者而言，著作权登记还能提升作品的商业价值，便于与出版社、制作方等进行商业谈判。同时，登记信息的可查询性也有助于创作者建立个人知识资产档案，形成创作履历，增强职业发展竞争力。

2. 对机构的作用与价值。对出版社、影视公司、游戏企业等文化产业机构而言，著作权登记是一种重要的风险管理工具。通过系统性地对作品进行登记，机构可以构建完整的版权资产管理体系，便于开展后续的授权运营。登记信息的公示性也有助于预防侵权风险，降低作品使用环节的法律风险。在内容产业快速发展的背景下，著作权登记还能促进机构建立更规范的创作管理制度，优化创意产品的开发流程。此外，版权资产的系统化管理也为机构开展融资、上市等商业活动提供了有力支撑。

3. 对社会的作用与价值。从社会层面看，著作权登记制度是推动文化创新、促进知识传播的重要机制。完善的登记体系有助于厘清作品权属，降低作品使用成本，促进知识的有序流动和创新利用。在数字时代，著作权登记为新型创意产业的发展提供了基础性制度保障，推动了文化产业的规范化发展。同时，登记信息的公开性也为社会公众提供了获取文化资源的重要渠道，促进了知识共享和文化传承。在国际文化贸易中，著作权登记更是保护本土文化产业、促进文化交流的重要支撑。

四、著作权登记的对象——作品

（一）作品的基本概念与特征

作品是文学、艺术和科学领域中的智力创作成果，是创作者思想与表达方式的统一体。从本质特征来看，作品首先体现为创作者通过智力活动完成的创造性劳动，在此过程中，创作者运用语言、图像、声音等多样化表现元素，以独特方式进行编排和组织，从而传达其思想内涵、情感体验或学术观点。这种创造性劳动必须同时满足三个基本要求：其一，必须能以一定形式表现，而非仅停留于想法或构思阶段；其二，必须归属于文学、艺术或科学等专业领域范畴；其三，必须包含创作者的独特见解或思想。

（二）作品的构成条件

1. 形式条件。从形式要件来看，作品应当符合法律规定的作品类型。《著作权法》第3条明确列举了文字作品、音乐作品、美术作品等具体类别，同时设置了开放性条款，为新型作品的保护预留了制度空间。这种立法技术既确保了法律适用的明确性，又保持了必要的包容性和前瞻性。

2. 实质条件。

（1）独创性要求。独创性是作品最核心的构成要件，具体体现在三个层面：一是创作的独立性，要求作品必须由创作者自主完成，而非抄袭或照搬他人作品。二是表达的个性化，需要体现创作者的个人特色，但这种个性化并不以艺术价值的高低为判断标准。如一位画家创作的水彩画，无论技法是否精湛，只要体现个人创作特色，都可获得著作权保护。三是创作的智力投入，需要投入实质性的智力劳动，体现创作者的思考和技巧。如根据历史故事创作的连环画，通过独特的构图和表现手法展现创作者的理解。

（2）能以一定形式表现。作品的可感知性是著作权保护的基本要件。"能以一定形式表现"这一特点更好地适应了现代传播技术的发展。作品可以通过多种形式得到记录和呈现，如文学作品可以表现为手稿、打印件或电子文档，美术作品可以是纸本、画布或数字图像，音乐作品可以采用五线谱、简谱或数字音频的形式，而建筑作品则可以通过设计图纸或实体建筑展现。作品必须以客观可感知的形式存在，即便是未固定在有形载体上的创作（如即兴表演），只要具备可感知性，同样受到法律保护。需要注意的是，纯粹的思想感情或"腹稿"由于无法通过语言、艺术或科学符号等形式为公众所感知，不具备社会传播功能，因而不属于著作权法意义上的作品范畴。这也符合《著作权法实施条例》第 2 条关于"能以某种有形形式复制"的要求，体现了作品外在表达的本质特征。

（3）特殊作品。在实践中，对于演绎作品等特殊作品，需要特别注意：直接复制他人作品不具有独创性，但在原有作品基础上进行创造性改编，虽然具有独创性，但仍需获得原作品权利人的授权。《著作权法》第 13 条规定："改编、翻译、注释、整理已有作品而产生的作品，其著作权由改编、翻译、注释、整理人享有，但行使著作权时不得侵犯原作品的著作权。"例如，将一部小说改编成剧本，改编者对剧本享有著作权，但使用时仍需经原小说作者授权。

（三）不受著作权法保护的对象

著作权法对作品的保护并非无限制，基于各种原因，某些对象被明确排除在著作权保护范围之外。这些不受保护的对象大致可以分为四类：基于时间性限制、基于法律明确规定、基于公共政策考量以及基于作品本质属性。

1. 基于时间性限制，著作权保护具有明确的期限性。根据我国《著作权法》的规定，任何作品只有在法定保护期内才能获得著作权保护。具体而言，自然人作品的保护期为作者终生及其死亡后第 50 年的 12 月 31 日；法人或其他组织的作品，保护期为首次发表后第 50 年的 12 月 31 日，未发表的则为创作完成后第 50 年的 12 月 31 日。超过保护期的作品将进入公有领域，任何人都可以自由使用。

2. 基于法律明确规定，存在三类不适用《著作权法》的对象。我国《著作权法》第 5 条明确列举了不予保护的对象：①法律、法规、规章，以及国家机关的决议、决定、命令等具有立法、行政、司法性质的文件及其官方正式译文。虽然这些文件的创作可能具有独创性，但基于确保法律和政策的广泛传播、保障公众知情权等考虑，不纳入著作权保护范围。②单纯事实消息，即纯粹的新闻报道和社会事实，例如时事新闻报道中的客观事实内容和社会生活中的一般性事实记录。这一规定旨在保障新闻传播自由和公众的信息获取权，但体现新闻工作者独创性表达的新闻评论、特写报道等内容仍受保护。③历法、通用数表、通用表格和公式，这类内容因其工具性和通用性特征，缺乏独创性表达，且为保障社会公众的正常使用需求，所以不纳入著作权保护范围。

3. 基于公共政策考量，《著作权法》第 4 条明确规定，著作权人和著作权有关的权利人行使权利不得违反宪法和法律，不得损害公共利益。违禁作品虽然可能具备作品的构成要件，但因其内容或使用方式违反法律或损害公共利益而不能获得法律保护。

4. 基于作品本质属性，根据著作权法中思想与表达二分法的基本原则：思想本身不受保护，但思想的具体表达方式可以受到保护。这一原则在"琼瑶诉于正案"中得到了充分体现。该案的裁判要旨明确区分了不受保护的故事情节、人物关系等思想内容，与受保护的具体表达方式。法院认定，虽然作品可以使用相似的题材或故事框架，但对情节发展过程的具体描写、人物性格特征的具体刻画等表达方式应当受到著作权法保护。这一裁判为思想与表达二分原则在司法实践中的适用提供了重要参考。

五、作品的种类

在这个部分，我们将学习如何识别和区分不同类型的作品，并了解它们的具体表现形式、法律特征与保护要点。

表 2-4 作品类型、形式、特征与保护

作品类型	具体表现形式	法律特征与保护要点
文字作品	小说、诗词、散文、论文等以文字形式表现的作品。	文字作品是著作权法保护的最基础且最普遍的作品形式。其以文字、数字、符号、字母等要素为表现手段，是思想或情感的直接载体。该类作品无需履行登记手续，作品完成时即可获得法律保护，且不以固定于特定载体为前提。其核心要求在于作品内容须具有可为普通公众理解和认知的客观表达形式。
口述作品	即兴的演说、授课、法庭辩论等以口头语言形式表现的作品。	口述作品是文字作品的特殊延伸形式，其特殊性在于以口头语言形式即时呈现。此类作品通常具有一定的即兴性特征，但由于缺乏固定载体，在权利保护实践中常面临举证困难。为加强保护力度，建议权利人通过录音、录像等技术手段及时对作品进行固定，以便于权利行使和保护。
音乐作品	歌曲、交响乐等能够演唱或者演奏的带词或者不带词的作品。	音乐作品以音符、节奏和旋律为基本构成要素，可以是纯音乐形式，也可以包含歌词内容。该类作品的保护范围涵盖曲谱创作和歌词创作，但需注意区分作品本身的著作权与后续演奏行为产生的相关权利。音乐作品保护的核心在于其具有独创性的音乐创作部分。
戏剧作品	话剧、歌剧、地方戏等供舞台演出的作品。	戏剧作品是一种综合性舞台艺术创作，作品通常由剧本、对白、音乐、舞美等多个创作要素有机组合而成。虽然音乐在其中起到情感表达的辅助作用，但各组成部分均可获得独立的著作权保护。这种多层次的保护体系体现了戏剧作品的复合性特征，也为权利人提供了更全面的法律保护。
曲艺作品	相声、快板、说书、评书等以说唱为主要表演形式的作品。	曲艺作品是我国特有的作品类型，是中华传统文化的重要组成部分。在权利保护层面，曲艺作品的创作产生著作权，而现场表演则产生相应的邻接权。
舞蹈作品	通过连续的动作、姿势、表情等表现思想情感的作品。	舞蹈作品是通过连续的动作、姿势、表情等形体语言来表现思想与情感的艺术创作，其保护对象是编创设计而非现场表演本身。作品可以通过文字描述、动作标记、绘图示意或影像等方式记录，即使未固定于特定载体也受法律保护。舞蹈作品的独创性主要体现在动作的组合与连接方式上。

续表

作品类型	具体表现形式	法律特征与保护要点
杂技艺术作品	杂技、魔术、马戏等通过形体动作和技巧表现的作品。	杂技艺术作品是我国《著作权法》在2001年新增的作品类型。其保护重点在于艺术创作的编排与设计，而非单纯的技术动作难度。法律将其与竞技体育项目进行明确区分，仅对具有艺术创作性的表现部分予以保护。这一规定体现了著作权法注重智力创造性而非技术难度的基本原则。
美术作品	绘画、书法、雕塑等以线条、色彩或者其他方式构成的有审美意义的平面或者立体的造型艺术作品。	美术作品的核心特征在于其审美价值，需与纯功能性或指示性的图形作品相区别。这类作品的表现载体具有多样性，可以是平面或立体形式。对于兼具实用功能的美术作品，法律采取了灵活的保护方式，允许权利人在著作权保护与其他知识产权保护方式间进行选择。实用美术作品只要具备独创性和审美价值，同样可以获得著作权法保护。
建筑作品	以建筑物或者构筑物形式表现的有审美意义的作品。	建筑作品的保护范围专注于建筑物本身所体现的艺术创作价值。需要注意的是，建筑设计图纸归属于图形作品范畴，建筑模型则属于模型作品范畴。建筑作品具有不可移动性和露天性等特殊属性，同时考虑到实用性需求，法律允许权利人在必要时对作品进行修缮和改建，这体现了著作权法对实用性与艺术性的平衡考量。
摄影作品	通过摄影或者类似摄影的方法在感光材料或者其他介质上记录的作品。	摄影作品是通过摄影器械在感光材料或其他介质上记录影像的创作成果。这类作品自《伯尔尼公约》后获得国际保护，其保护期限的计算具有特殊性，即自作品首次发表后开始计算。虽然各国对摄影作品的保护程度存在差异，但独创性始终是判断其可保护性的核心标准。随着数字技术的发展，摄影作品的表现形式和保护方式也在不断演进。
视听作品	由一系列有伴音或者无伴音的连续相关图像组成的作品。	视听作品是2020年《著作权法》修正后采用的新术语，较原"电影或类电作品"的概念外延更广，这一修改使我国立法与《伯尔尼公约》的规定更加协调。该类作品涵盖了传统电影、电视节目以及各类新兴视听创作形式，体现了著作权法对新技术发展的积极回应和包容性保护理念。
图形和模型作品	工程设计图、产品设计图、地图、示意图等图形作品和模型作品等。	图形和模型作品的主要特征在于其指示性功能。工程设计图用于指导施工生产，地图和示意图则用于传递地理或其他专业信息。这类作品的实用价值突出，未经权利人许可，不得将其用于实际施工或生产。其保护重点在于图形的设计编排方式和信息的独特表达方式，而非其所传递的客观信息本身。

续表

作品类型	具体表现形式	法律特征与保护要点
计算机软件	受《计算机软件保护条例》专门规制，包括程序及其相关文档。	计算机软件的保护适用专门的《计算机软件保护条例》，具有特殊性。其创作者被称为"开发者"，而非一般意义上的作者，且采用强制登记原则，这与其他作品的自动保护原则形成鲜明对比。软件著作权的限制规则也具有特殊性，如合理使用范围、保护期限等均有别于一般作品的保护规则。这些特殊规定体现了软件作品的技术属性与创作特点。

六、著作权登记申请主体

（一）申请主体的基本类型

著作权登记申请主体的范围主要包括著作权人、继承人和受让人。《计算机软件著作权登记办法》第9条规定，申请软件著作权登记的，应当向中国版权保护中心提交以下材料：①按要求填写的软件著作权登记申请表；②软件的鉴别材料；③相关的证明文件。第11条规定，申请软件著作权登记的，应当提交以下主要证明文件：①自然人、法人或者其他组织的身份证明；②有著作权归属书面合同或者项目任务书的，应当提交合同或者项目任务书；③经原软件著作权人许可，在原有软件上开发的软件，应当提交原著作权人的许可证明；④权利继承人、受让人或者承受人，提交权利继承、受让或者承受的证明。

（二）特殊情况的申请规则

1. 合作作品的申请规则。合作作品的著作权登记具有特殊性，根据《著作权法》第14条的规定，合作作品的著作权由合作作者共同享有，其行使需要全体合作作者一致同意。在实践操作中，合作作者可以约定由其中一人作为代表进行登记申请，但登记证书应当完整记载所有合作作者的信息。这一规定既体现了合作作品权利人的共同意志，又确保了登记程序的便利性。例如，三位教授就共同编写的教材申请著作权登记时，需要取得三人的一致同意，可以约定由其中一位教授代表办理登记手续，但登记证书上应当载明三位教授的完整信息。

2. 法人或非法人组织作品的申请规则。对于法人或非法人组织的作品，根据《著作权法》第18条第2款之规定，有下列情形之一的职务作品，作者享有署名权，著作权的其他权利由法人或者非法人组织享有，法人或者非法人组织可以给予作者奖励：①主要是利用法人或者非法人组织的物质技术条件创作，并由法人或者非法人组织承担责任的工程设计图、产品设计图、地图、示意图、计算机软件等职务作品；②报社、期刊社、通讯社、广播电台、电视台的工作人员创作的职务作品；③法律、行政法规规定或者合同约定著作权由法人或者非法人组织享有的职务作品。例如，企业的宣传片应由企业申请著作权登记，高校教师在职务范围内编写的教材应由学校申请著作权登记。

3. 委托创作作品的申请规则。委托创作作品的著作权登记申请，需要严格遵循《著作权法》第 19 条的规定。该类作品的著作权归属首先应当按照委托合同的约定确定，合同中明确约定的权利人即登记申请的适格主体。如果合同未约定或约定不明确，则著作权归受托人所有，此时应由受托人提出登记申请。例如，某公司委托设计师设计企业标识，如果合同明确约定著作权归公司所有，则应由公司申请登记；如果合同对权利归属未作约定，则应由设计师申请登记。

七、著作权登记申请材料

著作权登记申请材料是确保登记程序合法有效的重要基础。根据《作品自愿登记试行办法》《作品著作权登记指南》的规定，申请人在申请著作权登记时应当提交完整、规范的申请材料，主要包括以下几个方面：

（一）基本申请文件

1. 著作权登记申请表。著作权登记申请表是登记程序中最基础的文件。申请表应当完整、准确地填写作品名称、作者信息、权利人信息、创作完成时间等基本信息。如作品已经发表，还需注明首次发表时间。申请表中的权利归属声明是确认著作权归属的重要依据，必须确保其真实性和准确性。填写时应当字迹清晰，内容完整，避免涂改。

2. 作品样本或复制件。就作品样本或复制件而言，文字作品应当提交能够完整体现作品内容的文稿，要求字迹清晰、格式规范；美术作品则需要提供能够清晰展现作品艺术特征的原件照片或高质量复制件，确保作品的视觉效果和艺术细节得到准确呈现；音乐作品的提交材料应包含准确的乐谱或具有良好音质的录音文件，以完整展现作品的音乐创作内容；视频作品则需要提交画面清晰、声音清楚的完整视频文件，保证作品的可识别性和完整性。提交的作品样本应当具有可识别性和持久性，确保能够长期保存并体现作品的独创性特征。

（二）身份证明文件

在主体资格证明方面，自然人申请著作权登记时，应当提供居民身份证或护照等能够证明其身份的有效证件复印件；法人或非法人组织进行登记时，则需要提供营业执照、组织机构代码证等能够证明其主体资格的法定文件复印件。若申请人委托他人办理登记事务，除上述身份证明文件外，还需同时提供合法有效的授权委托书及代理人的身份证明文件，以确保代理关系的合法性和有效性。

（三）特殊情况下的补充材料

1. 权利归属证明文件。对于权利归属的证明，不同情况下需要提供的证明文件不同：著作权转让情形下，受让人申请登记时应当提供合法有效的著作权转让合同，该合同应当符合法律规定的形式和内容要求；继承取得著作权的，继承人需要提供具有法律效力的继承公证书等继承权证明文件；对委托创作的作品申请登记时，应当提供能够证明委托关系的委托创作合同；职务作品的登记则需要提供能够证明创作与职务关系的相关证明文件，以明确作品的权利归属。

2. 创作完成时间证明。作品创作完成时间是确定著作权保护期限的重要依据，申请人可以通过多种形式提供相关证明：可以是记录创作过程的原始资料，如创作手稿、工作记录等；也可以是作品首次发表时的出版物或发表证明；此外，经公证机关公证的创作完成时间证明也是有效的证明形式。这些证明材料都应当具有客观性和可靠性，能够有效佐证作品的创作完成时间，为确定著作权保护期限提供依据。

（四）申请材料的形式要求

所有申请材料都应当遵循规范性、真实性和完整性的原则。文件复印件应当清晰可辨，必要时需要提供原件以供核验。外文材料应当附具中文译本，并由具有相应资质的翻译机构出具译文证明。申请材料如有更正或补充，应当按照规定程序进行，以确保材料的法律效力。

 **技能达标** ▶

知识目标

1. 理解作品的概念、特点及其在知识产权制度中的地位；
2. 熟悉作品的类型及其在《著作权法》中的具体规定；
3. 掌握不予著作权登记的作品类型及其法律依据；
4. 了解著作权登记的法律依据、程序和意义。

能力目标

1. 能判断作品是否具有独创性；
2. 能表述著作权登记的对象和分类；
3. 能操作著作权登记系统，完成作品登记流程。

素养目标

1. 树立著作权保护与维权意识；
2. 培养尊重知识、崇尚创新的职业素养。

法律法规 -

岗位职责

岗位名称	职责描述
著作权管理专员	负责公司各类作品著作权登记申请，整理创作资料、填写申报文件、跟进登记流程；建立著作权台账，记录作品创作时间、权属、授权使用情况；定期开展著作权侵权监测，通过网络平台巡查、竞品分析等方式，及时发现侵权线索并制定应对措施。
著作权法务专员	起草、审核与著作权相关的合同协议，如作品授权许可合同、转让合同等，规避法律风险；处理著作权纠纷案件，收集证据，与外部律师协作制定诉讼或仲裁策略；关注国内外著作权法律法规动态，为公司提供合规建议，确保著作权相关业务合法开展。

知言知语

版权作为知识产权的重要组成部分，承担着贯彻落实创新驱动发展战略，建设知识产权强国和社会主义文化强国的重要任务。

——《国家版权局：保护版权 为发展保驾护航》

知权演练

延伸思考

近年来，人工智能创作的艺术作品逐渐增多，如 AI 绘画、AI 音乐等。有观点认为这类作品应当获得著作权保护，也有观点认为其不具备传统意义上的独创性。请结合著作权法的基本原理，分析哪类 AI 创作作品可能获得著作权保护？

任务三　制定著作权运营规划

任务描述

本节任务是让学生系统掌握制定著作权运营规划的全流程实务技能，构建一个"价值评估—授权开发—运营管理—风险防控"的著作权运营立体化框架，设计包括市场调研、版权确认、许可谈判、合同管理、收益分配、侵权检测等环节的完整运营策略。通过模拟某游戏改版授权合同开发项目，重点培养学生著作权价值分析能力、商业策略制定能力、多形态授权合同内容设计能力、全周期风险管理能力，强化著作权运营的商业思维、合同合规意识及跨领域协作能力，使学生能够胜任数字时代复合型版权运营人才的岗位要求，提高版权管理能力、跨领域协作能力。

经典案例

北京某科技有限公司诉吉某某游戏改版授权合同纠纷案

一、基本案情

2015 年 8 月 3 日，某投资公司（甲方）与被告（乙方）签订《〈三生三世十里桃花〉周边开发协议》（以下简称《周边开发协议》），约定被告将涉案作品的游戏改编权授予甲方，授权期限为 2 年，即 2015 年 8 月 15 日至 2017 年 8 月 14 日。保底费用为 100 万元整。同时约定：甲方需在授权期限内制作完成游戏并上线运营。游戏正式上线后，可持续使用本合同所授权的相应文字作品的游戏改编权，按时与乙方结算分成款项。授权期满后，甲方有义务继续按期支付运营分成，而无需再向乙方支付版权使用费。2016 年 8 月 9 日，某投资公司（甲方）与被告签订《〈三生三世十里桃花〉周边开发协议补充协议》（以下简称《补充协议》），将基于原开发协议所获得的全球范围内的独家游戏改编权、游戏衍生品开发权转授权给原告，授权期限为 2015 年 8 月 15 日至 2017 年 8 月 14 日。同日，被告出具《许可及授权书》，载明其系涉案作品作者和著作权人，"授权原告（被授权方）对涉案作品（专有）享有以下权利：1. 游戏改编权，被授权方有权将授权作品改编、制作、开发为任意种类平台及主机的类别游戏；2. 衍生品开发权，被授权方有权基于根据授权作品所改编开发的游戏策划及开发全周边产品。本授权期限为两年，自 2015 年 8 月 15 日起至 2017 年 8 月 14 日。"原告在授权期限内，有"三生三世十里桃花手机游戏软件 V1.0"（移动游戏）、"春天互娱三生三世十里桃花在线网页游戏软件 V1.0"（网页游戏）、"三生三世十里桃花——桃花醉游戏软件 V1.0"（移动游戏）、"三生三世十里桃花白浅传"（移动游戏）四款游戏得到广电总局批复并获得网络游戏出版物号。2017 年 4 月 14 日，原告通过微博发布提及"过去洽谈过我相关项目的各个公司、平台和组织，请你们认真核实与唐七本人及其关联方洽谈的各类版权合作是否属实、合法，并谨慎处理与我前经纪公司的关系。另外，本人已于 2017 年 4 月 1 日解除了与北京××文化传媒有限公司的经纪合约关系。在此日期前的各类合作，若有疑问，请联系本人法律顾问（email：TA@c×××law.com）……"原告在本案中主张被告发布涉案微博的行为，导致其与案外公司合作开发和运营网络游戏受阻，构成违约。

二、裁判结果

确认原告北京某科技有限公司在 2017 年 8 月 14 日后继续运营"三生三世十里桃花手机游戏软件 V1.0"（移动游戏）、"春天互娱三生三世十里桃花在线网页游戏软件 V1.0"（网页游戏）、"三生三世十里桃花——桃花醉游戏软件 V1.0"（移动游戏）、"三生三世十里桃花白浅传"（移动游戏）四款游戏的现有版本，以及该四款游戏不涉及《三生三世十里桃花》文字作品内容的更新版本的行为符合其与被告吉某某之间《周边开发协议》《补充协议》之约定；驳回原告北京某科技有限公司其他诉讼请求。

三、典型意义

从体系化的角度解释原告与被告之间签订的合作协议，应理解为原告可继续运营其已经开发完成的游戏版本，以及不涉及涉案作品内容的游戏更新版本（如玩法完善、功能优化、漏洞修复等更新），此种行为符合双方约定，未侵害被告对涉案作品的游戏改编权。

思维导图

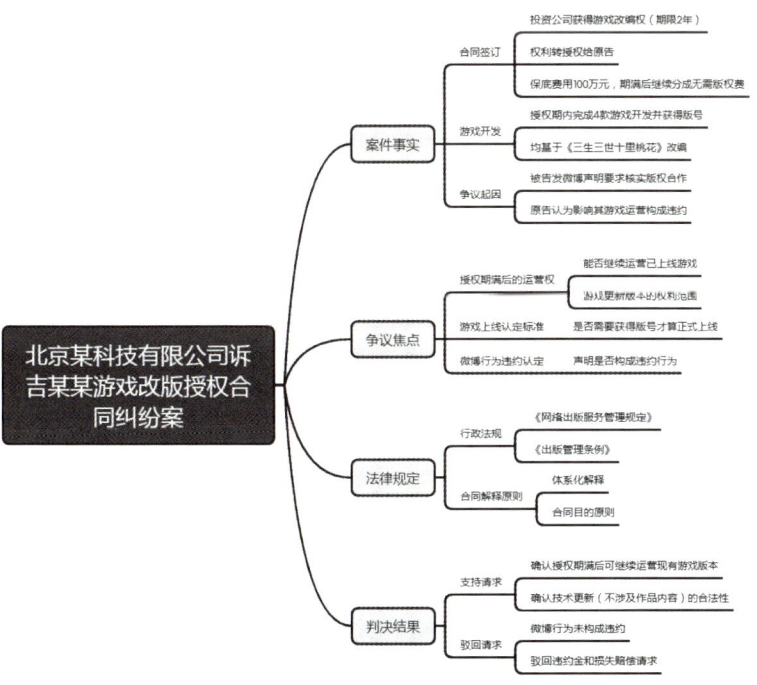

案例评析

根据上述纠纷案的判决书，本案评议点如下：

一、双方所签订协议的主要内容

确认原告在 2017 年 8 月 14 日后继续运营已经正式上线的四款游戏的现有版本，以及该四款游戏不涉及《三生三世十里桃花》文字作品内容的更新版本的行为符合其与被告之间周边开发协议及其补充协议之约定；结合《周边开发协议》关于授权期限以及使用的期限之约定，某投资公司应在 2015 年 8 月 15 日至 2017 年 8 月 14 日期间内基于涉案作品制作完成游戏并上线运营，且游戏正式上线后，某投资公司可就该部分游戏持续使用该游戏改编权，并按时与被告结算分成款。关于某投资公司就其已在双方约定期间内完成制作并上线运营的游戏所能持续享有、使用游戏改编权的期限，根据《周边开发协议》约定，从体系化的角度进行解释，该条文应理解为原告可继续运营其已经开发完成的游戏版本，以及不涉及涉案作品内容的游戏更新版本（如玩法完善、功能优化、漏洞修复等更新），此种行为符合双方约定而不侵害被告对涉案作品的游戏改编权；否则，该部分第 2 条之关于授权期限届满后某投资公司应当继续支付运营分成但无需另行支付版权使用费等部分内容的约定即没有实质意义。而第 4 条关于合约期满后甲方仍要持续行使合同中所授予的权利，需要在本协议到期前与乙方另行签订新的授权协议的约定，应指向的是某投资公司未在授权期限内开发完成并上线运营的其他游戏，以及对已经上线的游戏进行的涉及涉案作品内容改编的已上线运营游戏的更新版本。因此，如某投资公司已在 2015 年 8 月 15 日至 2017 年 8 月 14 日期间就涉案作品完成游戏开发并上线运营，则其可在 2017 年 8 月 14 日双方协议到期后，继续运营该部分游戏的现有版本以及此后不涉及涉案作品内容的游戏更新版本。在某投资公司与被告签订《补充协议》且被告向原告出具《许可及授权书》后，前述某投资公司的权利义务转移至原告。虽《补充协议》未再次强调就原告在《周边开发协议》授权期间制作完成并上线运营的游戏享有在协议期限届满后独家持续使用且无需再向被告支付版权使用费，但结合该协议第 1、3 条，《周边开发协议》对某投资公司就该部分游戏所约定的权利义务已经全部转让至原告，即原告对于在 2015 年 8 月 15 日至 2017 年 8 月 14 日期间制作完成并上线运营的游戏，可继续运营该部分游戏的现有版本以及此后不涉及涉案作品内容的游戏更新版本，且无需再向被告支付版权使用费。

二、游戏开发及上线运营完成的认定

根据《网络出版服务管理规定》《出版管理条例》等与网络游戏运营相关的行政法规，游戏正式上线运营应当取得相应的版号；虽实践中存在未取得版号即上线的情形，但一般系游戏测试等，亦无法开通付费等服务，故与正式上线运营存在根本区别。从游戏改编的授权方和游戏开发商订立合同的目的来看，授权方之所以授权一般亦是以获得收益分成为其主要目的，如游戏未取得版号而正式上线运营，其合同目的亦无法实现。因此，本案《周边开发协议》中约定的"游戏正式上线"应理解为某投资公

司根据涉案作品开发游戏并取得版号而完成游戏的正式上线运营。

关于请求确认其在 2017 年 8 月 14 日双方协议到期后可根据《周边开发协议》《补充协议》的相关约定继续运营在此之前已经上线的游戏，此种行为符合前述协议约定而不构成对涉案作品游戏改编权的侵害。某投资公司在 2017 年 8 月 14 日双方协议到期后继续运营其在此之前已经上线的前述四款游戏版本以及该四款游戏不涉及涉案作品内容的更新版本，符合《周边开发协议》《补充协议》的相关约定而不侵害吉某某就涉案作品享有的著作权。

三、被告行为违约的认定

首先，被告发布的涉案微博中关于涉案作品对外授权的部分，系其作为涉案作品作者基于其对现状的理解所作出的，内容基本正当、合理的声明，且未直接否定或质疑某一具体的特定授权关系。其次，涉案微博并非导致原告与第三方公司解除合作协议的直接原因。此外，在被告发布涉案微博之后，原告和案外公司仍继续合作开发游戏，案外公司仍申报游戏出版物号等，说明被告发布涉案微博这一行为并未影响到原告基于已取得的授权继续独立开发或与他人合作开发并上线运营基于涉案作品改编的网络游戏。

据此，被告发布涉案微博的行为未达到违反诚实信用原则之程度，亦不影响《周边开发协议》《补充协议》合同目的的履行；原告主张被告该行为导致其开发及上线运营基于涉案作品的网络游戏受阻从而构成违约，并要求被告支付违约金及经济损失，缺乏事实依据，法院均不予支持。

四、案件启示与行业影响

对合同没有明确约定的事项，本案法官采用合同体系解释方法和合同目的解释方法对合同条文进行了解读，并对双方签订合同时的真实意思表示进行了认定。同时对于违约及违约造成的损失也进行了因果关系的认定，因缺乏因果关系而不予以支持。

知识归档

一、著作权运营的概念与意义

著作权运营是指著作权人和相关市场主体将著作权的获取、运筹、经营嵌入企业的产业链、价值链和创新链的运作过程中，优化资源配置，采取一定的商业模式以实现著作权价值的商业活动。

1. 著作权运营可以帮助企业实现从版权资源到版权资产的转变。企业在长期经营中，形成了数量巨大、类型丰富的版权作品，这些版权作品可以构成企业发展的重要资源。但是如果不能将版权资源有效转化为实际的资产，就无法在财务报表上体现出著作权的实际价值。例如，出版企业拥有大量的独家出版权，电影企业拥有数量庞杂的电影剧本和电影作品，这些文化成果只有通过合理的运营模式和运营手段，才能保护其经济利益。著作权运营的目的就是将企业拥有的以上著作权资源转化为经济效益，通过完善系统的版权运营策略和手段，将版权资源变成版权资产，可供计量和变现。

2. 著作权运营可以促进企业转变盈利模式，帮助企业实现产业转型升级。著作权是一个概括性的权利，是包含着一系列权利的权利群，其中任何一个权利均可以单独使用、交易，均可许可不同的对象以不同的方式使用，以此获得超额的经济利益。仅仅利用版权某一种或者几种单项的权利，如出版企业的图书出版仅仅使用了作品的复制和发行两项权利，而作品周边的其他权利如翻译权、信息网络传播权、改编权等都被放弃了。而版权运营比较成熟的出版企业则会用心地经营每一项权利，将其价值通过市场充分地表达出来。因此，著作权运营是促进文化企业转型升级的重要推动力，可以促进企业从版权的现实情况出发，通过制定著作权获取战略、管理战略、运营战略、保护战略等，推动企业实现转型升级。

3. 著作权运营可以促进企业关注市场需求，增进文化产品供给。著作权运营企业必须关注市场需求，有针对性地组织文化产品的生产和版权作品的创作，或者引进市场反响好、利润较高的作品。著作权运营可以促进版权内容生产与相关服务供应链之间的双向流动，在这个产业链条中，有价值的版权课程可能产生于任何一个环节。例如，《鬼吹灯》这样的网络文学作品，改编成电影、电视剧、网络游戏等多种形式，也可以通过著作权许可方式在其他周边的产品甚至是主题公园等不同使用场景下实现价值变现。企业获取的资金可以通过反向的流动反哺原始的网络文学作者的再创作，激励其进行内容的进一步升级或者开发新的内容产品，使得文化产品的供给更为丰富。

二、著作权运营的模式

著作权运营的模式多种多样。其中，授权许可模式是常见的一种，版权所有者将版权授予他人使用，并收取相应的许可费用。例如，影视作品的版权可以授权给电视台、网络平台播放；音乐作品的版权可以授权给商业活动使用；等等。

另外，版权转让模式也是一种方式，版权所有者将版权完全转让给他人，一次性获得转让收入。此外，还有版权合作模式，版权方与其他企业或个人合作，共同开发利用版权资源，共享收益。

三、著作权运营的特点和面临的挑战

著作权运营的发展趋势呈现出一些显著的特点。首先，数字化技术的发展使得运营的渠道更加多元化。网络平台、移动应用等成为版权传播和运营的重要途径。其次，跨界融合趋势明显。版权不再局限于单一的领域，而是与不同行业相互融合，如影视、游戏、文学等领域的版权相互转化和开发。最后，用户需求的个性化和定制化也在推动版权运营的创新，以满足不同用户的特定需求。

著作权运营的发展也面临着诸多挑战。主要有：一是侵权问题严重。在互联网环境下，盗版、侵权行为屡禁不止，给版权所有者带来巨大损失，也影响了版权运营的正常秩序。二是版权价值评估困难。由于版权的多样性和复杂性，准确评估其价值具有一定难度，这导致版权交易和运营中容易产生分歧和风险。三是市场竞争激烈。随着版权运营市场的不断发展，参与者众多，竞争激烈，要在市场中脱颖而出并非易事。

四是法律法规不完善。尽管我国在版权保护方面已经有了一定的法律体系，但在一些新兴领域中和复杂情况下，法律法规还存在一定的滞后性和不适应性。

版权运营不同模式的优缺点：

表2-5　版权运营模式的优缺点

模式	优点	缺点
授权许可	持续获得收益，风险相对较低	需要对被授权方进行监督和管理
版权转让	一次性获得较高收入	失去对版权的长期控制权
版权合作	共享资源和风险，创新可能性大	合作方之间的协调和利益分配较复杂

四、著作人身权的内容

(一) 发表权

发表权是作者决定是否将其作品公之于众、何时公之于众、以何种方式公之于众的权利。公之于众是指以出版发行、广播、上映、口述、演出、展示和网络传播等方式披露作品并使作品处于为公众所知的状态。

发表权具有以下三个方面的特征：其一，发表权作为著作权人身权，因其"公之于众"的内涵，同著作权财产权关系密切。只要将作品公之于众，即完成了对作品的发表。发表的本质特征是向不特定的多数人公开提供。如果向特定范围内的某些人或者一些彼此之间因身份关系互相关联的人公开，则不构成发表。其二，如果作者已转让著作权财产权或许可他人以特定方式行使著作权财产权，通常推定作者许可他人发表作品。其三，作者的继承人或者受遗赠人可以在不违背作者生前意志的情况下发表作品。《著作权法实施条例》第17条规定，作者生前未发表的作品，如果作者未明确表示不发表，作者死亡后50年内，其发表权可由继承人或者受遗赠人行使；没有继承人又无人受遗赠的，由作品原件的所有人行使。

(二) 署名权

署名权是著作权人身权的核心，我国《著作权法》第10条第1款第2项规定，署名权是表明作者身份，在作品上署名的权利。署名或者不署名，使用真实姓名或者署别名、笔名等属于作者署名权。抄袭他人作品不但侵犯了著作财产权中的复制权，也侵犯了著作人身权中的署名权。对于基于原作品而产生的演绎作品，原作品的作者仍然享有署名权。对于作者众多的百科全书，出版社可以在扉页中集中地说明哪一位作者撰写了哪一章节的条目，而不一定要在封面上将全部作者均列出。该做法的法律依据为《著作权法实施条例》第19条，使用他人作品的，应当指明作者姓名、作品名称；但是，当事人另有约定或者由于作品使用方式的特性无法指明的除外。

(三) 修改权

我国《著作权法》第10条第1款第3项规定，修改权即修改或者授权他人修改作品的权利。修改是对作品内容作局部的变更以及文字、用语的修正。修改权属于作者，作者可自行修改自己的作品，也可授权他人修改自己的作品。修改权与改编权不同，改编行为是根据原作品的基本表达创作出新的作品。

（四）保护作品完整权

保护作品完整权，即保护作品不受歪曲、篡改的权利。歪曲是指故意改变事物的真相或内容。篡改则是用作伪的手段对作品进行改动或者曲解。作品的完整性不仅包括表现形式的完整性，如文学作品的情节、内容、人物关系等，也包括作品的思想内容的完整性。基于合理利用作品的需要，保护作品完整权也要受到必要的限制。

五、著作权财产权的内容

（一）复制权

依《著作权法》第10条第1款第5项的规定，复制是指以印刷、复印、拓印、录音、录像、翻录、翻拍、数字化等方式将作品制作一份或多份的行为。复制权是指以上述复制方式利用作品的权利。复制权是对作品的利用，其中复制是主要的形式。根据《伯尔尼公约》第9条第1款的规定，受公约保护的文学艺术作品的作者，享有授权他人以任何方式或形式复制其作品的权利。

1. 复制行为的构成。

（1）复制行为应当在有形物质载体之上再现作品。此特征是复制与其他表演、广播和放映等再现作品行为的不同。此处强调的是行为需要借助于有形物质载体，如录制在唱盘、磁带、盒带、电影胶片、微缩胶片等载体上，或以电子手段或数字形式将作品复制在网络空间、计算机存储设备中。

（2）复制行为应当使作品被相对稳定和持久地固定在有形物质载体中，形成有形复制件。如印刷厂印刷书籍的行为将作品固定在纸张之上，形成作品有形复制件，只要人们不去有意识地破坏载体或者消除载体上的作品，作品都将长期保存在载体之上。

2. 复制行为的种类。

（1）从平面到平面的复制，指作品在被复制时被固定在平台载体之上。

（2）从平面到立体的复制，指作品在被复制时是被固定在平面载体之上的，在被复制之后，被固定在三维载体之上，常见的行为有根据美术作品或者设计图制作立体艺术品，以及根据建筑作品的平面设计图建造建筑物。

（3）从立体到平面的复制，作品在被复制时是被固定在三维载体之上，而复制之后体现在二维载体之上。

（4）从立体到立体的复制。根据立体造型绘出平面设计图，再根据平面设计图复原立体艺术品。

（5）从无载体到有载体的复制。该复制指从无载体的作品来源固定作品，使作品被固定在物质载体之上，形成了作品的有形复制件。

（6）数字环境中的复制行为。将作品以各种技术手段固定在芯片、光盘和硬盘等媒介之上，将作品上传至网络服务器，将作品从网络服务器或他人计算机中下载到本地计算机中，通过网络向其他计算机用户发送作品。

（二）发行权

发行权，即以出售或者赠与方式向公众提供作品的原件或者复制件的权利。

发行必须具备两个条件：其一，发行应当面向"公众"提供作品的原件或者复制件，因此被称为"公开发行"。其二，该行为应当以转移作品有形物质载体所有权的方式提供作品的原件或者复制件。发行权的行使应基于复制权和出版权的综合运用。如不将其大量复制，出版便也无从谈起；而发行则以上述两种权利的综合使用为前提。但是，出版权与发行权又是可分的。发行的方式可以多种多样，有散发、出售、出借、出口等，作者允许他人出版其作品，一般均包含着允许出版者出售其作品的复制品，但未必允许出口或出租。

（三）出租权

出租权作为一种著作财产权，首先由多边国际条约确立。《TRIPS 协定》承认和保护了科学文学和艺术作品的作者就其作品享有的出租权。根据我国《著作权法》的规定，出租权即有偿许可他人临时使用视听作品、计算机软件的原件或者复制件的权利，计算机软件不是出租的主要标的除外。出租行为的目的是满足公众欣赏文学艺术作品的需求。出租关系中的承租人则是在约定的期间内通过租赁物权而对载于该物之上的作品享有非商业性的利用权，在期限届满之后，应将租赁物返还出租人。公众在音像制品出租店里，以低廉的价格租用各类音像制品。很多出租业者还以会员制的方式吸引和保持稳定的客户。即使承租者将租用的作品再次复制，也比在市场上购买复制件的价格低廉得多。在我国，出租业仍有很大的市场潜力。此外，在部分国家公共图书馆中实行的"公共借阅权"制度，也应属于出租行为。

（四）展览权

展览权，即公开陈列美术作品、摄影作品的原件或者复制件的权利。展览一般是公开展出未发表的美术作品、摄影作品，如绘画、雕刻、雕塑、摄影、照片、书法以及实用工艺美术作品等。既可以展出作品的原件，也可以展出作品的复制品。将作品在公众场合展出，供人观赏、阅览，以便公众知晓。它是作者或著作权人发表美术作品的形式。展览权在特定情况下具有发表权的性质，它主要是著作财产权，展览是利用美术作品获取经济利益的重要方式。

（五）表演权

表演权，即公开表演作品以及用各种手段公开播送作品的权利。表演权一般适用于音乐、戏剧、舞蹈作品，但不能适用于地图作品、雕塑艺术品、工艺美术品、绘画等作品。表演权不仅适用于原创作品，还及于该作品的演绎作品。例如，一个作者创作了一部小说，经他人改编成剧本，经表演者演出，演出的实况又被录音、录像、制作成录制品等，作者的表演权延伸到利用其作品的任何人那里，这种情况在现实生活中是很普遍的。

表演权与表演者权不同。表演者权是表演者所享有的允许他人播放、录制以及采取其他形式传播自己的表演的权利。表演者权是表演者获得作者的授权后才享有的。表演者要行使某作品的表演权，应征得作者或其他著作权人的同意（法律另有规定的除外），此种权利是受制于作者的著作权的。表演者权属于邻接权的一种，是与著作权有关的权利。而表演权是作者的著作权财产权。

（六）放映权

放映权，即通过放映机、幻灯机等技术设备公开再现美术、摄影、视听作品等的权利。放映权意味着公开播放电影等作品的行为，应当经过著作权人的许可并支付报酬。

（七）广播权

广播权，即以有线或者无线方式公开传播或者转播作品，以及通过扩音器或者其他传送符号、声音、图像的类似工具向公众传播广播的作品的权利。广播权控制三种对作品的广播行为：无线广播、以无线或有线方式转播和公开播放接收到的广播。

（八）信息网络传播权

信息网络传播权，即以有线或者无线方式向公众提供，使公众可以在其选定的时间和地点获得作品的权利。信息网络传播权即交互式网络传播行为，该行为构成要件包括：其一，该行为应当通过网络向公众提供作品。提供作品，仅仅是指使公众获得作品的可能性，而不要求实际将作品发送至公众手中。只要将作品上传至或者放置在网络服务器中，供网络用户下载或者浏览就构成对作品的提供，而不要求是否有人实际进行过下载或浏览。其二，该行为应当是"交互式传播"行为。使公众可以在其个人选定的时间和地点获得作品的传播行为，此种交互式传播将信息网络传播权同广播权区别开来。

（九）摄制权

摄制权，即以摄制视听作品的方法将作品固定在载体上的权利。摄制电影、电视作品权指作者或其他著作权人享有将其作品摄制成电影、电视的权利，作者或其他著作权人有权决定是否将自己的作品摄制成电影、电视，由谁摄制。摄制电影、电视权是作者或其他著作权人的一项重要的权利，特别是对于文学作品的作者而言。

摄制电影、电视权是在原作品的基础上创作出的权利，是将作品由一种类型转变为另一种类型，属于改编权的范围。例如，将电影剧本摄制成电影，实际上是将一种作品改编成另一种作品。再者，将小说拍成电影，首先需要对原作品进行改编，即把小说改编为电影剧本，然后才能摄制成电影。

摄制电影、电视权与电影、电视摄制者的权利是两回事，二者不能混同。首先，主体不同。摄制电影、电视权是原文学艺术作品的作者或著作权人之权；而电影、电视摄制者的权利是电影、电视制片人的权利。其次，客体不同。摄制电影、电视权的客体是对原文学艺术作品的权利；而电影、电视摄制者的权利是对电影、电视作品享有的权利。电影电视作品作为一个整体，其发表权和专有使用权由电影、电视摄制者享有。电影、电视作品的导演、编剧、作词者、作曲者、摄制者、演员等各自享有自己那部分作品的署名权；电影、电视作品的著作权中的其他权利，由制作电影、电视、录像作品的制片人享有。

（十）改编权

改编权，即改变作品，创作出具有独创性的新作品的权利。如将小说改编成电影，将长篇小说改编成一套漫画，将民间故事改编成舞台戏曲等。

（十一）翻译权

翻译权，即将作品从一种语言文字转换成另一种语言文字的权利。翻译权包含两方面的内容：一是自己将作品译成他种文字的权利；二是同意他人翻译自己作品的权利。翻译权是作者或著作权人的重要著作财产权，可以成为转让和继承的标的。不仅作者本人可以享有此项权利，作者以外的其他著作权人也可享有此项权利。由于世界上存在着多种文字，因此翻译权包含着译成多种文字的权能。但需注意，将汉语写成的小说改成盲文供盲人阅读并非翻译行为，而属于复制行为。

（十二）汇编权

汇编权，即对作品或者作品的片段加以选择或者编排，汇集成新作品的权利。

要构成汇编作品，必须在选择或者编排作品方面体现出独创性。例如，某出版社精选出鲁迅先生的 50 篇杂文，编成《鲁迅杂文精选》。该书即汇编作品，因为出版社至少在选择被汇编的杂文方面体现出了智力创造性——该选择涉及编辑们与众不同的对杂文的理解和判断。但是，如果该出版社仅将鲁迅先生的全部杂文按发表时间顺序编成《鲁迅杂文全集》，则无论在选择还是编排方面都没有独创性。因为既然鲁迅先生的全部杂文都被收录，就不涉及有智力创造性的选择过程。同时，按照发表时间排序又是一种最为常规和传统的方法，也没有体现出智力创造性。故该《鲁迅杂文全集》就不是汇编作品。只要编辑作品的作者将各种材料编选结合时，在素材的选择、编排或分类方法上付出了自己的智力劳动，表现出自己的独立构思，著作权即自然产生。汇编作品作为一个整体，著作权由编辑人享有；汇编作品中可以单独使用的部分，著作权归属于该部分的作者；汇编作品的作者或著作权人在行使汇编作品的权利时，不得侵犯原作品（各个单独使用的部分）的著作权。汇编作者享有的著作权不能排除他人对收入汇编作品的资料进行新的汇编的权利，只要新的汇编者对收入汇编作品的资料进行了独立的加工、选材、编排或系统的整理，增添了新的注释等，即可形成新的汇编作品。

（十三）应当由著作权人享有的其他权利

随着社会的发展，可能会出现某些新的作品利用方式，为应对新的情况，《著作权法》规定了这一弹性条款。

六、制定著作权运营规划流程

1. 作品著作权归属确认。作品创作完成后，作者自创作完成之日起享有著作权。但为了防止作品被抄袭、授权他人使用或者产生著作权纠纷，著作权归属尤为关键，即需要通过版权确认来明确著作到底归谁所有。对创作的作品进行著作权登记的流程为：作者或者著作权人向版权局提交作品样本、创作说明等材料，经过版权局审核后获得著作权登记证书。

2. 作品著作权的评估。在著作权转让、许可使用或者企业进行资产重组、兼并收购等情况下，都需要进行著作权评估，为其确定合理价格。常见的评估方法有成本法、市场法、收益法等。

3. 作品版权交易。作品版权交易是指作品所有者将其拥有的版权中的一项或者多项权利，通常是作品财产权中的复制权、发行权、改编权等，通过转让、许可等方式，以一定的价格或者条件让渡给其他个人或者组织的商业行为。

技能达标

知识目标

1. 理解著作权运营规划的基本概念、法律基础及现实意义；

2. 掌握著作权财产权的主要内容；

3. 了解运营规划合同的设计流程，明确著作权运营的要求及注意事项。

能力目标

1. 具备识别著作权运营中的法律风险的能力；

2. 能够制订著作权运营规划方案，能够根据实际需求拟定著作权运营合同，并审查合同合法性与完整性；

3. 具备著作权运营能力，能够结合作品类型合理规划著作权的转让与许可策略，最大化体现作品价值，平衡权利人与使用者的利益。

素养目标

1. 培养法律合规素养，在著作权运营中，遵守著作权法律法规，确保运营活动合法合规；

2. 培养商业运营素养，设计多元化的版权开发模式，熟悉版权市场交易规则，制订合理的授权策略；

3. 培养战略规划素养，制订长期、可持续的著作权运营规划，促进文化传播与创新。

法律法规

岗位职责

岗位名称	职责描述
律师/法律顾问	1. 审核合同条款,确保合法合规。 2. 提供法律意见,规避潜在法律风险。 3. 协助处理著作权运营中的争议或纠纷。
知识产权代理人员	1. 协助起草、修改合同文本,确保条款清晰明确。 2. 提供著作权登记、变更等相关服务。 3. 协助办理合同备案或其他行政手续。
知识产权局/ 版权登记中心工作人员	1. 审核著作权运营合同的备案申请。 2. 提供著作权登记、变更及查询服务。 3. 处理与著作权相关的行政争议或投诉。

知言知语

中国始终高度重视知识产权保护,深入推进知识产权强国建设,推动知识产权事业取得历史性成就,走出了一条中国特色知识产权发展之路。

——习近平总书记致 2024 年国际保护知识产权协会世界知识产权大会的贺信

知权演练

延伸思考

涉案作品发布于《求索》2017 年第 10 期,作者易某某、赵某某。易某某出具《声明》,放弃该作品信息网络传播权。赵某为某政法大学退休教师,因知网擅自收录自己的文章并向读者提供付费下载,以侵犯其信息网络传播权为由起诉中国知网。《求索》杂志社作为甲方与学术期刊公司签署合作协议书,约定著作权权属和使用事项,其中载明:甲方授权乙方在全球范围内使用甲方期刊中信息网络传播权。《求索》杂志社和作者之间的版权协议载明:作者同意自本协议签订至发表之日起,将其在中华人民共和国境内的著作权及相关财产权转让给《求索》杂志社,其中包括网络出版及信息传播权。

请阅读上述材料，思考下列问题：

1. 学术期刊公司提供涉案作品网络阅览及下载服务是否构成侵权？
2. 学术期刊公司的被诉使用行为是否构成法定许可？
3. 关于学术期刊公司应赔偿的经济损失及合理开支数额法院应当如何判定？

任务四　签订著作权归属协议

任务描述

本节任务是让学生系统掌握著作权权属确定的法律规则与协议设计要点，构建"权属确认—协议架构—风险防范"三位一体的权属管理闭环，设计涵盖法律尽职调查、核心条款磋商、归属协议文书制作、权利登记备案等全流程的权属协议解决方案。通过模拟职务作品用人单位与创作者之间的著作权归属项目，重点培养著作权权属法律要件分析能力、协议核心条款设计能力、潜在法律风险预判能力、多方利益平衡能力，同步强化著作权保护权利意识、契约精神、合规管理思维，提升谈判能力和职业素养。

经典案例

沈阳某大药房连锁有限公司与高某侵害著作权纠纷案[1]

一、案情概述

2012年9月，沈阳某大药房连锁有限公司（以下简称某大药房）雇佣高某为公司行政总监，主要负责公司发展规划、经营规划等。2012年12月12日某大药房召开店长会议，将店内企业文化的设计和装潢交由高某负责。高某利用业余时间在文汇美术社完成相关企业宣传及装潢图片，其中图片1主要由"清明上河图"图案和介绍企业文化的文字组成，底色以黄色为主，并添加了琉璃瓦和门柱。图片2主要由李时珍、中药原料图案和"十八反歌""十九畏歌"等文字组成，以黄色为底色，并在左侧设

---

[1]（2014）辽民三终字第00214号。

计有带有龙凤纹背景修饰的"养生"文字。图片 3 主要由古代药房图案和介绍企业经营理念的文字组成，以黄色和深褐色为底色，并在左侧设计有某大药房企业字号。图片 4 主要由"十大名医"半身像及文字介绍组成，以绿色作为修饰，并在下面设计有企业字号。图片 5 由 7 张图片组成，主要由"小护士"图案和"外用药品""保健食品"等提示性文字组成，并设计有企业字号。图片 6 以"清明上河图"为背景，添加金鱼、小鸟、荷花图案，并配有企业字号和企业标志设计。图片 7 主要由某大药房企业介绍文字组成，并配有企业字号及企业标志设计。图片 8 以祥云及中草药图案为背景，并配有某大药房企业字号及企业文字介绍。庭审中，高某及某大药房均认可图片 1~8 中的"清明上河图""十大名医"半身像、"小护士"图案等设计要素来源于网络图片。另查，某大药房在其经营场所使用了图片 1~8，仅在图片 1 中为高某署名。

一审判决认为，对于图片 1~8，虽然设计要素不都是由高某独创的，但其将原有素材通过拣选、设计、排版、重新组合，并配以不同的底色，体现出了与他人不同的个性化表达，作为具有独创性并能以有形形式复制的智力成果，应当受到著作权法的保护，对于某大药房提出的图片 1~8 不属于作品的抗辩理由，本院不予支持。高某作为某大药房员工，与该药房存在劳动关系，其接受某大药房临时安排的创作企业文化的任务，并利用业余时间完成的作品 1~8，属于一般职务作品，著作权由高某享有，某大药房可以在业务范围内优先使用，但应为高某署名。某大药房仅在使用作品 1 时为高某署名，作品 2~8 并未给高某署名，侵犯了其署名权，应承担停止侵权、消除影响、赔礼道歉的法律责任。鉴于某大药房的该行为侵犯了高某所享有著作权的人身权，给高某精神造成了损害，高某主张应向其支付精神损失费的请求，法院予以支持，但高某主张某大药房赔偿经济损失的诉讼请求，依据不足，二审法院不予支持。

二审审理过程中，高某否认某大药房对其创作作品提供物质资金帮助，某大药房也未举证证明对高某的创作提供物质资金，现有证据不能证明涉案作品是高某主要利用了某大药房的物质技术条件创作的，并由某大药房承担责任，涉案作品也并非属于具有工业价值的作品；同时无证据证明某大药房与高某之间就涉案作品的著作权归属有约定，故涉案作品不属于特殊职务作品。综上，高某完成的作品属于一般职务作品，高某作为作者享有完整的著作权，包括人身权和财产权。作者的署名权是《著作权法》规定的作者的法定权利，所以某大药房未在宣传图片中标示作者名字构成侵害高某的署名权。某大药房将未署名作品张贴在某大药房门店内或作企业宣传之用并未支付相关费用，构成侵害高某的署名权，根据《著作权法》第 57 条第七项的规定，应当支付相应的报酬。某大药房的行为侵害了高某的署名权，但没有证据证明造成高某的严重精神损害。

二、裁判要点

二审审理过程中，高某否认某大药房对其创作作品提供物质资金帮助，某大药房也未举证证明对高某的创作提供物质资金，现有证据不能证明涉案作品是高某主要利用了某大药房的物质技术条件创作的，并由某大药房承担责任，涉案作品也并非属于具有工业价值的作品；同时无证据证明某大药房与高某之间就涉案作品的著作权归属有约定，故涉案作品不属于特殊职务作品。

三、典型意义

作者与所在单位之间具有劳动关系或者存在事实劳动关系，创作作品属于作者的工作任务，即满足职务作品的认定条件。同时，在认定职务作品时，还需判定单位是否对作品提供物质资金帮助，缺乏资金往来证明的，并且作者与所在单位也未签订著作权归属协议的，应界定该作品仅仅为一般的职务作品，排除特殊职务作品的界定。

思维导图

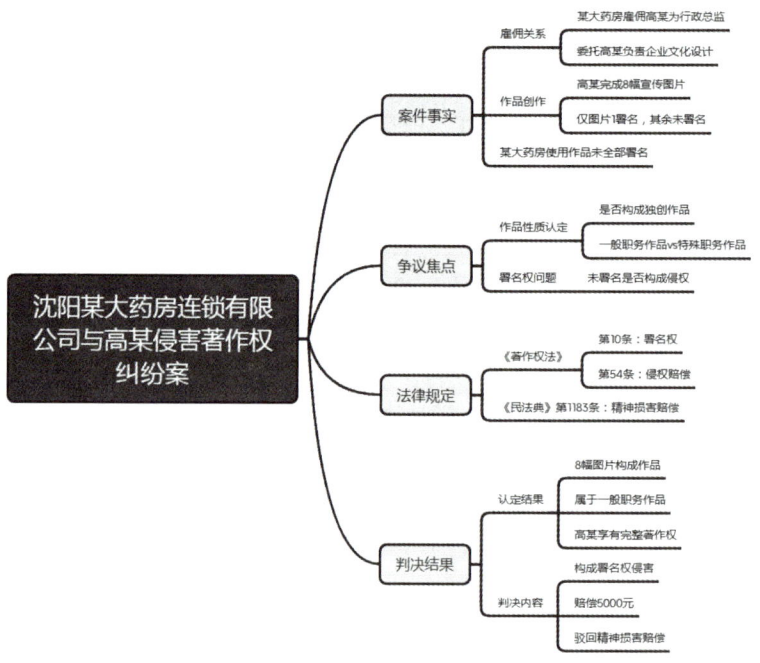

案例评析

根据二审判决书，本案评议点如下：

一、对汇编作品创新性的界定

高某创作的8幅宣传图片借鉴了前人的作品内容，但在宣传品中加入了精心设计的字体、宣传文字内容、飞鸟、彩云、仿古的屋瓦和门廊、背景颜色、龙凤呈祥图案、堆放别致的各式中药，以上内容虽然单独都是现实中存在的图案，但是将这些要素精心组合编排融入8幅画面里，形成了与现有作品不同的画面特点，体现出高某的创造性劳动，构成《著作权法》中所称的作品。

二、一般职务作品或特殊职务作品

至于涉案作品是否属于特殊职务作品，要结合以下要素判断：①作者创作涉案作

品中是否具有主要是利用法人或者非法人单位的物质技术条件创作，并由法人或者非法人单位承担责任的工程设计图、产品设计图、地图、计算机软件等职务作品；②法律、行政法规规定或者合同约定著作权由法人或者非法人单位享有的职务作品。在本案中，高某否认某大药房对其创作作品提供物质资金帮助，某大药房也未举证证明对高某的创作提供物质资金，现有证据不能证明涉案作品是高某主要利用了某大药房的物质技术条件创作的，并由某大药房承担责任，涉案作品也并非属于具有工业价值的作品；同时无证据证明某大药房与高某之间就涉案作品的著作权归属有约定，故涉案作品不属于特殊职务作品。高某完成的作品属于一般职务作品，高某作为作者享有完整的著作权，包括人身权和财产权。根据《著作权法》第 10 条第 1 款第 2 项的规定，著作权包括署名权，即表明作者身份，在作品上署名的权利。8 幅作品仅有 1 幅标示高某名字，其他作品未予标示作者名字，某大药房承认高某并未同意不标示作者名字，而作者的署名权是《著作权法》规定的作者的法定权利，所以某大药房未在宣传图片中标示作者名字构成侵害高某的署名权。

三、侵害作者署名权赔偿数额的确定

《著作权法》第 54 条第 1~3 款规定，侵犯著作权或者与著作权有关的权利的，侵权人应当按照权利人因此受到的实际损失或者侵权人的违法所得给予赔偿；权利人的实际损失或者侵权人的违法所得难以计算的，可以参照该权利使用费给予赔偿。对故意侵犯著作权或者与著作权有关的权利，情节严重的，可以在按照上述方法确定数额的 1 倍以上 5 倍以下给予赔偿。权利人的实际损失、侵权人的违法所得、权利使用费难以计算的，由人民法院根据侵权行为的情节，判决给予 500 元以上 500 万元以下的赔偿。赔偿数额还应当包括权利人为制止侵权行为所支付的合理开支。《最高人民法院关于审理著作权民事纠纷案件适用法律若干问题的解释》第 25 条第 2 款规定，人民法院在确定赔偿数额时，应当考虑作品类型、合理使用费、侵权行为性质、后果等情节综合确定。虽然《著作权法》规定法人在其业务范围内有权优先使用涉案职务作品，但是应当支付合理使用费。某大药房将未署名作品张贴在自身门店内或作企业宣传之用并未支付相关费用，构成侵害高某的署名权，应当支付一定的报酬。本案中，高某没有提供确切证据证明损失的具体数额，但根据作品属性、侵权时间范围以及某大药房的主观过错，酌情确定赔偿数额为 5000 元。

根据《民法典》第 1183 条第 1 款的规定，侵害他人人身权益，造成他人严重精神损害的，被侵权人可以请求精神损害赔偿。某大药房的行为侵害了高某的署名权，但没有证据证明造成高某的严重精神损害。原审依照《民法典》判令某大药房承担精神损害赔偿金不妥，应予纠正。

四、案件启示与行业影响

1. 明确一般职务作品和特殊职务作品界定的重要性。本案凸显了签订书面作品归属协议的重要性。著作权归属协议应清晰界定作品的著作权、署名权及单位优先使用权，避免因著作权界定不明引发纠纷。

2. 特殊职务作品认定中的举证。员工和用人单位均可提供证据证明作品创作时是否利用单位的物质技术条件。

一件作品的创作，无需法人或者其他单位专门提供大量的资金、技术条件，其创作主要依靠个人自理，那么，即使是在法人或其他单位安排的工作任务内的创作，著作权也归个人享有。法院应对是否利用单位的资金、技术条件进行严格审查。

3. 为著作权侵权损害赔偿额的确定提供指引。本案为职务作品的著作权侵权损害赔偿提供了明确的法律指引，有助于司法机关确定侵权损害赔偿数额，保护作者的智力劳动成果。

知识归档

以下为本节内容所涉及的核心知识点：

一、职务作品著作权归属

职务作品是指作者为了完成单位的工作任务而创作的作品。职务作品著作权的归属与行使规则需要兼顾两方面的需要，即保护单位的投资和作者的智力创作，因此《著作权法》专门对此作了规定。

职务作品可以细分为一般职务作品和特殊职务作品两大类，分类不同，著作权归属不同。

1. 一般职务作品。一般职务作品需符合以下三个要件：

（1）作者为单位的员工；

（2）作者的创作工作是为了完成本单位安排的工作任务；

（3）作品是作者本人意思的表达，不是单位也不是他人意志的体现。

根据《著作权法》第18条第1款的规定，自然人为完成法人或者非法人组织工作任务所创作的作品是职务作品，除第18条第2款的规定以外，著作权由作者享有，但法人或者非法人组织有权在其业务范围内优先使用。作品完成2年内，未经单位同意，作者不得许可第三人以与单位使用的相同方式使用该作品。

2. 特殊职务作品。对某些职务作品，特别是工程设计图、产品设计图、地图、计算机软件等，如果满足以下要件，就是特殊职务作品：①该作品的创作主要是利用了单位的物质技术条件；②该作品由单位对外承担责任。

《著作权法》第18条第2款规定，有下列情形之一的职务作品，作者享有署名权，著作权的其他权利由法人或者非法人组织享有，法人或者非法人组织可以给予作者奖励：

（1）主要是利用法人或者非法人组织的物质技术条件创作，并由法人或者非法人组织承担责任的工程设计图、产品设计图、地图、示意图、计算机软件等职务作品；

（2）报社、期刊社、通讯社、广播电台、电视台的工作人员创作的职务作品；

（3）法律、行政法规规定或者合同约定著作权由法人或者非法人组织享有的职务作品。

二、委托作品著作权的归属

委托作品即受托人根据委托人的委托而创作的作品。依据民法一般原理，委托作品著作权归属可以采用口头约定的形式，但容易导致确定性风险。关于委托作品的合同关系存在的举证责任，由委托人承担。依据《著作权法》第 19 条的规定，受委托创作的作品，著作权的归属由委托人和受托人通过合同约定，合同未作明确约定或者没有订立合同的，著作权属于受托人。

三、合作作品著作权的归属

合作作品是两个以上的作者合作创作的作品。合作作者必须有共同的创作意愿，合作者创作的部分能被吸纳到整体作品之中，成为整体作品中不可分割的部分。如高校教师由一人主编并统稿，由几人分章节写作的教材即典型的合作作品。在判定合作作品著作权中，应当明确只有那些实际参与创作活动，对最终的作品作出了独创性贡献的人才能成为合作者，排除了仅仅提供素材或者其他辅助劳动的人成为合作者的可能。

根据我国《著作权法》第 14 条的规定，两人以上合作创作的作品，著作权由合作作者共同享有。根据《著作权法实施条例》第 14 条的规定，合作作者之一死亡后，其对合作作品享有的财产权利无人继承又无人受遗赠的，由其他合作作者享有。同时，需要注意的是，合作作品的保护期限为最后死亡的作者有生之年加 50 年。

四、演绎作品著作权的归属

演绎作品是指在保持原有作品基本表达的基础上，增加符合独创性要求的新表达而形成的作品。演绎的形式多样，改编和翻译是最为常见的演绎形式。对于演绎作品著作权的归属，我国《著作权法》第 13 条规定，改编、翻译、注释、整理已有作品而产生的作品，其著作权由改编、翻译、注释、整理人享有，但行使著作权时不得侵犯原作品的著作权。根据他人作品创作演绎作品并利用其演绎作品应得到原作品著作权人的许可，除非使用的作品已经超过著作权保护期限。

五、汇编作品著作权的归属

汇编若干作品、作品的片段或者不构成作品的数据或者其他材料，对其内容的选择或者编排体现独创性的作品，被称为汇编作品。汇编作品著作权是由汇编人享有的，但行使著作权时，不得侵犯原作品的著作权。对于大多数汇编作品而言，其独创性主要体现在对其选材及各部分的组织方式上。

在签订汇编作品著作权归属协议时，协议双方应注意以下要点：

1. 在协议中明确汇编人享有著作权。汇编人作为汇编作品的创作者，对其汇编的作品享有著作权。这意味着汇编人有权保护其汇编作品的完整性，防止他人未经许可对其进行修改、删节或歪曲。

2. 在协议中明确汇编人不得侵犯原作品著作权。虽然汇编人享有汇编作品的著作权，但权利人行使汇编作品著作权时，不得擅自复制、发行、表演、放映、广播、汇编、通过信息网络向公众传播原作品，也不得对原作品进行歪曲或者篡改。

3. 在协议中界定汇编人的义务，即支付使用许可费。如果汇编作品中包含了受著作权保护的作品片段或数据，汇编人在使用这些片段或数据时，可能需要获得原作品著作权人的许可，并支付相应的使用费。关于是否支付许可费及费用支付方式，由双方按照法律规定进行协商。

4. 协商确定其他应补充的条款。协议应当明确汇编作品具有相应的独立性。汇编作品的著作权与构成汇编作品的各个元素（如原作品片段、数据等）的著作权是两个独立的概念，在协议的补充条款中可对其分别进行约定。

六、视听作品著作权的归属

我国《著作权法》第 17 条规定，视听作品中的电影作品、电视剧作品的著作权由制作者享有，但编剧、导演、摄影、作词、作曲等作者享有署名权，并有权按照与制作者签订的合同获得报酬。上述规定以外的视听作品的著作权归属由当事人约定；没有约定或者约定不明确的，由制作者享有，但作者享有署名权和获得报酬的权利。视听作品中的剧本、音乐等可以单独使用的作品的作者有权单独行使其著作权。法律在这里确定由制作者享有著作权，主要是考虑到其巨额投资和电影作品的商业运作，但是，编剧、导演、摄影、作词、作曲等作者仍享有署名权。在签订此类作品著作权归属协议时需要特别注意：

1. 签订著作权归属协议时应明确相关主体的报酬权。《著作权法》修改前没有规定电影作者的获得报酬权，但随着独立制片人以及专业制片投资公司的增加，电影制作走向市场化运作模式。关于报酬的问题，可以按照市场化运作规则，由制片者与编剧、导演、摄影等作者在其合作之初协商解决。关于报酬的支付方式，可以一次性给付，也可以从电影的发行、放映中按照比例提取。

2. 在归属协议中，通过补充条款明确整体著作权与作者个别著作权的问题。根据《著作权法》第 17 条第 3 款规定，视听作品中的剧本、音乐等可以单独使用的作品的作者有权单独行使其著作权。具体而言，编剧作者可以另外出版其创作的剧本，词曲作者也可以将他们的作品另外制作成唱片。制片人行使电影作品的著作权，也不能超过电影的正常商业运作的合理限度，超过这一限度，就有可能侵犯电影作者的权利，除非基于与电影作者的合同约定已获得了这些权利。如果音乐作者只转让了其作品在电影中使用的权利，制片人就不能将其制作成唱片，除非其获得了音乐作者的授权。这是一般性原则，也是普遍做法。

七、作者身份不明的作品著作权的归属

《著作权法实施条例》第 13 条的规定，作者身份不明的作品，由作品原件的所有人行使除署名权以外的著作权。作者身份确定后，由作者或者其继承人行使著作权。

📖 **技能达标** ▶

知识目标

1. 掌握不同作品著作权的归属的差异；

2. 熟悉著作权归属的相关法律规定，掌握《著作权法》及《著作权法实施条例》中关于不同作品著作权归属的核心内容及适用条件；

3. 了解著作权归属协议中当事人之间的权利义务，明确著作权归属协议的法律形式要求、构成要素及注意事项。

能力目标

1. 具备著作权归属协议的拟定与审查能力，能够根据实际需求拟定著作权归属协议，并审查协议条款的完整性；

2. 具备纠纷预防与解决能力，能够识别著作权归属协议中的潜在风险，并采取有效措施预防或解决纠纷；

3. 具备著作权协议风险防范和合法管理能力，能够合理界定著作权归属协议，最大化保障不同创作主体的权益。

素养目标

1. 树立合规意识，在著作权归属协议拟定过程中，严格遵守法律法规，尊重他人知识产权；

2. 培养契约精神，在行使著作权过程中，不同主体均能诚实守信，恪守合同内容，行使著作权时不侵犯他人对作品的著作权；

3. 提升专业素养，在著作权界定中，注重专业能力的提升，促进文化传播与创新。

法律法规 ---

岗位职责

岗位名称	职责描述
作者	1. 提供著作权权属证明。 2. 明确著作权行使的界限。 3. 进行作品著作权登记。
律师/ 法律顾问	1. 审核著作权归属协议条款，确保合法合规。 2. 提供法律意见，规避潜在法律风险。 3. 协助处理著作权行使中产生的争议或纠纷。
知识产权代理机构人员	1. 协助起草、修改著作权归属协议文本，确保条款清晰明确。 2. 提供著作权登记、变更等相关服务。
知识产权局/ 版权登记中心工作人员	1. 审核著作权申请中的独创性标准。 2. 提供著作权登记、变更及查询服务。 3. 处理与著作权相关的行政争议或投诉。

知言知语

　　要实行严格的知识产权保护制度，提高知识产权审查质量和审查效率，坚决依法惩处侵犯合法权益特别是侵犯知识产权行为，引入惩罚性赔偿制度，显著提高侵权代价和违法成本，震慑违法侵权行为，等等。

　　　　　　——习近平总书记在十九届中央政治局第二十五次集体学习时讲话

知权演练

延伸思考

　　2024年，某外语学院学生甲、乙二人受教师丙的委托，帮助翻译《大学英语实用语法》一书。全书共13章内容，甲翻译了前8章，乙翻译了后5章。书稿翻译完成后，甲、乙将译稿交给教师丙。但书出版后，甲、乙发现书的署名是丙，而没有他们的名字，便找到教师丙询问缘由，丙先称书未出版，后又说书稿丧失，搪塞甲、乙。

甲、乙对丙的行为非常不满，便以丙侵权为由，向知识产权局提出申诉。丙辩称甲、乙虽然翻译了全书的 13 章，但是如果没有自己的努力，该书根本无法出版，那些书稿也将是废纸一堆。知识产权局对双方提供的材料进行核实，认定全书的 30 万字除前言为其他人另作的外，其余均出自甲、乙的译稿，修改的地方也很少，此外，甲、乙和丙之间也不存在任何委托协议。

　　请阅读上述材料，思考下列问题：该书的著作权应当归属于谁？

任务五　签订出版合同

任务描述

　　出版作为文化传播的核心动力之一，其通过复制与发行将作品推向公众视野，使其在社会中广泛流传。随着科技的飞速发展，出版早已突破传统纸质媒介的局限，衍生出音像、电子、网络等多元化的新形态。在这一过程中，出版合同作为作者与出版者之间的法律桥梁，不仅支撑着整个出版产业的运转，更在明确双方权责、推动作品传播与维护著作权方面扮演着至关重要的角色。本节任务是让学生掌握出版合同的签订流程和注意事项，引导学生深入了解出版合同的基本要素及其法律意义，构建一个清晰的出版合同签订流程框架，设计一个有效的合同审查与谈判策略，完成一个具体的出版合同模拟签订实训，增强对出版行业法律规范的直观认知，提升在出版、传媒及相关领域的职业竞争力，为未来从事版权管理、法律实务等工作奠定坚实基础。

经典案例

Maurice Willems（莫瑞斯·威廉斯）与复旦大学出版社等公司
著作权权属、侵权纠纷案[1]

一、基本案情

　　莫瑞斯·威廉斯系美国知名作家和插画家，创作 *There is a Bird on Your Head! We*

---

〔1〕 （2019）京 0105 民初 18153 号，（2021）京 73 民终 938 号。

Are in a Book！Today I Will Fly！（以下简称涉案权利图书）等英文绘本，多次获奖且在中国有中文译本出版，享有较高知名度。2015 年，复旦大学出版社与阿凡提公司签订《图书出版合同》，出版《你头上有只鸟！》《我们在一本书里！》《今天我会飞！》三册图书（以下简称涉案侵权图书），署名"阿凡提公司编绘"。经比对，涉案侵权图书与涉案权利图书在构图布局、角色表情、动作、对话、故事情节等方面几乎完全一致，仅角色形象和对话语言不同。当当公司销售了涉案侵权图书。莫瑞斯诉请阿凡提公司、复旦大学出版社、当当公司停止侵权、公开赔礼道歉、消除影响并赔偿经济损失及合理支出 50 万元。

二、裁判结果

该案件的争议焦点为莫瑞斯是否享有涉案权利图书著作权；复旦大学出版社、阿凡提公司、当当公司是否侵权；法律责任如何承担。

法院认定：根据《著作权法实施条例》，涉案权利图书以故事主角的对话、表情、动作等形式讲述不同故事情节，既包含绘画部分又包含文字部分，体现出作者的独特创造性，因此法院认定为莫瑞斯享有涉案权利图书著作权。

复旦大学出版社在二审上诉时主张，涉案权利图书的中文译本并非畅销书，且复旦大学出版社也不属于动画行业从业者，由于阿凡提动画具有一定知名性，阿凡提公司又与阿凡提动画具有关联性，因此在涉案侵权图书的出版审查时无理由怀疑阿凡提公司存在剽窃嫌疑，已经尽到合理注意义务，不应承担连带责任。二审法院认为，即使阿凡提动画具有一定知名度，复旦大学出版社作为出版者，也不能因此降低对图书内容的审核义务，阿凡提系列相关图书的知名度不能改变涉案侵权图书侵犯他人著作权的事实。

综合多种因素，二审法院酌情确定阿凡提公司与复旦大学出版社赔偿 20 万元及合理支出 1765.6 元，并承担停止侵权、赔礼道歉、消除影响等责任。

三、典型意义

《最高人民法院关于审理著作权民事纠纷案件适用法律若干问题的解释》第 20 条第 2 款规定："出版者对其出版行为的授权、稿件来源和署名、所编辑出版物的内容等未尽到合理注意义务的，依据著作权法第四十九条的规定，承担赔偿损失的责任。"本案例作为反例，向我们展现了出版者签订出版合同时的风险点之一，即未尽到合理注意义务。

通过本案例，我们可得知对于出版机构签订出版合同是否履行合理审查职责的认定上，司法实践会从作品影响力、出版物性质、内容重合度及占比等多个维度进行综合评估。具体而言，若涉案出版物中存有相当比例的内容与在先发表且已形成一定市场认知度的作品构成实质性近似，则可推定出版机构未充分履行其审查义务。就举证责任分配而言，出版机构作为专业市场主体，应当就其已采取的必要审查措施提供相应证据予以证明。

思维导图

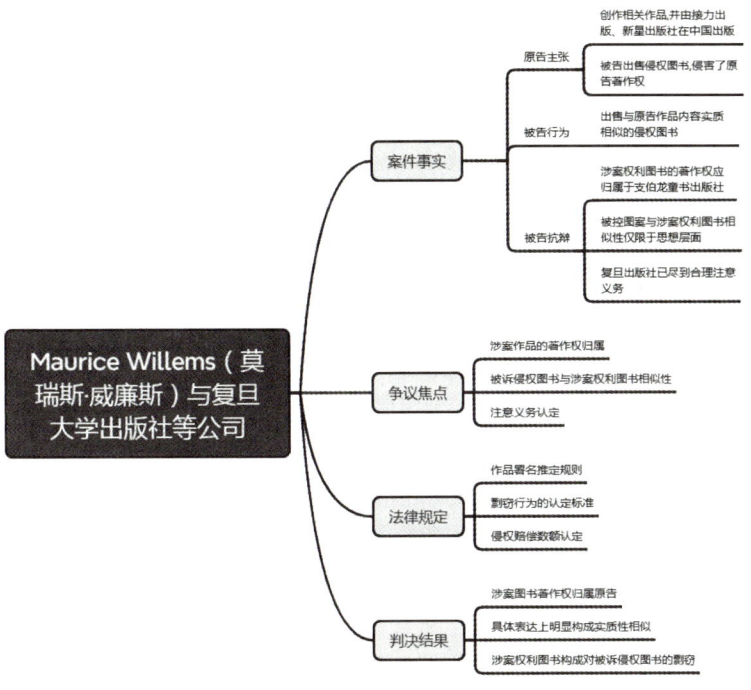

案例评析

根据 Maurice Willems（莫瑞斯·威廉斯）与复旦大学出版社等公司著作权权属、侵权纠纷案的判决书，本案评议点如下：

一、著作权保护的重要性

本案凸显了著作权保护在文化创作中的重要性。莫瑞斯的作品在全球范围内享有较高的知名度，法院通过适用中国法律认定其著作权归属，保护了域外创作者的合法权益。

二、实质性相似的认定

法院在判断侵权时，采用了"接触+实质性相似"的原则，综合考虑了作品的故事情节、角色对话、构图布局等因素，认定涉案侵权图书构成剽窃。

三、出版者的责任

本案中，复旦大学出版社作为专业出版机构，未能尽到合理的注意义务，未能审查出涉案侵权图书的剽窃行为，最终承担了连带责任。这提醒出版机构在出版过程中应加强对作品来源和内容的审查，避免侵权行为的发生。

四、赔偿责任的合理性

法院在确定赔偿数额时，综合考虑了莫瑞斯作品的知名度、涉案侵权图书的销售情况、侵权行为的严重程度等因素，最终判决的赔偿数额合理。

 **知识归档**

一、出版合同概述

（一）出版合同的概念

出版合同是著作权人与出版方之间就作品的出版、发行及相关权利和义务达成的协议。它明确了双方在作品出版过程中的权利、义务和利益分配，确保作品的合法传播，保障著作权人的合法权益。出版合同的内容通常包括作品的授权范围、出版方式、稿酬支付、版权归属、违约责任等条款。

在文化产业蓬勃发展的当下，出版合同作为连接作者与出版社的关键纽带，发挥着不可替代的作用，是双方就作品出版、发行事宜，以及与之紧密相关的权利和义务所达成的具有法律效力的约定。其设立严格遵循《著作权法》以及其他相关法律法规的规定，以清晰且严谨的条款，明确界定了版权授权的范围与方式、稿酬支付的标准与时间节点、责任承担的具体情形等重要内容。

（二）出版合同的性质

出版合同是一种双务、有偿合同，属于著作权许可合同的具体类型之一，通常以专有许可使用合同的形式存在。图书出版者通过签订出版合同享有"专有出版权"，从而成为复制权和发行权的专有被许可人，有权在合同约定的范围内独家行使相关权利。

（三）出版合同的作用

出版合同是确保作者和出版社两方权益的法律文件，对出版活动起着规范、指引作用，确定了作品出版步骤及双方的权利义务，为解决出版纠纷提供了依据，推动着出版活动的平稳有序进行。出版合同成功搭建起作品合法出版的法律框架，让作者的创作成果得以在法律的护航下，顺利进入市场，实现其文化价值与经济价值。

随着人们权利意识的觉醒，著作权维权诉讼不断增多，出版社常常成为被告；与此同时，跨国文化交流日益频繁，跨国知识产权纠纷也呈上升趋势，这对出版社应尽的注意义务提出了更高要求。这一系列现象导致出版行业风险显著上升，涉诉数量不断增多，也充分表明业务发展越快，就越需要加强法律风险管理。基于这样的背景，预防图书出版合同纠纷就显得尤为重要。学习签订出版合同不仅能切实保障出版社与作者的合法权益，避免经济受损和声誉受污，还能推动出版行业朝着规范化、健康化方向发展。而清晰明确的合同条款与高效的纠纷预防机制，是实现这一目标的关键。这些举措能够增进双方信任，稳固合作关系，提升工作效率，让双方能够专注于创作与出版的核心业务。通过学习签订出版合同，有利于维护知识产权和社会文化秩序，为行业的稳定发展贡献力量。

二、针对出版合同的国内外立法

(一) 国内立法

从法律规范的效力等级来看,我国尚未单独出台与出版直接相关的法律。在《民法典》合同编中,出版合同并未被单独列为一类有名合同。而在《著作权法》中,出版合同的相关规定主要出现在第三章"著作权许可使用和转让合同"以及第四章"与著作权有关的权利"中,但其相关条款数量仍然较少,对于出版合同的规定较为简略。除法律外,针对出版行业的行政法规有《出版管理条例》,部门规章有《出版物市场管理规定》《网络出版服务管理规定》,地方性法规有各地出台的出版管理条例等,但各个条例、规定中的条文多数为倡导性条款,无法作为解决纠纷的裁判依据。

由此,司法实践中对于出版合同的纠纷解决多参照适用《民法典》合同编的诸多规定,但由于我国出版行业的商业模式逐渐复杂化,仅靠合同编的规定已难以满足实际的纠纷解决需求。有学者认为,该困境已导致我国作者在某些出版合同纠纷中无法可依,为保护作者权益、规范出版行业运行机制,我国应当推动完善出版合同纠纷解决规则,并做好著作权法与民法相关规则的衔接,使得出版合同纠纷处理更好地类推适用《民法典》合同编的相关规定。

(二) 国外立法

在出版合同的法律规制领域,各国的立法思路呈现出多样化的态势。以《瑞士债务法》为例,它专门设立了"出版契约"章节,把出版合同当作特殊的有名合同进行规范,这一立法模式得到了《奥地利民法》的认可与借鉴。但在美国、法国、德国、日本和意大利等国家的法律体系里,出版合同的相关规定则被纳入了知识产权法或者著作权法的范畴。

三、实务工作流程及要素

(一) 工作流程

合同起草:法务与出版社编辑沟通协作,按照《著作权法》第 26 条规定的必备条款(权利种类、地域范围、期限等)草拟合同,由出版社编辑结合业务需要明确作品名称、署名、授权范围等,法务审核合同合法性,重点核查权利义务条款、违约责任条款以及可能的法律风险。

合同协商与签约:法务通过审查风险进一步对条款进行修改并细化,避免模糊表述,例如,对合同中的部分专业术语进行定义,必要时在合同中增加定义条款或者鉴于条款。

合同履行与存档:双方应按照《著作权法》第 34 条的规定履行出版义务,留存完整合同档案,出版者应当按期出版、交付样书,并按合同约定支付报酬,留存付款凭证。作为法务,应当将合同中的各项义务履行期限及其对应的违约责任向出版社申明。

（二）核心要素及其模板条款

表2-6　出版合同条款示例

序号	核心要素	模板条款
1	作品名称、署名、字数	甲方（著作权人）保证作品《×××》为原创，未侵犯第三方权利。作品字数为××万，署名方式为"作者：×××"。若作品为合作创作，甲方需提供全体作者授权文件。
2	专有性、地域范围	甲方授予乙方（出版者）在全球范围内的专有复制权、发行权，期限为×年。未经乙方书面同意，甲方不得许可第三方行使相同权利。
3	侵权责任、逾期交付/出版责任	若因甲方作品侵权导致乙方损失，甲方需赔偿诉讼费、和解金等全部费用。乙方逾期出版超××日，甲方有权解除合同并要求支付违约金（合同总额××%）。

四、实务中签订出版合同时的注意事项

（一）风险评估与资质审查

在图书出版合同的签订过程中，出版社必须通过系统的风险评估和资质审查来规避潜在的法律和经济风险。首先，出版社需要对合作方的资质进行严格核查，确保作者是作品的合法著作权人，并有权授权出版。为此，作者需提供身份证明、作品原稿以及相关的版权登记文件。如果作者通过代理人进行合作，出版社还需查验代理人是否持有有效的授权证明，以避免因权属不清而引发纠纷。这一步骤不仅能够保障合同的合法性，还能为双方的合作奠定坚实的信任基础。其次，出版社应对作品内容进行全面审查，确保其不侵犯他人的版权、商标权或其他合法权益，同时避免包含诽谤、侵犯隐私等违法内容。对于作品中涉及的引用、改编或翻译部分，出版社应逐一核实这些内容是否已获得原版权持有人的授权，或是否属于公有领域。

（二）合同条文明确化

《著作权法》第33条规定，"图书出版者对著作权人交付出版的作品，按照合同约定享有的专有出版权受法律保护"，由此可见，著作权人许可给出版者行使的权利应由出版合同具体规定，若仅约定许可行使"专有出版权"，出版者就仅享有作品的复制权和发行权，而对于信息网络传播权等则无权行使，因此在出版合同中应注意明确许可的权利类型。

针对合同纠纷的高发区域，出版合同还应当细化对作品原创性的规定，要求作者对作品原创性负责。此外，作为出版合同的基本要素，稿酬支付标准（版税比例、预付金、结算周期）、作品发行计划、作品的交付时间、交付质量、交付形式、作品出版时间、出版质量、合同有效期及续约终止等条款也是必不可少的。最后，详尽的违约责任承担方式也是妥善解决纠纷的关键所在。出版者可能因逾期支付报酬或未按约定标准出版图书而违约，著作权人则可能因逾期交付稿件或稿件质量不符合约定而承担

责任。为明确双方的责任，合同中应详细约定违约责任的具体承担方式。常见的处理方式包括违约方继续履行合同义务、支付违约金，或守约方单方解除合同并要求赔偿损失。这些条款的设计旨在平衡双方的权利义务，降低因违约行为导致的损失。上述条文构成了出版合同的核心内容，也是纠纷解决的重要依据。

📖 **技能达标** ▶

知识目标

1. 理解出版合同的基本概念、主要条款及其法律效力；

2. 掌握出版合同中涉及的权利义务分配，包括著作权归属、稿酬支付、出版期限等；

3. 熟悉国内外出版合同相关的法律法规。

能力目标

1. 能够准确分析出版合同中的关键条款，并识别潜在的法律风险；

2. 能够独立完成出版合同的起草、审查和修改工作；

3. 能够处理出版合同履行过程中出现的常见问题，如违约、争议解决等。

素养目标

1. 树立合同法律意识，重视合同条款的严谨性和合法性；

2. 明确出版合同在保护著作权人和出版者权益中的重要作用；

3. 培养在合同签订和履行过程中的责任感和职业道德。

法律法规 ------------------------------

岗位职责 ------------------------------

岗位名称	职责描述
著作权权利人	1. 证明其为拟出版作品的合法著作权人。 2. 保证其作品中无诽谤、侵犯隐私等违法内容。 3. 按照合同约定按时按质交付稿件。

续表

岗位名称	职责描述
出版者	1. 对作者资质进行审查。 2. 对作品版权进行检查，尽到合理注意义务。 3. 按照合同约定支付稿酬。
责任编辑	1. 提高法律素养，尽可能预见合同可能的风险点。 2. 与作者、出版者保持沟通，发挥好桥梁作用。 3. 建立合同履行监督体系。

知言知语 ★

我们希望国家社会进步，不能不希望教育进步；我们希望教育进步，不能不希望书业进步；我们书业虽然是较小的行业，但是与国家社会的关系却比任何行业为大。

——中华书局创始人陆费逵先生

图 2-1   中华书局

知权演练

延伸思考

1. 管育鹰：《生成式人工智能相关版权争议焦点问题探讨》，载《北京工业大学学报（社会科学版）》2025 年第 1 期。

2. 钟有为律师团队：《〈生成式人工智能服务管理暂行办法〉政策解读》，载良马律师事务所微信公众号。

任务六　签订转让许可合同

任务描述

本节任务是让学生掌握著作权转让与许可使用的核心概念、类型及区别，构建一个系统的著作权利用法律知识框架，设计一份符合法律要求的著作权转让或许可合同，完成一个模拟的著作权交易案例分析，增强法律实务应用能力，为未来从事著作权管理、法律咨询或文化创意产业相关工作奠定理论基础。

经典案例

谢某诉懒人公司、创策公司等侵害作品信息网络传播权纠纷[1]

一、基本案情

原告谢某系《72变小女生》文字作品的著作权人。2013年，谢某将涉案作品的"信息网络传播权及其转授权以及制作、复制和销售电子出版物的权利"授权给创策公司。2014年，创策公司向思变公司出具授权书，明确授权思变公司将涉案作品制作成有声读物，并自行或再许可他方行使音频格式作品的信息网络传播权。2015年，思变公司授权朝花夕拾公司将涉案作品的信息网络传播权转授权给懒人公司在其"懒人听书"平台上使用。同年，懒人公司与朝花夕拾公司签订合同，约定朝花夕拾公司将涉案作品有声读物许可懒人公司在其平台上使用。

思变公司确认涉案有声读物由其制作，且制作过程中未改变原作文字内容。思变公司与朝花夕拾公司均确认在向下游授权时，对上游授权文件的审查系通过审查扫描件的形式进行。创策公司主张其从谢某处取得的"改编权"授权包含将涉案作品制作成音频制品的权利。原告谢某认为懒人公司、创策公司等的行为侵害了其作品的信息网络传播权，遂向法院提起诉讼。

二、裁判结果

一审法院杭州铁路运输法院经审理认为，被诉侵权的有声读物系通过朗读涉案作

---

[1]　（2016）浙8601民初354号，（2017）浙01民终5386号。

品形成，实质上属于录音制品。与文字作品相比，录音制品的受众群体可能存在显著差异。仅凭创策公司取得的涉案作品以书面文字形式进行信息网络传播的授权，不足以认定其同时获得了以录音形式进行信息网络传播的授权。因此，一审法院判决四被告共同承担侵权责任。二审法院杭州市中级人民法院驳回上诉，维持原判。

三、典型意义

本案裁判为有声读物行业主体提供了明确的法律指引，对规范相关文化产业健康发展具有积极的示范作用。将文字作品录制成有声书，涉及文字作品的复制权、表演权，而通过信息网络传播有声书则涉及文字作品的信息网络传播权。若仅授权文字作品的电子书相关信息网络传播权及改编权，并不能当然推定授权方同时许可将文字作品播讲并录制成有声书后通过信息网络传播。需结合授权协议的具体条款及上下文进行综合分析判断。

对于文字作品而言，直接阅读书面文字与收听他人朗读文字后形成的录音是两种不同的消费方式，其受众群体在身体状况、认知能力及学习习惯等方面可能存在显著差异。不同的受众群体意味着独立的市场划分，也体现了作品的多重市场价值。在无法定除外或约定转让、授权的情形下，这种不同的市场价值仍应归属于作者。

思维导图

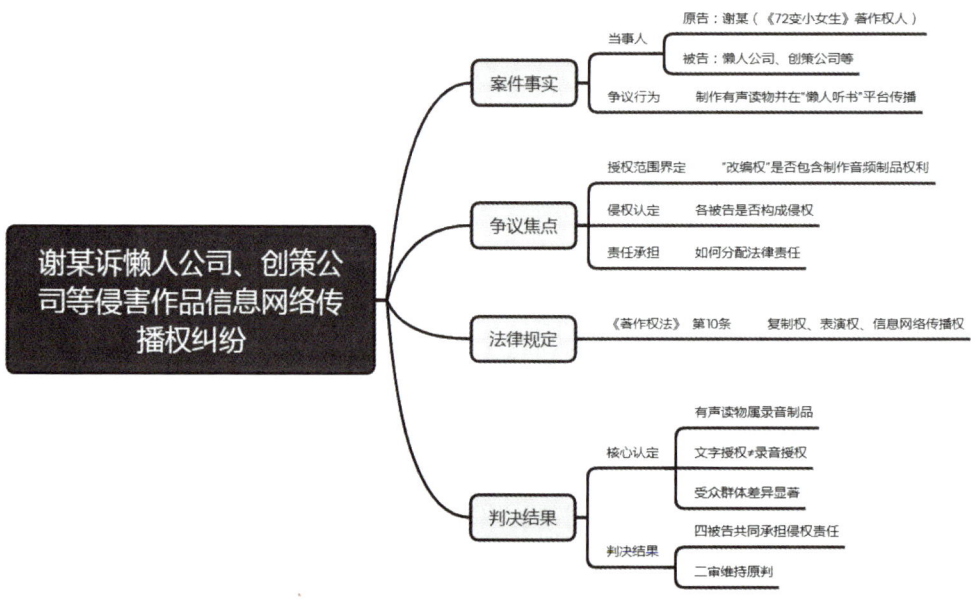

案例评析

根据谢某诉懒人公司、创策公司等侵害作品信息网络传播权纠纷案的判决书，本案评议点如下：

一、被控侵权行为的性质分析

1. 有声读物的制作属于复制而非演绎。涉案作品被制作成有声读物时，仅改变了表现形式，文字内容未发生实质性改变，因此该行为属于对作品的复制，而非演绎。根据《著作权法》，复制权控制的是对作品内容的再现，而演绎权则涉及对作品内容的改编或再创作。本案中，有声读物的制作并未对原作内容进行独创性修改，故不构成演绎。

2. 朗读行为属于表演而非创作。朗读行为是对作品的表演，而非创作行为。根据《著作权法》，表演权控制的是以声音、表情、动作等方式公开再现作品的行为。朗读本身并未为作品添加新的独创性成分，因此不构成改编作品。

3. 信息网络传播行为的性质。懒人公司通过其平台向公众提供涉案作品的有声读物，使得公众可以在个人选定的时间和地点收听，该行为属于信息网络传播行为，受信息网络传播权控制。其他公司虽未直接实施信息网络传播行为，但其授权许可行为在客观上为懒人公司的侵权行为提供了帮助。

二、授权范围的界定与侵权认定

1. 制作录音制品需受复制权和表演权控制。制作录音制品涉及对作品的复制和表演，而非改编。因此，创策公司所取得的"改编权"不能作为制作录音制品的授权依据。录音制品的制作和传播需获得复制权、表演权及信息网络传播权的明确授权。

2. 授权协议的具体内容分析。根据谢某与创策公司之间的授权协议，授权范围明确限于将涉案作品制作成电子图书并进行非纸质方式的利用，未涉及将作品制作成录音制品并通过信息网络传播的内容。因此，创策公司及其下游公司未取得将涉案作品制作成有声读物并进行信息网络传播的授权。

3. 授权链条的审查义务。懒人公司作为最终利用方，负有确保其行为已取得有效授权的义务。然而，懒人公司仅通过审查授权文件的扫描件确认授权链条，未对原件进行核实，亦未向上游授权方求证，未尽到合理审查义务，导致其误认为授权链条完整。

三、侵权责任的认定与分配

1. 懒人公司的直接侵权责任。懒人公司未经授权实施信息网络传播行为，构成对谢某信息网络传播权的直接侵害。根据《著作权法》，信息网络传播权属于绝对权，侵权构成不以主观过错或获利为要件。因此，懒人公司须承担停止侵权、赔偿损失的责任。

2. 其他公司的帮助侵权责任。创策公司、思变公司及朝花夕拾公司虽未直接实施信息网络传播行为，但其授权许可行为为懒人公司的侵权行为提供了帮助，构成共同侵权。根据《民法典》，帮助侵权方须与直接侵权方承担连带责任。

3. 合同相对性与责任承担。懒人公司主张其与朝花夕拾公司之间的协议约定应由后者承担赔偿责任。然而，根据合同相对性原则，懒人公司不能以其与第三方之间的约定排除其对权利人的侵权责任。懒人公司可在承担赔偿责任后，依据协议约定向第三方追偿。

四、案件启示与行业影响

1. 明确授权范围的重要性。本案凸显了在著作权授权中明确授权范围的重要性。授权协议应清晰界定作品的使用方式、传播形式及授权期限，避免因授权范围不明而引发纠纷。

2. 加强授权链条的审查义务。利用方在获取授权时，应对授权链条进行严格审查，确保授权文件的真实性和完整性，避免因审查疏漏导致侵权风险。

3. 有助于有声读物行业的健康发展。本案为有声读物行业主体提供了明确的法律指引，强调了在制作和传播有声读物时需取得复制权、表演权及信息网络传播权的全面授权，有助于推动相关文化产业的规范化发展。

知识归档

以下为本节内容所涉及的核心知识点：

一、著作权转让的概念及类型

（一）概念

著作权转让是指著作权人在法律规定的保护期限内，将其所拥有的著作财产权的全部或部分权利转移给他人的一种法律行为。这一过程使得受让人成为新的权利主体，而原著作权人则相应丧失被转让部分的权利。

（二）特点

1. 著作权转让的对象仅限于著作财产权，不包括著作人身权。著作人身权是与作者人格紧密相关的权利，具有不可转让性和永久性，即使著作财产权被转让，作者依然保留其人身权利。

2. 著作权的转让会导致权利主体的变更，即受让人成为新的著作权人。这种权利主体的变更是著作权转让的核心法律效果，也是其区别于著作权许可使用的重要特征。

3. 著作权的转让仅涉及作品的权利部分，与作品载体的所有权无关。例如，转让一本书的著作权并不影响该书作为实物的所有权归属。这意味着，即使著作权被转让，作品载体的所有权仍归原所有人所有，除非双方另有约定。

二、著作权转让与物权转移的区别

著作权转让与作品载体所有权转让是两种独立的法律行为，分别涉及不同的权利内容和法律后果。

1. 著作权的转让并不必然导致作品物质载体所有权的转移。著作权是一种无形财产权，其客体是作品本身，而非承载作品的物理载体。例如，当一位画家将其绘画作品的著作权转让给他人时，这幅画作的原件所有权并不随之转移，除非双方在合同中另有明确约定。因此，受让人获得的是对作品的复制、发行等权利，而非对画作原件的占有、使用或处分权。

2. 作品载体所有权的转让也不意味着著作权的自动转移。例如，当某人购买了一本书或一幅画作的原件时，他仅获得了该载体的物权，即对书籍或画作原件的占有、使用和处分权，但并未因此取得该作品的著作权。未经著作权人许可，购买者无权对该作品进行复制、改编等受著作权保护的行为。

这种区分体现了著作权与物权的独立性。著作权保护的是作品的独创性表达，而物权保护的是对物质载体的占有和支配。两者在法律上并行不悖，但在实践中需要明确区分，以避免权利冲突或误解。

三、著作权转让合同的概念及类型

（一）概念

著作权转让合同是指著作权人与受让人之间就著作财产权的全部或部分转让达成的具有法律约束力的协议。该合同明确约定了转让的权利范围、期限、地域等内容，是著作权转让行为的法律依据。

（二）类型

1. 无偿转让与有偿转让。

（1）无偿转让是指著作权人将著作财产权无偿让予他人，通常发生在赠与或特定合作关系下。

（2）有偿转让是指著作权人通过收取报酬的方式将著作财产权转让给他人，这是实践中更为常见的形式。

2. 全部转让与部分转让。

（1）全部转让是指著作权人将著作财产权的全部内容在著作权有效期内转让给受让人，受让人取得完整的权利。

（2）部分转让则是指著作权人仅转让部分权利，如仅转让复制权、发行权、信息网络传播权等，或者将权利限定在特定地区或一定期限内。

四、著作权转让合同的构成要素

《著作权法》第27条规定："转让本法第十条第一款第五项至第十七项规定的权利，应当订立书面合同。权利转让合同包括下列主要内容：（一）作品的名称；（二）转让的权利种类、地域范围；（三）转让价金；（四）交付转让价金的日期和方式；（五）违约责任；（六）双方认为需要约定的其他内容。"

（一）作品的名称

为避免日后产生歧义或纠纷，应使用作品的全称，并尽可能注明作品的版本、出版信息等细节。此外，合同中还应载明作者的姓名或名称，以及著作权人的姓名或名称（如著作权人与作者并非同一人）。例如，若转让的是一部小说，需明确小说的完整标题、作者姓名以及当前著作权人的名称（如出版社或其他权利继受人）。

（二）转让的权利种类、地域范围

著作权包括人身权利和财产权利，其中能够转让的仅限于财产权利。著作财产权

包括复制权、发行权、表演权、改编权、翻译权等多项权利，因此，合同中必须明确转让的具体权利种类。此外，合同中还需明确转让的地域范围。著作财产权的行使通常具有地域性，因此应明确受让人可以在哪些地区行使权利。

（三）转让价金

转让价金是合同的实质性内容和最重要的条款。转让价金的确定通常取决于如下因素：

1. 作品本身的质量、声誉及市场价值；

2. 作品的市场盈利能力和潜在收益；

3. 作者的知名度及影响力；

4. 同类作品的市场价格及行业惯例等。

（四）交付转让价金的日期和方式

合同中应明确约定转让价金的支付时间、支付方式及支付条件。支付方式灵活多样，常用的有：

1. 一次性付款：受让人在合同生效后一次性支付全部价金；

2. 分期付款：根据合同约定的时间节点或条件分期支付价金；

3. 其他形式：如按作品销售收入的一定比例支付分成等。

（五）违约责任

违约责任条款是合同的重要组成部分，通常用于约束双方履行合同义务。合同中应明确约定违约行为的类型（如未按时支付价金、超出权利行使范围等），违约责任的承担方式（如支付违约金、赔偿损失等）以及免责情形等。例如，若受让人未按约定支付价金，转让方有权解除合同并要求赔偿损失；若转让方未按约定转让权利，受让人有权要求返还已支付的价金并追究违约责任；双方认为需要约定的其他内容。

（六）双方认为需要约定的其他内容

除上述核心条款外，合同中还可以根据实际情况约定以下内容：

1. 权利保证条款：转让方应保证所转让的著作权无任何权利瑕疵，如未侵犯第三方的知识产权或其他合法权益。这一条款有助于避免转让后出现侵权纠纷，保护受让方的利益。

2. 无权利负担条款：转让方应确保所转让的著作权不存在质押、查封或其他权利负担。若著作权已设定质押，需取得质权人的同意后方可转让。若著作权涉及共有，转让方应确保其他共有人同意转让，并明确共有人的权利义务。

3. 争议解决条款：明确约定争议解决方式（如协商、仲裁或诉讼）及管辖法院或仲裁机构，以便在发生纠纷时能够及时、高效地解决问题。

五、著作权许可的概念及特点

（一）概念

著作权许可使用，是指著作权人在著作权保护期内，许可他人在一定期限、范围内以特定方式使用其作品，并由此获得经济收益的一种法律行为。著作权许可使用是著作财产权的重要实现方式，能够在不转移权利归属的情况下实现作品的经济价值。

（二）特点

1. 尽管著作人身权具有专属性且不可许可他人使用，但发表权在实践中存在特殊情形。例如，当作者将未发表的作品交付给出版机构或公开展示时，可以视为默示许可相关机构在一定范围内行使发表权。这种默示许可并不改变发表权的归属，而是基于作者的行为推定其同意作品以特定方式公开，从而平衡作者权益与作品传播的实际需求。

2. 著作权许可使用并非权利的转让，而是权利的暂时性授予，许可期满后权利回归著作权人。这种暂时性授予的特点使得著作权人能够在不丧失权利归属的前提下，通过多次许可实现作品的经济价值最大化。

3. 被许可人只能按照合同约定的方式、地域范围和期限使用作品，未经著作权人同意，不得将所获权利转让给第三人。这意味着被许可人的使用权受到严格限制，必须在合同规定的范围内行使。此外，被许可人不得擅自将使用权转授给第三方，除非合同中明确允许或经著作权人书面同意。

六、著作权许可合同的概念及类型

（一）概念

著作权许可合同是指著作权人与作品使用人之间就作品的使用方式、期限、范围、报酬等事项达成的协议。该合同明确了双方的权利义务关系，是著作权许可使用的法律依据。

（二）类型

1. 专有许可合同与非专有许可合同。

（1）专有许可合同是指著作权人授予被许可人在约定的时间和地域范围内独占使用作品的权利，被许可人有权阻止包括著作权人在内的任何其他第三人以相同方式使用作品。

（2）非专有许可合同是指著作权人可以同时许可多个使用人在相同范围内使用作品的合同。

2. "一揽子"许可合同与单项许可合同。

（1）" 揽了"许可合同是指著作权人将多项权利或多种使用方式打包许可给使用人的合同。

（2）单项许可合同则是指仅针对某一项权利或某一种使用方式进行许可的合同。

3. 单独许可合同与集体许可合同。

（1）单独许可合同是指著作权人与单个使用人之间签订的许可协议。

（2）集体许可合同是指著作权集体管理组织代表多个著作权人与使用人签订的许可协议，适用于大规模使用作品的场景（如作品的公开播放）。

七、著作权许可合同的构成要素

《著作权法》第26条规定："使用他人作品应当同著作权人订立许可使用合同，本法规定可以不经许可的除外。许可使用合同包括下列主要内容：（一）许可使用的权利种类；（二）许可使用的权利是专有使用权或者非专有使用权；（三）许可使用的地域范围、期间；（四）付酬标准和办法；（五）违约责任；（六）双方认为需要约定的其他内容。"

（一）许可使用的权利种类

《著作权法》第 29 条规定："许可使用合同和转让合同中著作权人未明确许可、转让的权利，未经著作权人同意，另一方当事人不得行使。"因此，合同中必须明确约定被许可人可以使用作品的具体权利种类，如复制权、表演权、翻译权、改编权等。这些权利的选择应根据作品的性质及被许可人的实际需求确定。例如，电影公司可能需要获得改编权和表演权，而出版社则可能需要复制权和发行权。

（二）许可使用的权利是专有使用权或者非专有使用权

《著作权法实施条例》第 24 条规定："著作权法第二十四条规定的专有使用权的内容由合同约定，合同没有约定或者约定不明的，视为被许可人有权排除包括著作权人在内的任何人以同样的方式使用作品；除合同另有约定外，被许可人许可第三人行使同一权利，必须取得著作权人的许可。"专有使用权具有物权性质，具有对世性和排他性。专有使用权具有债权性质，不具有排他性。合同中应明确约定许可使用的权利性质。若未明确约定，通常视为非专有使用权；非专有使用权的授予通常需要更高的许可费用，因为其排他性限制了著作权人的权利行使。

（三）许可使用的地域范围和期间

作品具有广泛传播的特点，因此合同中必须明确许可使用的地域范围。例如，许可使用的地域既可以限于某一国家或地区（如中国大陆），也可以是全球范围。明确地域范围有助于著作权人控制作品的传播范围，同时避免被许可人超出授权地域使用作品。

许可使用的期间是指被许可人可以使用作品的期限。该期限应在著作权的保护期内，并可根据作品的性质、市场需求及双方协商确定。例如，许可使用期间可以是固定的若干年，也可以是某一特定项目的完成期限。

（四）付酬标准和办法

就付酬标准而言，《著作权法》第 30 条规定："使用作品的付酬标准可以由当事人约定，也可以按照国家著作权主管部门会同有关部门制定的付酬标准支付报酬。当事人约定不明确的，按照国家著作权主管部门会同有关部门制定的付酬标准支付报酬。"例如，《使用文字作品支付报酬办法》《广播电台电视台播放录音制品支付报酬暂行办法》《使用音乐作品进行表演的著作权许可使用费标准》《电影作品著作权集体管理使用费收取标准》等文件针对不同的作品类型，提供了具体的付酬参考标准。

就付酬方式而言，目前常见的支付方式有如下四种：

1. 一次性买断：被许可人在授权期间内一次性支付固定费用，许可方不参与后续收益分成。

2. 保底授权费+固定比例分成：被许可人支付一笔保底费用，并根据销售额按固定比例向许可方支付分成。

3. 保底授权费+阶梯式分成：许可人支付保底费用，并根据销售额的不同区间按不同比例支付分成。

4. 纯分成模式：被许可人不支付保底费用，仅根据销售额按约定比例支付分成。

支付方式的选择应根据作品的市场潜力、双方的风险承受能力及合作模式确定。

（五）违约责任

许可方与被许可方均可能存在违约行为。例如，被许可人超出授权范围使用作品、许可方在授予专有使用权后又向第三方许可相同权利等。合同中应明确约定违约行为的类型、违约责任的承担方式以及免责情形等。

（六）双方认为需要约定的其他内容

除上述核心条款外，合同中还可以根据实际需要约定以下内容：

1. 权利保证条款：许可方应保证其对许可使用的作品享有完整的著作权，且未侵犯第三方的合法权益。

2. 无权利负担条款：转让方应确保所转让的著作权不存在质押、查封或其他权利负担。若著作权已设定质押，需取得质权人的同意后方可转让。

3. 著作权共有条款：若著作权涉及共有，专有许可方应确保其他共有人同意实施专有许可，并明确共有人的权利义务。

4. 分许可条款：明确被许可人是否可以将许可使用的权利转授权给第三方。通常，分许可需要得到著作权人的书面同意。

5. 争议解决条款：约定争议解决方式（如协商、仲裁或诉讼）及管辖机构，以便在发生纠纷时能够高效解决。

6. 合同终止条款：明确合同终止的条件及终止后的权利义务处理方式。

八、著作权转让与著作权许可的区别与协调

（一）著作权转让与著作权许可的区别

著作权转让与著作权许可在权利主体、权利性质以及合同性质等方面存在一定差异：

1. 从权利主体上看，转让行为会导致著作权权利主体的变更。受让人通过转让合同取得著作权，成为新的著作权人，而原著作权人则完全丧失被转让的权利。而许可行为不会改变著作权的归属，权利主体仍然是原著作权人。被许可人仅获得在一定范围内使用作品的权利，且这种使用权通常受到合同约定的限制。

2. 从权利性质上看，受让人获得的是著作权的所有权和处分权，可以全面支配被转让的权利，包括自己使用、许可他人使用或再次转让。此外，受让人有权阻止原著作权人及任何第三方未经许可行使被转让的权利。而被许可人仅获得作品的使用权，且这种使用权通常受到严格限制。未经著作权人同意，被许可人不得将权利转许可给第三方，也不得超出合同约定的范围使用作品。

3. 合同性质不同。著作权转让合同属于一种准物权性质的买卖合同。其核心是著作权的所有权转移，受让人通过支付对价取得著作权。著作权许可合同则属于一种债权合同，其核心是著作权的使用权授予，被许可人通过支付使用费获得在一定范围内

使用作品的权利，但著作权本身并未发生转移。

（二）著作权转让与著作权许可的冲突与解决

与专利权及注册商标专用权的转让不同，著作权法并未对著作财产权的转让设定登记及公告的要求。这种制度设计虽然简化了权利变动的程序，但也导致著作财产权的变动缺乏公示性，容易引发权利冲突。例如，在权利人就同一著作财产权订立多重转让合同的情况下，由于缺乏公示机制，多个受让人可能同时主张权利。针对此类问题，我国《最高人民法院关于审理买卖合同纠纷案件适用法律问题的解释》中第6条和第32条明确规定，在多个转让合同均有效的情况下，应参照适用有关买卖合同的相关规定，成立在先的转让合同的受让人应当优先取得相应的著作财产权。

此外，在实践中，著作财产权的变动还可能涉及更为复杂的情形。例如，著作权人在转让著作财产权后，又进行二次转让或许可他人使用；或者著作权人在许可他人使用后，又将著作财产权转让给第三方。对于此类冲突情形，可以借鉴民法中"买卖不破租赁"的原则，即在后的著作权转让行为不应影响在先的著作权许可使用行为的效力。具体而言，如果著作权人在许可他人使用作品后，又将著作财产权转让给第三方，那么在先的许可合同仍然有效，被许可人有权继续在合同约定的范围内使用作品。这一原则的适用不仅保护了被许可人的信赖利益，也维护了交易秩序的稳定性。例如，如果某出版社获得了作者作品的专有出版权许可，随后作者又将作品的著作财产权转让给第三方，那么出版社仍有权在许可合同约定的期限内继续出版该作品，而受让人则需尊重出版社的权利，不得擅自终止或许可他人出版。

九、著作权共有情形下的转让与许可

《著作权法》第14条第2款规定："合作作品的著作权由合作作者通过协商一致行使；不能协商一致，又无正当理由的，任何一方不得阻止他方行使除转让、许可他人专有使用、出质以外的其他权利，但是所得收益应当合理分配给所有合作作者。"

根据该条的规定，若合作作者无法就著作权的行使达成一致，任何一方不得阻止他方行使除转让、许可他人专有使用、出质以外的其他权利。例如，某一共有人可以自行复制、发行作品，但不得阻止其他共有人行使相同权利。所得收益应合理分配给所有合作作者。若某一共有人未经其他共有人同意，擅自转让或许可共有著作权，该行为对其他共有人无效。受让人或被许可人仅能获得该共有人所享有的份额内的权利，且不得对抗其他共有人。

十、不同被许可人的诉讼地位

专有许可与非专有许可是《著作权法实施条例》规定的许可类型。在著作权理论与实践中，还可以将著作权许可分为专有许可/独占许可、排他许可/独家许可、非专有许可/普通许可。其中，专有许可相当于独占许可，非专有许可相当于普通许可。排他许可/独家许可则是指，著作权人在一定的范围、时间内将使用作品的权利只授予一个主体，但许可人仍然能够使用。

不同被许可人的诉讼地位也不尽相同。对于他人未经许可，在相同的时间、地域

范围内，以相同方式使用作品的行为，专有被许可人/独占被许可人有权以自己的名义提起诉讼；排他被许可人/独家被许可人仅在许可人不起诉时，有权提起诉讼；而非专有被许可人/普通被许可人仅在获得许可人的明确授权后，才有权提起诉讼。

技能达标

知识目标

1. 掌握著作权的基本概念与分类，理解著作权的人身权与财产权，明确可转让与许可的权利范围；

2. 熟悉著作权转让与许可的法律规定，掌握《著作权法》《著作权法实施条例》中关于转让与许可的核心条款及适用条件；

3. 了解合同的核心要素与法律效力，明确著作权转让与许可合同的形式要求、构成要素及注意事项。

能力目标

1. 具备合同拟定与审查能力，能够根据实际需求拟定著作权转让或许可合同，并审查合同条款的合法性与完整性；

2. 具备纠纷预防与解决能力，能够识别转让与许可过程中的潜在风险，并采取有效措施预防或解决纠纷；

3. 具备权利管理与运营能力，能够合理规划著作权的转让与许可策略，最大化实现著作权的经济价值。

素养目标

1. 树立法律意识与合规意识，在著作权转让与许可过程中，严格遵守法律法规，尊重他人知识产权；

2. 培养契约精神与诚信意识，在合同履行过程中，恪守契约精神，诚实守信，维护交易秩序；

3. 提升专业素养，强化责任意识，在著作权管理中，注重专业能力的提升，积极承担社会责任，促进文化传播与创新。

法律法规

岗位职责

一、工作岗位及职责

岗位名称	职责描述
转让方工作人员	1. 提供完整的著作权权属证明及相关材料。 2. 明确转让的著作权范围、期限及地域。 3. 确保转让行为合法，无第三方权利纠纷，无其他权利负担。
受让方工作人员	1. 核实转让方提供的著作权权属及合法性。 2. 明确受让的著作权范围、期限及地域。 3. 支付转让费用，并履行合同约定的其他义务。
许可方工作人员	1. 提供著作权权属证明及许可使用的具体范围。 2. 明确许可使用的期限、地域及方式。 3. 监督被许可方使用著作权的情况，确保不超出许可范围。
被许可方工作人员	1. 核实许可方提供的著作权权属及合法性。 2. 严格按照合同约定的范围、期限及方式使用著作权。 3. 支付许可费用，并履行合同约定的其他义务。
律师/ 法律顾问	1. 审核合同条款，确保合法合规。 2. 提供法律意见，规避潜在法律风险。 3. 协助处理合同履行过程中的争议或纠纷。
知识产权代理机构 工作人员	1. 协助起草、修改合同文本，确保条款清晰明确。 2. 提供著作权登记、变更等相关服务。 3. 协助办理合同备案或其他行政手续。
知识产权局/版权登记 中心工作人员	1. 审核著作权转让或许可合同的备案申请。 2. 提供著作权登记、变更及查询服务。 3. 处理与著作权相关的行政争议或投诉。

二、工作场景与流程

（一）前期准备

1. 权属调查。

（1）确认著作权人身份：

个人作品：核实作者身份及权利证明（如著作权登记证书、手稿等）。

职务作品：需审查劳动合同或公司规章制度，确认版权归属。

合作作品：所有作者均需签署合同，或由授权代表提供书面授权。

委托作品：合同需明确约定权利归属，否则归受托人所有。

（2）核查权利链条：如涉及改编权、翻译权等，需确认上游授权是否完整（如将小说改编为影视作品需原作者授权)。

2. 需求分析。

(1) 权利种类：复制权、发行权、信息网络传播权、改编权等。

(2) 地域范围：全球、中国大陆、特定国家或地区。

(3) 授权期限：永久转让、固定期限（如 5 年）、按项目周期（如电影上映后 3 年）。

(4) 独家或非独家：若为独家许可，被许可方独占使用权，许可方不得再授权他人（如某游戏 IP 独家授权）；若为非独家许可，许可方可同时授权多个主体（如音乐平台的非独家授权）。

(二) 合同谈判

1. 合同条款的完整性。合同必须包含《著作权法》第 26 条规定的基本要素，如权利种类、地域范围、转让/许可费用、违约责任等。

2. 核心条款博弈。关于许可费用计算方式，有以下几种选择：

(1) 一次性支付：适用于短期、低风险授权（如单次使用某图片）。

(2) 分成模式：按销售额/利润比例分成（如游戏 IP 授权通常以流水 5%～15%作为许可费）。

(3) 保底+分成：保证最低收益，超出部分按比例分配（常见于影视、音乐行业）。

(4) 转授权权限：明确被许可方是否有权转授权（如出版社能否将翻译权转授第三方）。

3. 重要风险条款。

(1) 侵权责任归属：许可方需保证作品无权利瑕疵，被许可方则需确保不得超出授权范围使用，否则需承担违约及赔偿责任。

(2) 合同终止条件：需注意约定未按期支付费用、超出授权范围使用、破产等情形下的合同解除权。

4. 合规性审查。

(1) 避免无效条款：如著作人身权不可转让（如署名权、修改权等）；许可期限不得超过著作权保护期（如自然人作品的保护期为作者终生加死后 50 年）。

(2) 特殊行业要求：如影视行业需在合同中明确"完片担保"条款，确保作品按时交付。

(三) 签订与履行

1. 签署流程。

(1) 书面合同：需双方签字盖章，法人需加盖公章或合同专用章。

(2) 电子合同：使用可信电子签名平台（如 Adobe Sign、法大大、e 签宝等），确保其符合《电子签名法》要求。

2. 履行监督职责。

(1) 定期核查：检查被许可方是否按约定使用（如某品牌获授权后是否超范围生

产衍生品）。

（2）争议解决：约定仲裁或诉讼、明确管辖地，尽可能减少争议解决实施成本。

三、实战模拟训练

（一）起草合同

1. 背景。音乐人 A 创作了一首歌曲，现拟将著作权转让给某影视公司 B，用于其电影插曲。

2. 任务要求。

（1）列出转让权利清单。

（2）设计报酬支付条款。

（3）约定逾期支付的违约责任。

3. 参考条款设计。

（1）甲方将本歌曲的复制权、信息网络传播权、表演权转让给乙方，用作电影《×××》的插曲使用。

（2）乙方应于本合同签署后【5】个工作日内，向甲方支付转让费首付款人民币【5】万元（即总费用的 50%）。乙方应于电影《×××》公映之日起【30】日内，向甲方支付剩余转让费人民币【5】万元。如电影的中国大陆地区院线票房超过人民币【1】亿元，乙方需额外向甲方支付票房净收益的【2%】作为分成。前述票房计算以国家电影专资办数据为准。

（3）若乙方未按期支付任何款项，每逾期 1 日，应按未付金额的【0.05%】向甲方支付违约金；逾期超过【30】日，甲方有权解除合同并要求乙方赔偿全部应付款项及预期收益损失。

（二）合同漏洞排查

1. 原合同条款。甲方许可乙方使用本小说改编游戏，许可期限为 10 年，费用为 20 万元。

2. 问题排查。未约定是否独家、地域范围、衍生作品权利归属及许可费支付方式。

3. 修改建议。

（1）许可性质与范围。甲方授予乙方在许可期限内【非独家/独家】游戏改编权，乙方【不得/可以】将本权利转授权给第三方。许可地域为【全球/中国大陆/其他指定地区】。

（2）衍生作品权利。乙方基于本小说改编的游戏（含后续版本、DLC、衍生作品）的著作权归【乙方/甲乙双方共有】，但要在游戏显著位置标明"根据甲方小说《×××》改编"。若乙方开发周边商品（如角色手办、动画短片），需另行获得甲方书面许可。

（3）许可期限。许可期限为 10 年，自合同签署之日起计算。期限届满后，乙方需停止使用本小说元素，但已上线游戏可继续运营。

（4）许可费用及支付方式。

一次性支付（许可方优选）：乙方应于合同签署后【5】个工作日内，向甲方支付全额许可费人民币 20 万元（含税）。

分期支付（被许可方优选）：

首付款：合同签署后×日内支付 30%（6 万元）；

开发完成付款：游戏 Demo 通过甲方验收后×日内支付 40%（8 万元）；

上线付款：游戏正式发行后×日内支付剩余 30%（6 万元）。

（5）违约责任。

逾期支付：每延迟 1 日，乙方需按未付金额的 0.05% 支付违约金；超过 30 日，甲方有权终止许可。

超范围使用：如乙方未经许可将改编权用于其他领域（如影视、漫画），甲方有权要求乙方支付 3 倍许可费作为违约金并有权单方解除合同。

◖知言知语◗

要挖掘创新增长潜力，共同加强知识产权保护，在充分参与、凝聚共识的基础上制定规则，为科技发展打造开放、公平、公正、非歧视的环境。

——习近平总书记在庆祝中国国际贸易促进委员会建会 70 周年大会暨全球贸易投资促进峰会上的致辞

知权演练

延伸思考

在传统著作权法中，许可通常以明示授权为基础，强调权利人的意思自治。然而，随着数字技术的迅猛发展，海量的内容创作与传播使得传统的"一对一"授权模式难以适应需求。在此背景下，默示许可（Implied License）逐渐成为数字平台著作权流转的核心机制之一。默示许可是指在特定情形下，即使权利人未明确表达许可意愿，但其行为或行业惯例可推定其存在许可意图。例如，用户在社交平台上传作品时，平台用户协议中可能默认其授予平台一定的传播权；搜索引擎对网页内容的抓取与展示也常依赖默示许可逻辑。这种模式极大降低了交易成本，提升了数字内容的流通效率，成为支撑现代互联网生态的重要制度安排。

然而，默示许可的广泛使用也引发了新的问题与挑战。数字平台通常通过格式合同（如用户协议）单方设定默示许可条款，用户往往只能选择"同意"或"退出"，缺乏真正的议价能力。例如，某些平台要求用户默认授予"全球性、不可撤销的许可"，甚至可能覆盖未知的使用方式。这种权利结构可能导致平台用户，尤其是个人创作者的权益被系统性削弱。在数字化时代，如何在权利人和使用者之间找到利益的平衡点？既防止过度的规制抑制创新的活力，又避免平台权利的滥用对创作者生态造成损害？

参考文献：

1. 张志坚：《默示许可：数字平台中著作权许可制度的私力创制、异化与规范》，载《华侨大学学报（哲学社会科学版）》2024 年第 6 期。

2. 余宇新：《超级网络平台监管的难点与治理》，载《探索与争鸣》2021 年第 2 期。

3. 李捷：《论网络环境下的著作权默示许可制度》，载《知识产权》2015 年第 5 期。

4. 姚鹤徽：《数字网络时代著作权保护模式研究》，中国人民大学出版社 2018 年版。

任务七　撰写合理使用法律意见书

▍任务描述

本节任务旨在引导学生深入理解合理使用制度的法律框架和实践应用，构建一个清晰的合理使用判断方法的思维框架，设计一个掌握合理使用判断的标准方法模型，完成一个合理使用法律意见书的撰写，提升对著作权法的理解能力，增强对合理使用边界的认识。这对于学生在知识产权领域的学术研究和司法实务的职业发展具有重要意义。

▍经典案例

周某与某国际网络有限公司侵害作品信息网络传播权纠纷案[1]

一、基本案情

周某是《延时北京》摄影作品及类电作品的著作权人，2018 年 9 月，他发现某国际网络有限公司（以下简称某国际公司）在其制作的《梦在中国》系列节目中使用了《延时北京》的内容。某国际公司主张：涉案视频中使用约 5 秒延时作品，属于为了展现和介绍中国发展变化和中国开放包容精神主题而适当引用他人已经发表的作品，且节目具有公益性质。

---

〔1〕（2020）京 0491 民初 18335 号。

　　周某明确主张某国际公司侵犯其摄影作品署名权、修改权、保护作品完整权、复制权、发行权、信息网络传播权、展览权、放映权，侵犯其类电作品署名权、修改权、保护作品完整权、复制权、发行权、信息网络传播权、摄制权、放映权、改编权和汇编权。原告陈述未曾将本案所涉延时摄影作品授权给任何主体，此前因有他人存在侵权行为与被告达成了和解，但是和解内容均未包括转授权权利。

二、裁判结果

　　北京互联网法院认为，虽然节目有公益性质，但从查明的事实看，涉案电视节目播放时涉案延时摄影作品占满整个屏幕，是画面的主要内容，且每一个涉案延时摄影场景画面均有停留，再现了《延时北京》延时摄影的动态画面，不符合《著作权法》对著作权权利限制的条件，不构成合理使用。

三、典型意义

　　本案通过多维度的法律分析，明确了合理使用的适用边界，强化了著作权登记证书的证明效力，合理界定了网络平台责任，并对维权成本的裁量提供了实践范例。法院在认定被告使用涉案作品是否构成合理使用时，并未仅以"公益性质"或"使用时长较短"作为判断依据，而是以三步检验法为基础，从使用目的与性质、使用比例与实际影响等方面进行判断。法院虽认定被告侵犯了原告的信息网络传播权，但基于缺乏侵权故意和间接传播行为免除了被告的赔偿责任，保护了作品传播的公共利益。

　　这个案例的意义在于平衡了著作权保护的个人利益与作品传播的公共利益，为同类案件提供了重要的裁判指引。

思维导图

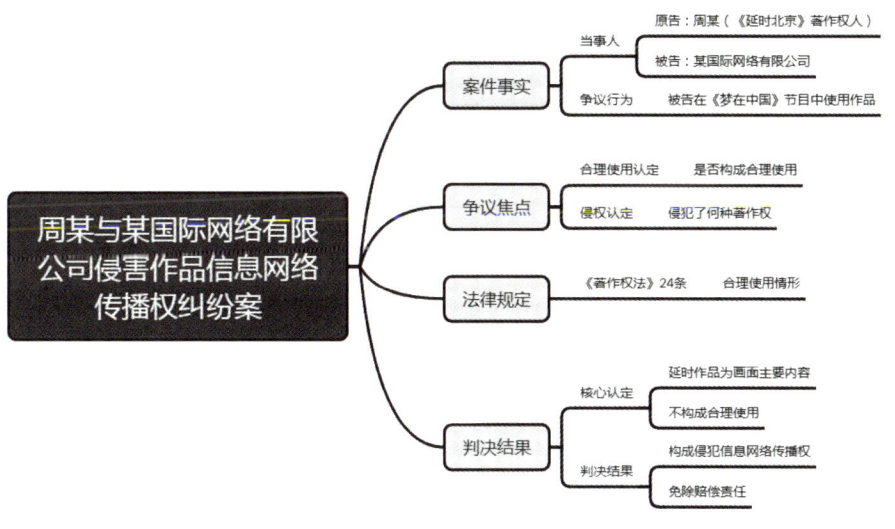

案例评析

根据周某与某国际公司侵害作品信息网络传播权纠纷案的判决书，本案评议点如下：

一、本案争议延时摄影作品为何种类型作品及权属问题

法院在本案中明确了延时摄影作品的著作权权属认定规则，即在没有相反证据的情况下，著作权归属于实际创作人。根据《著作权法》及相关司法解释，著作权的归属首先推定为在作品上署名的自然人、法人或其他组织。本案中，周某提交了涉案延时摄影作品的素材照片、作品登记证书以及优酷账号和微博账号的登录过程等证据，证明其为作品的创作者。某国际公司未能提供相反证据证明存在其他创作主体或权利归属关系，因此涉案作品的著作权应由周某享有。

二、涉案电视节目中使用涉案延时摄影作品是否构成合理使用

法院明确了延时摄影作品合理使用的认定规则，即在使用他人作品时，需综合考虑是否影响作品的正常使用以及是否不合理地损害著作权人的合法权益，而公益性质并非决定合理使用的根本要素。本案中，某国际公司辩称其在《梦在中国》节目中使用《延时北京》部分内容属于合理使用，理由是该节目具有公益性质且使用片段未构成节目主要内容。然而，法院指出，合理使用的关键在于使用方式是否为"适当引用"，而非使用目的是否具有公益性质。

从具体使用情况来看，涉案延时摄影作品在播放时占满屏幕且为画面主要内容，每一个场景画面均有停留，完整再现了《延时北京》的动态画面。这种使用方式超出了"适当引用"的合理范围，影响了作品的正常使用，并可能不合理地损害著作权人的合法权益。因此，法院认定涉案电视节目中使用周某享有著作权的延时摄影作品不符合《著作权法》对合理使用的要求，不构成合理使用。

三、被告在其运营的网站播放涉案电视节目是否对原告的著作权构成侵权及侵犯了原告的何种著作权

法院回应了被告在其运营的网站播放涉案电视节目是否对原告著作权构成侵权及具体侵犯了何种著作权的问题。原告主张被告侵犯了其类电作品的署名权、修改权、保护作品完整权、复制权、发行权、信息网络传播权、摄制权、放映权、改编权和汇编权等多项权利。然而，经法院审查，被告的行为仅构成对原告信息网络传播权的侵犯，其他权利的侵权主张缺乏事实和法律依据。

本案中，涉案电视节目由某国际公司自行上传至其运营的网站，供用户在其选定的时间和地点获得，而原告未曾授权他人使用涉案延时摄影作品，被告亦无法提供相应的授权材料。因此，法院认定被告通过信息网络传播涉案电视节目的行为，实现了对涉案类电作品的信息网络传播，侵犯了原告的信息网络传播权。

知识归档

一、法律意见书的概念与内容

(一) 概念

法律意见书（Legal Opinion）主要是指律师应委托人的请求，针对特定法律事务根据委托人所提供的事实材料正确运用法律进行分析和阐述提供给委托人的书面法律意见。法律意见书一般以律师事务所的名义出具，由1~2名承办律师签字。

法律意见书的根本目的是为委托人提供针对某一个具体问题或者一系列较为棘手的法律问题的解决方案。法律意见书的种类广泛，不同类型的法律意见书在内容和侧重点上有所不同，但它们都是基于法律专业知识，为委托人提供法律服务的重要工具。

(二) 内容

法律意见书通常应包括如下内容：

1. 法律意见书的标题和出具主体；

2. 委托情况及出具目的；

3. 律师的声明与免责事由（包括但不限于出具法律意见书的保密要求、前提与假设、限定条件、法律意见书的披露对象、目的及使用范围等）；

4. 依据的基本法律事实（包括但不限于事实依据、进行有关核查验证的过程、所涉及的必要资料或文件）；

5. 法律分析及论证意见；

6. 结论性意见；

7. 签署栏。

二、合理使用的概念和类型

(一) 概念

合理使用（Fair Use）是指在一定条件下不经著作权人的许可，也不必向其支付报酬就可以使用其作品的行为。

(二) 类型

根据《著作权法》第24条，合理使用有以下十三种情况：

1. 为个人学习、研究或者欣赏，使用他人已经发表的作品；

2. 为介绍、评论某一作品或者说明某一问题，在作品中适当引用他人已经发表的作品；

3. 为报道新闻，在报纸、期刊、广播电台、电视台等媒体中不可避免地再现或者引用已经发表的作品；

4. 报纸、期刊、广播电台、电视台等媒体刊登或者播放其他报纸、期刊、广播电台、电视台等媒体已经发表的关于政治、经济、宗教问题的时事性文章，但著作权人声明不许刊登、播放的除外；

5. 报纸、期刊、广播电台、电视台等媒体刊登或者播放在公众集会上发表的讲话，但作者声明不许刊登、播放的除外；

6. 为学校课堂教学或者科学研究，翻译、改编、汇编、播放或者少量复制已经发表的作品，供教学或者科研人员使用，但不得出版发行；

7. 国家机关为执行公务在合理范围内使用已经发表的作品；

8. 图书馆、档案馆、纪念馆、博物馆、美术馆、文化馆等为陈列或者保存版本的需要，复制本馆收藏的作品；

9. 免费表演已经发表的作品，该表演未向公众收取费用，也未向表演者支付报酬，且不以营利为目的；

10. 对设置或者陈列在公共场所的艺术作品进行临摹、绘画、摄影、录像；

11. 将中国公民、法人或者非法人组织已经发表的以国家通用语言文字创作的作品翻译成少数民族语言文字作品在国内出版发行；

12. 以阅读障碍者能够感知的无障碍方式向其提供已经发表的作品；

13. 法律、行政法规规定的其他情形。

三、合理使用的标准

（一）三步检验法（Three-Step Test）

如何认定是否构成合理使用，《伯尔尼公约》《TRIPS 协定》和《世界知识产权组织版权条约》都规定了"三步检验法"或"三步检验标准"。该标准以只能在特殊情况下作出、与作品的正常利用不相冲突，以及没有不合理地损害权利人合法权益这三个条件为前提。作为这些国际条约的成员国，我国亦承认该标准。我国《著作权法》第24 条规定，进行合理使用时不得影响该作品的正常使用，也不得不合理地损害著作权人的合法权益。这一规定为司法实践中使用"三步检验法"提供了法律依据。

（二）三步检验法的技术性应用

1. 认定特定情形。合理使用的核心前提，也是首要前提即特定情形。认定是否具备特定情形就是判断是否构成合理使用的关键。

以著作权法第24 条第1 款"为个人学习、研究或者欣赏，使用他人已经发表的作品"为例，合理使用的目的只能是个人使用，如学生在学术网站上面下载他人的论文，或者复制他人的书籍、期刊、报纸等。如果是出于营利目的将他人的作品进行复制、销售、传发等，则不符合特定情形的要求。

2. 不得影响正常使用。学者山姆·里基森（Sam Ricketson）以作者在正常状态下可能会合理期待利用作品的方法这一标准来判断是否构成正常使用。美国的经济分析方法认为，如果版权拥有者通常不会期待使用者通过这种使用获得报酬，则这种使用就不属于对作品的正常使用。在实践中，重点考虑的是原作品性质、使用方式、使用比例、使用范围、使用必要性等要素。具体来说就是，相关人员可以通过区分虚构作品与真实作品，判断作品是否剥夺了著作权所有者的收入，或者破坏了著作权作品的新市场或潜在市场。

3. 不得不合理损害著作权人的合法权益。合理应当包含两个方面，使用人使用目的的正当性以及没有造成或者可能造成著作权人收入不合理的丧失。这是对使用者的主观目的和客观后果两个方面作出的要求。

使用目的正当性可以从使用行为的性质、是否具有转换性以及是否符合公共利益等方面来判断。一般来说，非营利性的使用，如为了科学研究、新闻报道、教育等目的使用作品通常被视为具有正当性，而商业性质的使用则需要接受更严格的审查。

"没有造成或者可能造成著作权人收入不合理的丧失"要求使用行为在不损害著作权人经济利益的前提下，实现对作品的合理利用，同时兼顾公共利益和创作自由。这种使用允许在特定情况下对作品进行有限使用，但不应剥夺著作权人通过作品获取合理经济利益的机会。例如，在"王某诉北京谷翔信息技术有限公司等作品信息网络传播纠纷案"〔（2013）高民终字第 1221 号〕中，法院认为被告的片段式提供行为未对原作品的正常使用造成影响，也未不合理地损害著作权人的合法利益，因此认定构成合理使用。

（三）合理使用制度的发展路径

19 世纪初，美国约瑟夫·斯托里（Joseph Story）大法官在 1841 年的"福尔松诉马什案"（*Folsom v. Marsh*）中进一步发展了这一理念，提出了合理使用的三要素：①使用作品的性质和目的；②引用作品的数量和价值；③引用对原作市场销售及存在价值的影响程度。这一判例为合理使用制度奠定了理论基础，并被后来的《美国版权法》吸收。1911 年《英国版权法》首次以成文法的形式明确规定了合理使用制度。此后，合理使用原则逐渐被各国著作权法采纳，成为平衡著作权人权益与社会公共利益的重要工具。在中国，合理使用制度自 1990 年《著作权法》颁布以来即被引入，并借鉴了《伯尔尼公约》的相关规定。2020 年修正的《著作权法》进一步引入了"三步检验法"，明确了合理使用的边界。

（四）判断合理使用的多种标准

目前，学理上判断合理使用的标准主要有三种，即三步检验法、四要素检验法和转换性利用法。三步检验法如前述，此处着重讨论四要素检验法和转换性利用法。

1. 四要素检验法（Four-Factor Test）。合理使用的"四要素检验法"起源于《美国版权法》第 107 条，是判断某一使用行为是否构成合理使用的重要标准。具体内容包括四个要素。

（1）使用的目的和性质。包括使用行为是否具有商业性质，还是出于非营利的教育、研究、评论等目的。如果使用行为具有商业性质，通常更难被认定为合理使用。

（2）原作品的性质。考虑被使用作品的性质，如是事实性作品还是创造性作品。创造性作品（如小说、电影）通常受到更严格的保护，而事实性作品（如新闻报道）更可能被认定为合理使用。

（3）引用的数量和实质性。考虑使用作品的数量和质量，以及所使用部分在整个作品中的重要性。如果使用了作品的核心内容或使用比例过大，可能不构成合理使用。

（4）对原作品潜在市场和价值的影响。考虑使用行为是否会对原作品的市场价值或潜在市场造成实质性损害。如果使用行为对原作品的市场价值产生了负面影响，则很难被认定为合理使用。

这四个要素在判断合理使用时并不是绝对的，法院在实践中会综合考虑这些因素，并根据具体情况进行权衡。

2. 转换性利用法（Transformative Use）。转换性利用是指对原作品的使用并非单纯地再现其原有的文学、艺术价值或功能，而是通过增加新的美学内容、新的视角、新的理念或其他方式，原作品在被使用过程中具有了新的价值、功能或性质，从而改变了其原先的功能或目的。这一概念最早在 1994 年美国联邦最高法院审理的"Campbell 诉 Acuff-Rose 音乐公司案"中被正式采纳。如果对原作品的使用具有更进一步的目的或新的性质，加入了新的表达、意义或信息，则构成转换性利用。

转换性利用的核心判断要素主要有三个：①使用目的的转换。使用行为是否具有新的目的或功能，而不仅仅是对原作品的简单再现。②创造新的价值或意义。通过增加新的内容或视角，原作品在被使用过程中产生新的价值或意义。③与原作品的可区分性。使用行为是否使得引用的内容与原作品明显相区别。

转换性利用是合理使用制度的重要组成部分，尤其在美国司法实践中被广泛适用。其核心在于判断使用行为是否具有足够的转换性，从而决定是否构成合理使用。如果使用行为具有较高的转换性，即使其他合理使用要素（如商业性使用）不利于合理使用的认定，也可能被认定为合理使用。虽然我国《著作权法》未明确规定转换性利用，但近年来的司法实践中已逐渐引入该理论。例如，在"葫芦娃""黑猫警长"美术作品被引用在电影海报中的案例中，法院认为其使用具有新的价值、意义和功能，属于合理使用。

 技能达标 ▶

知识目标
1. 了解法律意见书的基本内容；
2. 掌握合理使用的概念和类型；
3. 熟悉合理使用的检验标准。

能力目标
1. 能够运用相关法律法规；
2. 能够辨别是否构成合理使用；
3. 能够书写简单的法律意见书。

素养目标
1. 树立尊重他人作品和维护自身产权意识；
2. 掌握合理使用的类型和法律意见书的书写。

法律法规

岗位职责

一、工作岗位

岗位名称	职责描述
知识产权人员	1. 分析是否构成合理使用。 2. 协助处理合理使用的产权纠纷。 3. 关注国内外法律动态。
版权管理人员	1. 审核内部使用他人作品行为。 2. 管理企业或机构的版权知产。 3. 建立举报和维权机制。
学术研究人员	1. 合法引用他人研究成果。 2. 允许他人合理使用自己的成果。 3. 分析立法政策，评估新的影响。
知识产权法务（人工智能方向）	1. 为人工智能制定合理使用界限。 2. 分析人工智能使用中的合法性。 3. 推动企业间的合作获得合法授权。

二、案件模拟

1. 王某诉北京谷翔信息技术有限公司等作品信息网络传播纠纷案。本案中，原告指控谷歌公司全文扫描涉案作品、谷翔信息技术有限公司展示作品片段的行为侵犯其著作权，要求停止侵权并赔偿损失。若作为谷歌公司的知识产权师，就需要提醒企业大规模数字化复制需要确保符合法定例外或取得授权，并在技术开发中提前评估法律风险，避免因举证不足承担侵权责任。

2. 美国汤森路透公司诉罗斯公司案。本案中，罗斯公司开发的 AI 程序（Ross 系统）可以让律师通过该程序（运用了汤森路公司的数据库）阅读法律、判例和证据，

进行推理并输出答案。汤森路透公司认为罗斯公司复制其数据库内容并基于此创建衍生作品构成直接版权侵权。若作为罗斯公司的知识产权法务，就需要提醒企业专业领域的垂类 AI 使用版权作品训练，涉嫌版权侵权的风险更大，在使用过程中更应注意其生成内容的来源问题，推动企业与可能侵权的其他主体进行合作，提前规避法律风险的产生。

知言知语

　　在文化领域，全国人大常委会通过监督工作推动文化繁荣兴盛，强调在保护知识产权的同时，促进文化的创造性转化和创新性发展。

——《中国人大》杂志 2024 年第 12 期

知权演练

延伸思考

　　2025 年 4 月，欧洲议会成员就《人工智能法》提案达成临时政治协议，对 AI 生成内容的版权归属和使用提出了具体要求。与此同时，中国在修订《著作权法实施条例》时，将"合理使用"范围扩展至部分 AI 研发场景，允许科研机构在非商业目的下使用公开作品训练 AI 模型，但需标注来源并限制数据规模。在人工智能飞速发展的背景下，请你从法律和技术发展的角度，探讨如何平衡著作权保护与人工智能对海量数据使用的需求？

任务八　处理著作权纠纷

任务描述

　　本节任务是让学生系统掌握著作权纠纷处理的全流程实务技能，构建一个"侵权认定—证据保全—争议解决"的立体化维权框架，设计一套包含现场取证、协商谈判、调解仲裁、诉讼维权等的多渠道解决方案，完成一个完整的图书盗版纠纷模拟处理实训（从侵权发现到执行赔付全流程），提升法律文书撰写能力、证据链构建能力、谈判沟通技巧和团队协作水平，全面锻炼学生的实务操作能力。

经典案例

广州某某公司甲诉广州某某公司乙、朱某某著作权权属、侵权纠纷案[1]

一、基本案情

原告广州某某公司甲为涉案美术作品"09 少女印花图案系列 T 恤（一）——（三）"的著作权人，其著作权登记证书记载：作品的完成日期为 2008 年 8 月 1 日，作品登记日期为 2008 年 9 月 16 日。

本案被控侵权服装为一件灰色女 T 恤，由广州某某公司甲公证购买，广州某某公司乙和朱某某确认由其销售。该 T 恤正面印有一图案，经比对，该图案与原告第 SS090139158＊号图案，从整体形态上观察无差别。

被告广州某某公司乙、朱某某的主要抗辩事由为朱某某为作品的实际作者，广州某某公司乙获得了朱某某的授权，并提交了朱某某的美术作品"名娅丽系列 91329#－9213＊#"的登记证书，记载其作品完成日期为 2008 年 5 月 7 日，作品登记日期为 2009 年 6 月 3 日。

二、裁判结果

广东省广州市南沙区人民法院于 2009 年 4 月 16 日作出 [（2009）南法民二知初字第 121 号] 民事判决：广州某某公司乙立即停止侵权行为并赔偿经济损失，朱某某对广州某某公司乙赔偿金额承担连带清偿责任。广州某某公司乙及朱某某不服一审判决，提起上诉。广东省广州市中级人民法院驳回上诉，维持原判。

三、典型意义

我国对于著作权实行的是自动保护和自愿登记原则，在作品登记程序中缺乏对于独创性的实质审查。在侵犯著作权纠纷中，被告以著作权登记证书作为其享有原告作品著作权的依据或者是提出原告与被告各自享有著作权的抗辩时，法院不能据此直接认定，必须结合其他证据对双方作品的独创性以及其他记载事项予以严格审查。

需要特别注意的是，认定侵犯著作权时应当适用"接触"加"实质相似"的原则，被告是否有接触原告作品的可能，应由原告举证。但"接触"的标准，又不宜限制得过严。一般而言，著作权人在经营中公开其作品很可能会引起同业竞争者的关注，足以推定"接触"事实的存在。

---

〔1〕（2009）南法民二知初字第 121 号，（2010）穗中法民三终字第 106 号。

思维导图

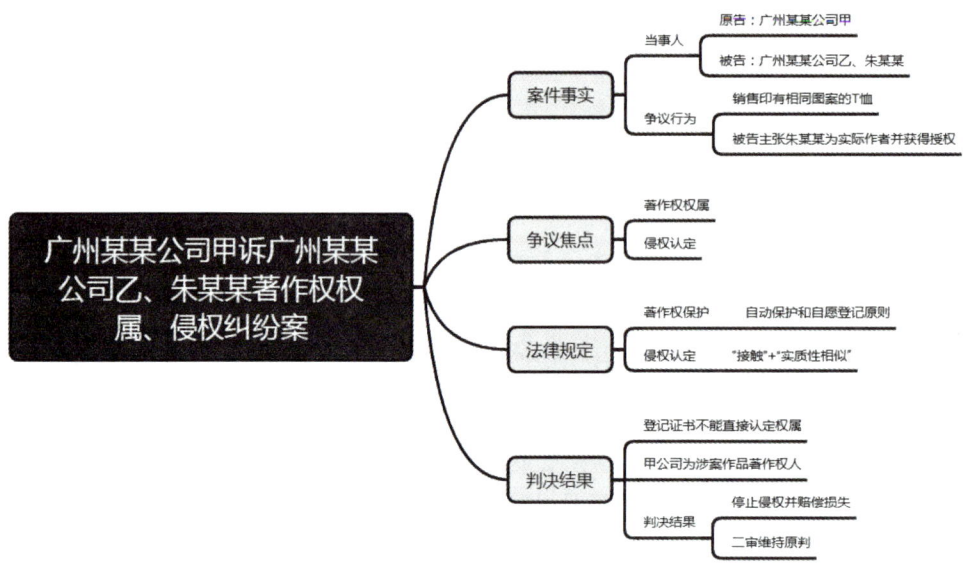

案例评析

　　根据广州某某公司甲诉广州某某公司乙、朱某某著作权权属、侵权纠纷案的判决书，本案评议点如下：

一、著作权权属认定的证据审查

　　首先，本案原告在起诉时即已提交关于自己是著作权人的证据，证明了自己是适格主体。对于两被告提出朱某某才是著作权人、广州某某公司乙是被授权人的抗辩证据，法院没有仅依据著作权登记证明上所载的时间予以判定，而是要求双方各自提交己方创作该作品的记录。通过双方提交的证据、结合实际判定涉案作品的实际著作权人。

二、"接触"的认定标准

　　本案开创性地论述了结合作品的创作情况以及所属行业情况，著作权人在经营中公开其作品很可能会引起同业竞争者的关注，足以推定"接触"事实的存在。从而大大降低了原告关于"接触"的举证难度，使得实务中对著作权的保护落到实处。

知识归档

一、纠纷类型

（一）民事纠纷

著作权纠纷是指因著作权的归属、使用、许可或侵权等问题引发的法律争议。根据具体产生民事纠纷的内容，常常分为三种类型。

1. 著作权权属纠纷。著作权权属纠纷是指因作品的著作权归属引发的法律争议，主要涉及谁对某一作品享有著作权，比如多个作者共同创作合作作品时，各方对著作权归属或份额分配存在分歧；委托创作中委托人与受托人之间对委托作品的著作权归属有不同理解；职务作品中员工与雇主之间对员工在职务范围内创作的作品著作权归属有争议；著作权继承或转让过程中，各方对权利归属或范围有异议；作者身份不明或使用假名时，他人主张著作权引发争议等情形。

2. 著作权合同纠纷。著作权合同纠纷是指因著作权许可使用合同或转让合同的订立、履行、变更、解除等环节产生的法律争议。这类纠纷通常涉及合同双方对合同条款的理解、执行或违约行为的分歧，特别是对于许可范围、期限、报酬及权利瑕疵等方面。

3. 著作权侵权纠纷。著作权侵权纠纷是指因未经著作权人许可，擅自使用其受著作权法保护的作品，侵犯了著作权人的专有权利而引发的法律争议。这类纠纷的核心在于一方认为另一方未经授权使用了其作品，也没有任何免责事由，构成了对其著作权的侵害。

（二）刑事纠纷

根据著作权侵权行为的性质、情节及后果，除了前述的民事责任外，也可能引发刑事责任，所涉及的刑事罪名主要有两种。

1. 侵犯著作权罪。侵犯著作权罪是指以营利为目的，未经许可复制、发行、通过信息网络向公众传播他人作品，违法所得数额较大或有其他严重情节的行为。

2. 销售侵权复制品罪。销售侵权复制品罪是指明知是侵权复制品仍进行销售，违法所得数额巨大或有其他严重情节的行为。

（三）行政争议

著作权纠纷还可能引发行政责任，行政机关可依法对侵权人进行处罚，具体措施主要包括停止侵权、没收违法所得及侵权工具和罚款等。

二、处理著作权纠纷的方式

著作权纠纷可能会引发民事、刑事和行政责任，民事纠纷中又包含了和解、调解、仲裁及诉讼多种纠纷解决机制。以下是处理著作权纠纷的一些核心知识点：

（一）和解

1. 概念：和解是指纠纷双方或多方通过协商达成一致，解决争议或纠纷，从而避免诉讼或终止正在进行的诉讼程序。

2. 特点：

（1）自愿性：基于相关方的自愿，不得强迫对方和解。

（2）协商性：相关方通过谈判达成共识。

（3）终结性：和解协议一旦被签署，协议约定的实体问题不能再由其他纠纷解决机制救济。

3. 优点：

（1）经济性：避免讼累。

（2）灵活性：可以一揽子解决多项相关诉求。

（3）保密性：通常不公开。

4. 重点：和解的过程可能缺乏法律专业人士的介入，从而导致不公平或者协议约定内容不准确的后果。

（二）调解

1. 概念：调解是指在中立第三方（调解员）的协助下，争议相关方通过协商达成一致的过程。

2. 特点：由于有调解员的介入，调解往往具有中立性的特点；由法院主持达成的调解，会出具加盖法院印章的调解协议，以进一步保障其法律效力。

3. 优点：相比于和解更加具有中立性、专业性和法律保障，相对于仲裁与诉讼能减少部分讼累。

4. 重点：法院出具的调解书具有等同于判决书的效力，若一方不履行调解书中载明的义务，另一方可直接申请强制执行。

（三）仲裁

1. 概念：仲裁是指相关方对于纠纷内容无法通过和解、调解解决，将纠纷提交给仲裁机构进行裁决的争议解决方式。

2. 特点：

（1）专业性：调解员一般由专业人士担任，如执业 8 年以上的律师等。

（2）一裁终局：仲裁裁决不可上诉。

（3）适用范围广：可解决不同国家当事人适用不同国家法律的纠纷。

3. 优点：仲裁员可以被视为特聘的法官，专业性得以保障；仲裁程序通常比诉讼要更为高效，节省时间；根据 1958 年《承认及执行外国仲裁裁决公约》（以下简称《纽约公约》），仲裁裁决可以同时在多国发生法律效力。

4. 重点：仲裁费用比诉讼费要高很多，选择时要先核实；仲裁中的错误也较难纠正，需要提前预设相关风险；实务中著作权纠纷中适用仲裁的通常是权属及合同纠纷，而非常少出现侵权纠纷。

（四）诉讼

1. 概念：诉讼是指当事人通过向法院提起诉讼，由法院依法审理并作出裁决，以解决争议的过程。

2. 特点：

（1）严肃性：诉讼程序法定、诉讼结果的强制执行力都体现出其严肃性。

（2）公开性：除了涉及国家秘密及个人隐私的案件外，均采用公开审理的方式。

（3）多审级：我国法院采用四级两审终审制，此外对于确有错误的案件，还可能进入复审程序予以纠正。

3. 优点：

（1）公正性：人民法院依法独立审判，确保裁判结果的公正性。对于确有错误的判决，权利救济也相对容易。

（2）权威性：法院裁判文书具有最高的法律权威和强制执行力。

4. 重点：诉讼程序包含法庭调查和法庭辩论环节，刑事诉讼程序与民事、行政诉讼程序又有较多的区别，不能混淆。

三、处理著作权纠纷的实务操作

1. 侵权认定与证据收集。当发现疑似侵权行为时（如盗版图书、网络非法传播），首先，要确认权利归属，调取作品底稿、版权登记证书、合法出版物等权属证明；其次，须固定侵权证据，通过公证处对侵权网页、实物进行证据保全（如购买盗版书籍并公证），还可通过"权利卫士"等软件工具进行网络取证，并同步公证；最后，收集侵权前后的销售数据对比、侵权方违法所得。

2. 协商与调解。在实务中，与侵权方沟通或者通过第三方沟通也需掌握一定技巧和方式。沟通方式上，我们可以选择发送律师函，在律师函中列明侵权事实、法律依据及赔偿要求；与对方协商方案时，要明确提出停止侵权、赔偿损失（如按正版稿酬的 3~5 倍计算）等条件；最后签订和解协议时，应在协议中明确赔偿金额等。在上述工作中，我们需注意和解协议应书面化且条款具体，还应保留协商记录（邮件、录音等）以备后续诉讼。

3. 诉讼维权。当协商无果时，应选择向法院起诉。首先，撰写起诉状、准备立案材料时，应附权属证明、侵权证据、损失计算依据；其次，对侵权方的求偿标准可选择法定赔偿或实际损失（侵权方获利）；最后，在执行判决阶段，可申请法院强制执行或申请禁令。

📖 **技能达标** ▶

知识目标

1. 了解各种纠纷解决机制的特点、优点和重点；

2. 了解《著作权法》及各相关程序法。

能力目标

1. 能表述著作权纠纷的各种争议解决机制；

2. 能判别具体案情下应当采用的纠纷解决机制；

3. 能辅助进行取证、文书制作工作。

素养目标

1. 树立著作权纠纷的多元化解决意识；
2. 明确处理著作权纠纷的重要意义。

法律法规

岗位职责

岗位名称	职责描述
公诉人	在公诉案件中代表国家参与庭审。
律师/ 法律顾问	1. 为客户提供法律咨询和策略。 2. 起草法律文件和诉状。 3. 代表客户出庭。 4. 与对方律师进行协商和调解。
法官	1. 确保法庭审理活动的公正性和合法性。 2. 听取双方陈述、审查证据。 3. 作出裁决和判决。
调解员/ 仲裁员	1. 在调解或仲裁过程中协助双方达成和解。 2. 听取双方陈述，提出解决方案。 3. 在仲裁中作出具有约束力的裁决。
公证人	1. 证据保全与固定。 2. 确认事实与提供证明。 3. 协助司法程序。
鉴定人	1. 接受委托并开展鉴定工作。 2. 提供专业鉴定意见。 3. 出庭接受质询并协助法院查明事实。 4. 参与鉴定意见的复核与补充。

续表

岗位名称	职责描述
专家证人	1. 提供专业意见和分析，帮助法庭理解复杂的技术或法律问题。 2. 参与鉴定知识产权的有效性或侵权行为。
执法机关工作人员	采取必要的执法行动，如查封、扣押侵权物品。

知言知语

要强化民事司法保护，研究制定符合知识产权案件规律的诉讼规范。要提高知识产权审判质量和效率，提升公信力。

——习近平总书记在十九届中央政治局第二十五次集体学习时的讲话

知权演练

延伸思考

1. 著作权（版权）侵权纠纷，如何取证以及赔偿标准。
2. 生成式人工智能著作权侵权问题研究。

任务九　人工智能视阈下著作权归属

任务描述

本节任务是让学生掌握人工智能环境下明确著作权归属的实务技能，构建一个

"保护资格——权利归属——价值平衡"的著作权归属判断架构，设计一套包括判断人类参与程度、衡量人类智力创造、框定法律政策导向的著作权权属分析思路，完成对特定人工智能生成物的权属判断，提升学生对生成式人工智能的操作能力、对人工智能生成物的鉴别能力以及对人工智能生成流程的整合能力，全面锻炼学生的综合分析能力和价值权衡能力。

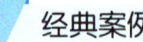

经典案例

李某诉刘某侵害著作权纠纷案

一、基本案情

李某使用开源生成式人工智能绘图软件 STABLE DIFFUSION，通过输入提示词的方式生成了涉案图片后，以《春风送来了温柔》为题首发在小红书平台。刘某在百度百家号上发布文章，文章配图使用了涉案图片。李某认为，刘某未经许可使用涉案图片，且截去了原告在小红书平台的署名水印，使得相关用户误认为刘某为该作品的作者，严重侵犯了李某享有的署名权及信息网络传播权，要求刘某公开赔礼道歉并赔偿经济损失等。

图 2-2　涉案图片

二、裁判要点

1. 人工智能生成图片是否构成作品。法院认为，从涉案图片的外观上看，其与通常人们见到的照片、绘画无异，显然属于艺术领域，具有一定的表现形式。涉案图片系原告利用生成式人工智能技术生成的，从原告构思涉案图片起，到最终选定涉案图片，原告进行了一定的智力投入，比如设计人物的呈现方式、选择提示词、安排提示词的顺序、设置相关的参数、选定哪幅图片符合预期等。涉案图片体现了原告的智力投入，因此涉案图片具备"智力成果"要件。

从涉案图片本身来看，该图片体现出了与在先作品存在可以识别的差异性。从涉案图片生成过程来看，一方面，原告通过提示词对人物及其呈现方式等画面元素进行了设计，通过参数对画面布局和构图等进行了设置，体现了原告的选择和安排。另一方面，原告通过输入提示词、设置相关参数，获得了第一张图片后，继续增加提示词、修改参数，不断调整修正，最终获得涉案图片，这一调整修正过程体现了原告的审美选择和个性判断。

在无相反证据的情况下，可以认定涉案图片由原告独立完成，体现出了原告的个性化表达，因此涉案图片具备"独创性"要件。涉案图片是以线条、色彩构成的有审美意义的平面造型艺术作品，属于美术作品，受到著作权法的保护。

2. 原告是否享有涉案人工智能生成图片的著作权。法院认为，就涉案作品的权利归属而言，《著作权法》规定作者限于自然人、法人或非法人组织，因此人工智能模型本身无法成为我国《著作权法》规定的作者。原告为根据需要对涉案人工智能模型进行相关设置，并最终选定涉案图片的人。涉案图片是基于原告的智力投入直接产生，而且体现出原告的个性化表达，因此原告是涉案图片的作者，享有涉案图片的著作权。

思维导图

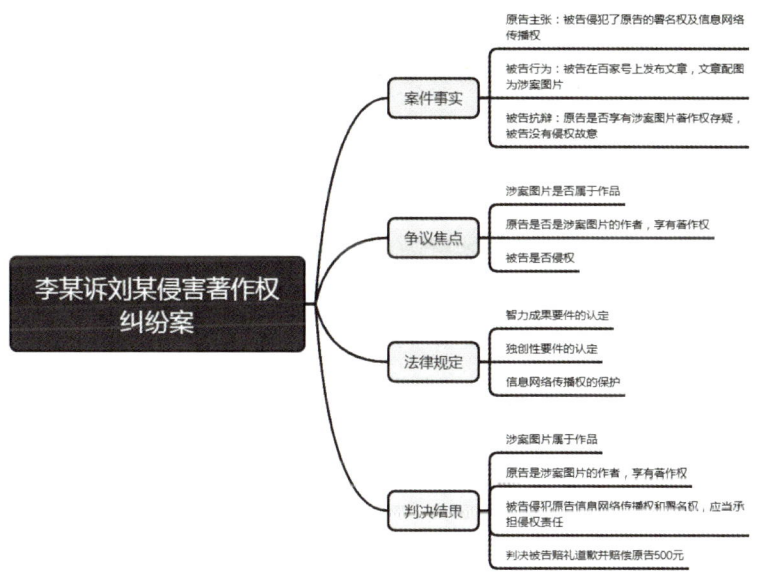

案例评析

北京互联网法院通过本案，对人工智能生成物的权利归属这一法律问题进行了非常有价值的开创性探索。保护人工智能使用者在内容生成过程中作出实质性贡献得到的作品，对于生成式人工智能的使用和推广有重要作用。在著作权权属认定过程中，充分考量和尊重人工智能模型和服务的设计人、提供人与使用人之间的法律关系，对于帮助人工智能产业市场化发展，支持各种商业模式的形成同样重要。对作者使用生成式人工智能创作的高品质作品给予合理保护，从而帮助人工智能使用者、人工智能开发者和人工智能运营者实现商业闭环，对繁荣文化艺术创作具有重要意义。申而言之，本案坚持人工智能生成物著作权认定的"人类中心主义"，首次以判决形式，认可自然人对其利用绘画大模型生成的图片，在特定条件下享有著作权。这不仅有利于实现著作权法"激励作品创作"的内在目标，更有利于保护和强化人类在人工智能产业发展中的主导地位，鼓励更多的人使用人工智能软件创作更多数量和更高质量的作品，确保人工智能生成内容后续授权和维权的可预见性，并将在相当程度上促进中国人工智能产业创新发展。

知识归档

人工智能生成物著作权归属的三步判定法：

1. 保护资格判定：人工智能生成物是否为作品及为何种作品。

（1）明确人类干预度。从正面尝试分析并加以明确内容生成中需要人类参与的具体环节，如输入指令、调整参数、筛选结果等，参照著作权法中的"额头出汗原则"（辛勤原则），评估人类参与是否直接形成了具有独创性的智力表达，从而判断作品的独创性。

（2）生成物属性确认。从反面确认该生成物是否符合作品的形式要件。如生成物是否属于文字作品、音乐作品和美术作品等法定类型，同时排除纯粹机械输出等著作权明确不予保护的作品类型，如人工智能自动生成天气预报因缺乏独创性而不应受保护。

（3）特殊种类生成物。如果人工智能生成物可能属于作品，则需要考虑该生成物是否可能属于特殊种类的作品，如是否属于法人作品、职务作品或者委托作品，如企业人工智能系统生成的年度报告应属于法人作品，以此初步判断人工智能系统开发者、管理者和使用者的法律关系。

2. 权利归属判定：人工智能作品著作权属于哪个主体。

（1）是否存在合同约定。需要审查人工智能系统相关合同中，关于人工智能作品的著作权权属条款，如果双方或多方有明确约定则从约定。此外，还需要验证格式条款的有效性，如果存在对作品著作权的权属约定，则需判断该条款是否存在显失公平的情形。

（2）主体的适格性判断。当前阶段，法律通常排除人工智能的作者身份，此时需要结合具体情况，探讨将开发者视为间接作者，抑或将使用者视为直接作者的可能性。

（3）贡献程度能否量化。区分开发者和使用者对作品的贡献，必须深入区分基础训练数据贡献与即时生成指令的贡献，此时可以尝试通过控制变量，量化算法开发者、数据提供者和终端操作者在生成作品中的贡献。

3. 价值平衡考量。

（1）人工智能激励机制。从宏观角度考察若将人工智能生成物作为作品保护，并将其著作权归属于开发者抑或使用者，是否能够保障开发者回收研发成本的合理预期，维护使用者进行创造性投入的积极性，符合数据来源方的权益补偿性机制，从而确保法律意见或者法律裁判的经济可接受性。

（2）公共利益协调机制。从宏观角度考察若将人工智能生成物作为作品保护，事实类人工智能生成物是否归入必要公共领域空间，考察是否属于合理使用（教育科研等非商业使用），是否纳入侵权风险分流机制（如"避风港原则"）等，从而确保法律意见或者法律裁判的社会可接受性。

（3）伦理风险防控机制。从宏观角度考察若将人工智能生成物作为作品保护，是否满足消除算法偏见、满足生成物溯源要求以及生成内容的标识义务等，从而确保法律意见或者法律裁判的道德可接受性。

技能达标

知识目标

1. 系统掌握人工智能生成内容的著作权归属判定标准，理解不同技术架构下的著作权主体认定规则，明晰算法、数据、算力在《著作权法》中的定性；

2. 深入了解人工智能技术与著作权法交叉领域的前沿理论，包括生成式人工智能的独创性判定、深度合成技术引发的侵权认定、开源协议与著作权保护的关系等；

3. 熟悉国内外人工智能著作权立法动态及司法实践案例，掌握跨境著作权纠纷中涉及人工智能作品的法律适用原则。

能力目标

1. 能够运用著作权法原理，分析人工智能生成内容的可版权性，准确识别作品构成要件在人工智能背景下的边界；

2. 针对人工智能引发的新型著作权纠纷，如人工智能训练数据侵权、算法生成内容权属争议等，掌握数字取证技术和电子证据固定方法，能够独立完成侵权比对分析报告和法律文书的撰写。

素养目标

1. 在人工智能技术迭代背景下，培养平衡创新发展与著作权保护的法治思维，树立技术中立与权利保护并重的价值观念；

2. 强化知识产权保护意识，深刻认识人工智能著作权规范对促进技术创新、维护文化市场秩序的重要意义，形成推动行业健康发展的责任感。

法律法规 -

岗位职责 -

岗位名称	职责描述
知识产权研究员	1. 聚焦人工智能领域，开展著作权相关法律、政策及司法案例研究，分析人工智能生成内容权属、算法侵权等前沿法律问题，形成专业研究报告。 2. 跟踪国内外人工智能著作权立法动态，结合行业技术发展趋势，为企业或机构提供前瞻性法律建议，助力企业制定战略决策。
知识产权合规专员	1. 制定企业人工智能产品研发、数据使用、内容生成等环节的著作权合法方案。 2. 确保技术应用符合国内外相关法律法规要求。
知识产权诉讼助理	1. 协助处理涉及人工智能的著作权侵权纠纷案件，负责证据收集、侵权比对分析、法律文书起草等工作。 2. 参与诉讼策略制定，跟进案件进展，与律师、法官等沟通协调，保障案件高效推进。

知言知语

　　坚持自立自强，突出应用导向，推动我国人工智能朝着有益、安全、公平方向健康有序发展。

——习近平总书记在中共中央政治局第二十次集体学习时讲话

知权演练 -

延伸思考

2024 年欧盟《人工智能法案》作为全球首部人工智能监管法律，将人工智能技术从"不可接受"即必须禁止的技术，变为以高、中、低风险为标准进行分类的人工智能技术，通过事前识别不同风险来开展监管。具体而言，法案根据风险程度将人工智能分为以下四类：一是含有不可接受风险内容的人工智能将被禁止使用。如远程生物识别、面部识别数据库、歧视性的社会评分系统和具有操纵性的人工智能，需要获得明确的司法授权并尊重基本权利。二是高风险的 AI 系统将受到监管。如医疗、教育、交通、就业和司法等重要的社会或经济领域，可能对公民的生命、健康、安全或基本权利造成重大影响的系统，在上市前必须进行强制性的合格评估，遵守质量、透明度、人工干预、监督和纠正等义务。三是风险相对有限的人工智能系统将面临较为宽松的透明度要求。开发者和部署者有责任确保用户明确知晓自己正在与人工智能（如聊天机器人、深度伪造视频等）进行交互。四是风险最小的人工智能系统，则可享受监管豁免的待遇。这些系统涵盖了目前欧盟市场上大多数人工智能应用，如人工智能增强的视频游戏和垃圾邮件过滤器。风险分类后，大部分监管人工智能的义务落在高风险系统的提供者（开发者）身上。

然后，欧盟详细解释了为何要严格禁止"对人类安全造成不可接受风险的人工智能系统"。具体包括有目的地操纵技术、利用人性弱点或根据行为、社会地位和个人特征等进行评价的系统等。2025 年 2 月，欧盟委员会正式发布了 140 页的《关于禁止人工智能系统实践的指南》（*Guidelines on Prohibited Artificial Intelligence Practices*），对包括被禁止的人工智能类型进行了详细的说明。这些"不可接受"的人工智能系统主要为：①实施有害操纵、欺骗和剥削的人工智能系统：禁止利用潜意识、故意操纵或欺骗性技术扭曲人们的行为并造成重大伤害，以及利用年龄、残疾或特定社会经济状况的弱点进行剥削。例如，使用潜意识信息影响消费者购买决策，或针对老年人认知弱点进行诈骗的人工智能系统。②实施社会评分的人工智能系统：禁止人工智能系统依据社会行为或个人特征对自然人或群体进行不恰当的评估或分类，此类评分若导致在不相关社会背景下的歧视性对待，或与行为实际严重程度不符的不公平处理，均属禁止之列。例如，税务部门使用人工智能工具根据不相关数据挑选纳税人进行检查。③对个人犯罪风险开展评估和预测的人工智能系统：禁止人工智能系统单纯依据个人画像或个性特征来评估或预测个人犯罪风险，但那些辅助基于客观、可核实事实进行评估的人工智能系统则不在此限。④进行无针对性面部图像抓取的人工智能系统：严禁通过互联网或闭路电视录像无差别地抓取面部图像以建立或扩大面部识别数据库，此举旨在保护个人隐私和数据权益。⑤情感识别人工智能系统：禁止在工作场所和教育机构使用人工智能系统推断人的情感，除非是出于医疗或安全原因。例如，调用中心使用摄像头和语音识别系统跟踪员工情绪，或教育机构使用相关系统监测学生情绪的行为。⑥进行生物特征分类的人工智能系统：禁止使用生物特征分类系统，基于个人的生物特征数据推断其种族、政治观点、工会身份、宗教或哲学信仰、性生活或性取向，但允许对合法获取的生物特征数据集进行标记、过滤或分类，这仅限于执法目的等特定情况。⑦开展实时远程生物识别的人工智能系统：禁止在公共场所出于执法目的使用实时远程生物识别系统，但在特定的有限例外情况下，如搜索特定犯罪的受害者、预防严重威胁或识别特定犯罪的嫌疑人等，且满足严格条件和保障措施时可以使用。例如，若未满足相关例外条件，警察不得使用实时面部识别技术来识别商店扒手。最后，明确人工智能公司要对算法进行控制的义务。人工智能公司需提交技术文件，并针对高风险应用构建风险管理体系。每个欧盟成员国都将设立监督机构，确保这些规则得到遵守。违反《人工智能法案》禁令者将面临巨额罚款，最高可达全球营业额的 7% 或 3500 万欧元，以较高者为准。

欧盟的人工智能立法对我国构建具有中国特色的人工智能著作权权利体系有何启发？

思考与实训

1. 简述人工智能技术在文字作品比对中的应用前景与局限性。
2. 简述人工智能比对结果的法律效力及其证据能力认定问题。
3. 在司法实践中如何规范使用人工智能比对技术并确保证据的有效性？
4. 法律从业者如何正确理解和运用人工智能比对结果，以避免过度依赖技术判断？

项目名称	文字作品 AI 比对		实训学时	2 课时
实训时间	章节结束后	实训地点	实训室 实训形式	挑战赛
实训目的	1. 掌握 AI 文本比对的基本原理和操作流程。 2. 培养学生的技术应用能力和证据意识。			
实训内容	1. 文本预处理。在进行 AI 文本比对之前，需要对文本进行标准化预处理，以确保比对结果的准确性和可靠性。文本预处理主要包含三个关键环节：首先，文件格式转换，需要将不同格式的文档（如 DOC、PDF、TXT 等）统一转换为标准格式，确保文本内容的完整性和一致性。其次，文本规范化处理，依据《标点符号用法》（GB/T 15834—2011）等规范，对文本进行标点符号标准化、空格处理、段落统一等操作，消除因格式差异导致的干扰因素。最后，特征提取设置，需要根据相关要求，确定文本特征的提取方式，包括词频统计、句法结构分析、语义特征提取等，为后续的相似度比对奠定基础。 2. 比对参数配置。文本比对参数的科学配置直接影响比对结果的可靠性。首先，在选择比对算法时，需要根据比对目的和文本特点合理选择算法，不同算法具有各自的适用场景。其次，相似度阈值的设置需要考虑实际应用场景，通常建议设置多个等级的阈值，以便更精确地判断相似程度。最后，在确定输出格式时，应当包含比对结果的关键要素：相似度数值、相似文本位置标注、对应关系说明等，确保比对结果清晰可读，便于后续分析和证据固定。输出报告应当符合电子证据固定的基本要求，包含时间戳、操作记录等关键信息，并记录以下事项：证据编号、证据名称、生成时间、保管位置、关联证据。			

续表

实训素材	1. AI 文本比对软件。 2. 示例文字作品及其变体版本。 3. AI 文本比对软件操作指南。
实训要求	在本实训项目中，学生需要掌握以下三个关键环节的操作规范与技术要求： 1. 文件保护措施执行。文件保护是证据保全的基础环节，需要严格遵循《电子签名法》和相关技术标准的要求。具体而言，应当建立分级保护机制：首先，通过系统属性设置创建只读副本，防止意外修改；其次，采用专业加密工具对文件进行加密存储；最后，执行"3-2-1"备份策略，即创建 3 个备份副本，使用 2 种不同的存储介质，并确保 1 份副本存储在异地。在备份过程中，应当遵循《电子数据存储介质复制工具要求及检测方法》（GA/T754-2008）的标准，确保备份的完整性和可靠性。 2. 证据保全操作规范。证据保全操作应当严格遵循《互联网法院案件审理规定》第 11 条关于电子证据的认定标准。首先，使用符合《信息安全技术 公钥基础设施 时间戳规范》（GB/T 20520-2006）标准的可信时间戳服务，对文件进行时间认证；其次，通过数字签名技术确保文件的完整性和不可否认性；最后，建立完整的证据链，包括证据编号、保管记录、交接手续等，确保证据在采集、保管、使用各环节的可追溯性。 3. 操作步骤记录要求。操作过程的记录必须完整、准确、可靠。具体包括：使用专业录屏软件记录全程操作界面，确保系统时间清晰可见；导出并保存系统日志、软件操作日志；记录操作人员、操作时间、操作内容等关键信息。所有记录都应当按照统一的格式保存，建立索引，便于后续查验。
实训组织	1. 分组进行，每组 4~5 人。 2. 指定组长负责任务分工。 3. 按照操作清单逐项完成。 4. 及时记录和总结问题。

项目三   专利权的确认与运用

任务一   检索专利信息

任务描述

本任务旨在让学生深度掌握专利信息检索的核心方法与操作规范，构建一个系统化的专利信息检索知识体系，完成一份真实场景下的专利信息检索分析报告，提升学生的专利信息检索能力，使其能够快速、精准地从海量专利数据库中获取有效信息。

经典案例

深圳市某健康产业公司面膜仪产品案

一、基本案情

深圳市某健康产业公司制造了一款新型面罩式面膜仪产品，2019 年 5 月 23 日提出实用新型专利申请，为了提高专利申请的授权性，在申请前该公司对现有已授权的面膜仪产品进行专利检索。

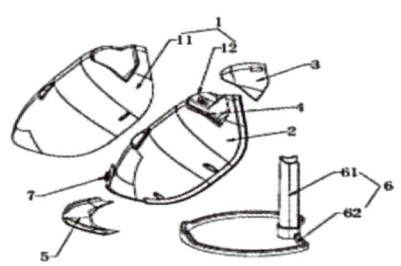

图 3-1   面膜仪图样

二、检索要素

面膜仪是一种新型的美容设备，可以实现补水、加热、磁疗、营养导入等功能，名称叫法较为多样，如补水仪、蒸脸仪、喷雾仪、美容喷雾机、面膜仪、导入仪、按摩仪、多功能面罩等。

对于面膜仪这类美容仪器，基于其实现的加热、磁疗等功能，具有较为统一的分类号，可在发明和实用新型专利数据库中对该种类产品进行快速检索。利用分类号和附图进行检索要素表达，寻找在先专利。

首先，利用分类号将面膜仪的主要两个功能：雾化和发热作为检索要素进行表达，分类号为 A61H33/12；A61F7/00；其次，考虑到日本具有很多知名的美容仪器品牌，可在数据范围"主要国家/地区/组织"中勾选"日本"，以扩大检索数据范围；再次，本案例是一种区别于手持式的面罩式的面膜仪，该检索要素可以通过关键词"面罩"表达。最终，检索到一篇中国发明专利（公开号为 CN109498247 A，发明名称为"一种可以温控的热敷面罩"），公开了为美容面具加热以实现加热理疗的面罩，以及一篇日本实用新型专利（公开号为 JP3207572 U，实用新型名称为"美容器"），公开了面罩式的具有雾化装置的美容器，其公告日均早于本专利的申请日，两者均可以作为本专利的现有技术评价本专利。

检索要素的多样高效表达对检索的效果具有很大影响，在进行检索要素表达时，可以进行多角度的表达及拓展，同时，可利用互联网资源进行拓展，查询著名的厂家品牌等，以期更高效获得相关文献。

图 3-2　专利信息检索展示

图 3-3 专利信息结果展示

思维导图

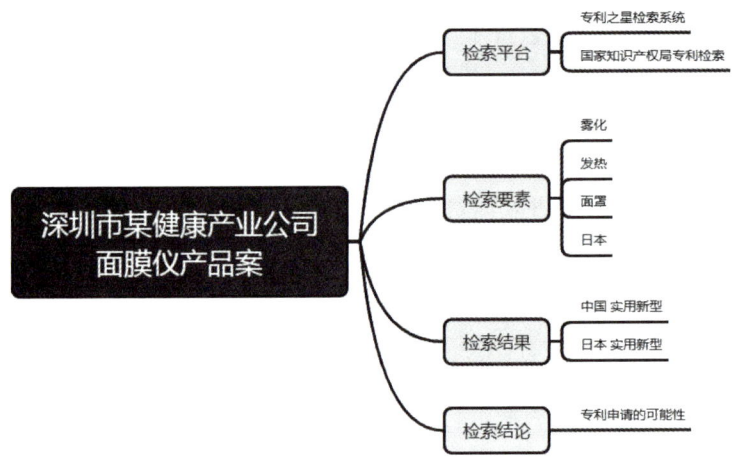

案例评析

通过专利检索日本实用新型专利和中国发明专利，其公告日均早于深圳市某健康产业公司的补水面膜仪申请日，两者均可以作为补水面膜仪的现有技术评价补水面膜仪。经过审查，通过发热组件在面膜壳体中进行发热，同时通过雾化结构的设置将面膜原液仓内的原液转化为雾气，从而既可以实现加热理疗过程，也可以享受补水，增强了实用性。补水面膜仪的技术属于新技术，授予专利权证书。

知识归档

一、专利权的概念与类型

专利权（Patent Rights）是指专利申请人基于发明、实用新型或外观设计的发明创造，向国家专利局提出专利申请，经依法审查合格后向专利申请人授予的在规定的时间内对该发明创造享有的专有权。

专利制度通过给发明创造者以排他独占权，使专利权人在一定时期内独家占领市场，这不仅能使其收回研究开发投入的成本，而且还能取得比其投入大得多的回报，从而继续新的发明创造。有了这一保障，才能激发人们从事发明创造的热情，调动人们参与发明创造的积极性，使技术创新活动走向良性循环。各国根据国情和产业发展的不同，通过制定专门的专利法来规定专利权的类型，以保护专利权人的合法权益。

以下是我国《专利法》规定的专利权的类型：

（一）发明（Invention Patent）

1. 概念。发明是指对产品、方法或者其改进所提出的新的技术方案。

2. 特点。发明是一种技术方案，它必须利用自然规律或自然现象；它必须是一种创新，并且相对于现有技术水平有进步或者有难度；它必须能够实施，可以达到一定效果并具有可重复性。

3. 分类。根据不同的分类标准，可以对发明进行多种分类：根据发明类型划分，可以分为产品发明和方法发明；根据权利归属划分，可以分为职务发明和非职务发明；根据参与人数划分，可以分为独立发明和合作发明。

4. 申请类别。发明在申请专利权时只能选择产品发明或方法发明，可以从发明名称上进行区分。

5. 保护期限。发明的保护期限为20年，自申请日起算。

（二）实用新型（Utility Model Patent）

1. 概念。实用新型是对产品的形状、构造或者形状和构造的结合所提出的适于实用的新的技术方案。

2. 特点。实用新型的创造性要求不高，但要求实用性较强、实用价值大。

保护对象的特定性：实用新型主要保护的是产品的形状和构造，不涉及方法或流程。

审查过程简便性：实用新型的审查流程通常比发明专利快，申请后一般在几个月内即可获得授权。

成本相对低廉性：相较于发明专利，申请实用新型的费用通常较低，适合中小企业和个人进行知识产权保护。

3. 保护期限。实用新型的保护期限为10年，自申请日起算。这一较短的保护期限促使申请人尽快将其付诸实践，以实现经济利益。

（三）外观设计（Design Patent）

1. 概念。外观设计又称工业设计，是指对产品整体或者局部的形状、图案或者其结合以及色彩与形状、图案的结合所作出的富有美感并适于工业应用的新设计。

2. 特点。外观设计必须以产品为依托，其载体既可以是产品的整体，也可以是产品的局部。外观设计以产品的形状、图案和色彩等为构成要素，以视觉美感为目的，不追求实用功能。外观设计必须能够通过工业手段来大量复制。

3. 保护期限。外观设计的保护期限为 15 年，自申请日起算。

二、不授予专利权的对象

1. 违背法律和社会公共秩序的发明创造。例如，制造假币的机器、吸食毒品的工具、万能钥匙等。

2. 科学发现。科学发现本身不是发明创造，因此不能授予专利权。例如，我国通过科考活动发现了新能源可燃冰。

3. 智力活动的规则和方法。例如，冰壶比赛规则、魔方快速还原规则等，这些都没有利用自然规律，因此不能授予专利权。

4. 疾病的诊断和治疗方法。疾病的诊断和治疗是一个复杂而多变的过程，因其存在众多不确定因素，没有利用自然规律，还可能造成与道德的冲突，因此不属于专利法所保护的范围。

5. 动物和植物品种。我国《专利法》规定动植物的品种不能被授予专利，但培育或生产动植物品种的方法可能被授予专利权。我国目前仅对植物新品种授予专利权。

6. 原子核变换方法以及用原子核变换方法获得的物质。因这类技术威胁国家和公共安全，也是基于对核技术相关的安全性、伦理道德以及全人类共同利益等多方面因素的综合考量，对原子核变换方法获得的物质不授予专利权。

7. 对违反法律、社会公德或者妨害公共利益的发明创造，不授予专利权。对违反法律、行政法规的规定获取或者利用遗传资源，并依赖该遗传资源完成的发明创造，不授予专利权。

三、专利检索

（一）概念

专利检索是指利用专利数据库，通过关键词、分类、时间等筛选条件，查找和分析与研究领域相关的专利文献信息的过程。在检索过程中，要确定检索主题，明确检索目的和关键词，科学选择检索工具和数据库。

（二）目的

专利检索可以评价专利申请获得授权的可能性。通过检索国内外同行业的相关专利情况，可以帮助我们了解现有技术领域内的专利总量、专利类型、专利范围、专利价值、专利法律状态等信息，全面掌握某领域的专利布局情况，帮助专利申请人归纳技术，做好专利申请前的相关准备工作。

（三）意义

通过专利检索，可以防止企业将宝贵的资金投入重复研发，避免陷入技术红海中；保障企业的专利质量和申请成功率，避免浪费企业有限的研发经费；避免侵犯他人的专利权，防止专利纠纷的发生；通过经常性、周期性地对某一竞争对手申请专利的活动进行检索，及时掌握竞争对手的发展动态，制定合理的应对对策。

（四）专利检索系统

国家知识产权局、中国专利信息中心和提供专利服务的公司都可以提供专利检索服务，目前国内权威的检索系统是国家知识产权局政务服务平台上的专利检索及分析系统和中国专利信息中心的专利之星检索系统。

国家知识产权局政务服务平台上的专利检索及分析系统是目前国内科技及知识产权领域提供专利信息检索、专利及科技文献翻译、非专利文献加工等服务的权威检索系统。

中国专利信息中心的专利之星检索系统更加侧重于给广大网民提供更便捷的检索服务。

表3-1　专利检索平台

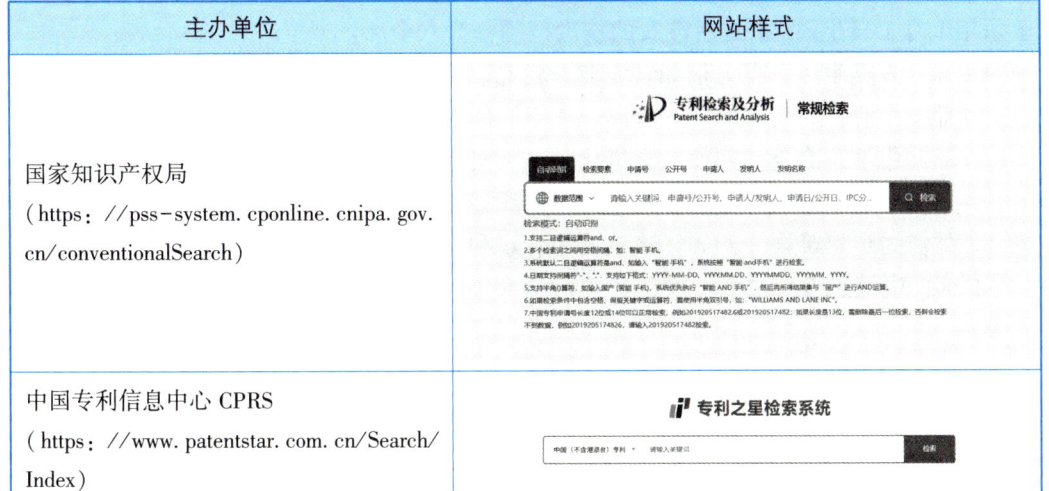

主办单位	网站样式
国家知识产权局 （https：//pss-system.cponline.cnipa.gov.cn/conventionalSearch）	
中国专利信息中心 CPRS （https：//www.patentstar.com.cn/Search/Index）	

（五）专利检索方式

专利检索的方式有自动识别、检索要素、申请号、公开号、申请人、发明人、发明名称。

1. 自动识别。根据检索人确定的数据范围和输入的内容自动获取发明名称中与检索内容相关的专利信息，检索内容与检索结果的差别很小。

2. 检索要素。根据检索人确定的数据范围和输入的内容自动获取与检索内容相关的专利信息，因其是在标题、摘要、权利要求、IPC 分类号和说明书中同时检索，检索内容与检索结果的差别较大。

3. 申请号。中国专利申请号的格式通常为：申请年号（四位数字）+申请种类号（一位数字）+申请流水号（七位数字）+校验位（一位数字或字母）。

4. 公开号。专利公开号格式：文献的公开国+公开流水号+公布级别。例如：CN1572277A，CN 为中国国家代码，1 为发明，572277 为公开流水号，A 为公布级别。

5. 申请人。申请人是专利检索的基本要素之一，可以为单位，也可以为自然人，它的获取方式包括：英文名、曾用名、别名、简称、分公司名、子公司名、控股公司。它的获取途径为通过网络信息、文献信息获取。

6. 发明人。一般情况下，发明人和申请人为同一人。

7. 发明名称。发明名称简洁、准确地概括发明的技术主题，可以帮助读者快速理解发明的核心内容，并且在专利检索和管理中起到重要作用。

四、IPC 分类号

（一）分类

国际专利分类（以下简称 IPC）是全球普遍适用的，它是世界知识产权组织制定的，官方语言是英文和法文。

1971 年《国际专利分类斯特拉斯堡协定》建立的 IPC 提供了一种由独立于语言的符号构成的等级体系，用于按所属不同技术领域对专利和实用新型进行分类。新版 IPC 于每年 1 月 1 日生效。IPC 所涉及的技术范围分为八个部：

A 部：人类生活必需（例如：农业、食品、个人用品、医疗设备等）。

B 部：作业；运输（例如：分离、加工、印刷、交通工具等）。

C 部：化学；冶金（例如：有机化学、无机化合物、石油提炼、合金等）。

D 部：纺织；造纸（例如：纤维处理、织造工艺、纸浆制造等）。

E 部：固定建筑物（例如：建筑结构、水利工程、采矿设备等）。

F 部：机械工程；照明；加热；爆破（例如：发动机、照明装置、供暖系统、武器等）。

G 部：物理（例如：测量仪器、光学器件、核物理、计算机硬件等）。

H 部：电学（例如：电子电路、通信技术、半导体器件等）。

任何一件发明专利都可以通过 IPC 划分到相应的技术领域。例如，与机械相关的电脑专利会归到 F 部，日常生活中用来处理草地或草坪的手动工具专利会归到 A 部。

（二）IPC 分类号解读

IPC 分类号是根据《国际专利分类斯特拉斯堡协定》进行编制的，一个完整的分类号是由代表部、大类、小类、大组或小组的符号/数字组合构成。IPC 将专利文献以特定的技术主题分解，使其具有共同的类别标识，这就使得我们可以跨越语言的限制进行现有技术的统计。例如，A42B3/04 的含义如图 3-4：

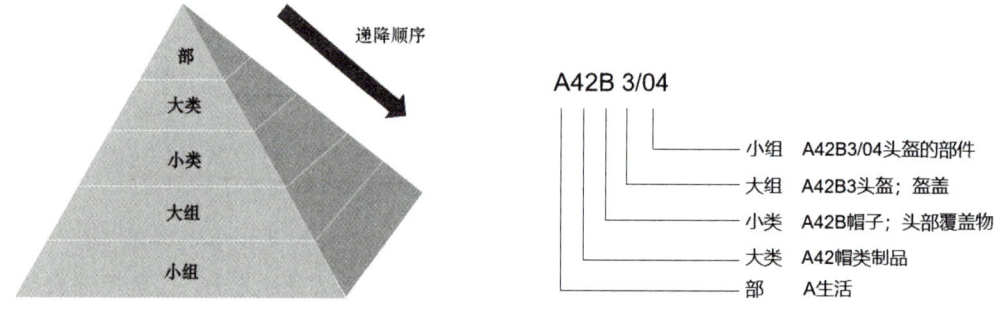

图 3-4　IPC 分类表的编排和等级结构

在利用 IPC 分类号进行专利检索时，要选择最适合于覆盖该基本要素的分类位置：不明显排除的下位组、相关的同级组、高一级小组直至大组。必要时可扩展检索领域，比如功能类似、应用类似的领域。

例如，头盔的视镜的分类号的选择，最适合的是 A42B3/22（视镜），它的下位组是 A42B3/24（带有消除烟雾或湿气装置的），A42B3/26（带有清洁装置的），视镜属于头盔的部件，它的上位组 A42B3/04（头盔的部件），A42B3/00（头盔）是不能明显排除的，所以对于头盔的视镜选取的分类号为 A42B3/22、A42B3/24、A42B3/26、A42B3/04、A42B3/00。

A42B3/00		头盔；盔盖（防御钢盔入F41H1/04）[2006.01]	大组
A42B3/04	.	头盔的部件、零件或附件[2006.01]	一点组
A42B3/06	..	缓冲罩，如安全头盔的[2006.01]	二点组
A42B3/08	..	下颌带或类似的系戴装置[2006.01]	
A42B3/10	..	衬（A42B3/16优先）[2006.01]	
A42B3/12	...	缓冲垫装置[2006.01]	三点组
A42B3/14	...	支承装置[2006.01]	
A42B3/16	...	护耳装置[2006.01]	
A42B3/18	..	护面装置[2006.01]	
A42B3/20	...	面部护罩，如用于冰球的（A42B3/22优先）[2006.01]	
A42B3/22	...	视镜[2006.01]	
A42B3/24	....	带有消除烟雾或湿气装置的[2006.01]	四点组
A42B3/26	....	带有清洁装置的，例如擦拭器[2006.01]	
A42B3/28	..	透气装置（A42B3/24优先）[2006.01]	
A42B3/30	..	装有无线电装置或通讯系统[2006.01]	
A42B3/32	.	可折叠的头盔；分离构件组成的头盔[2006.01]	

图3-5 IPC分类号选取原则（圆点数越多，等级越低）

五、检索要素

从数据集合的角度来看，检索要素本身是缩小目标集合范围的限定条件，通过多次使用检索要素，目标专利就被锁定在一个比较小的集合中。

关键词的表达建立在对检索技术领域有一定了解的基础上，在关键词的表达上可以遵循以下步骤：

第一步，尽可能充分地理解检索对象。对实物、图纸、文字描述等进行检索时，不能直接进行检索，而应把它们视为技术方案，从技术方案的结构和功能上理解检索对象。例如，案例中的面膜仪，它的结构是非手持式，功能有补水、雾化、发热、营养导入等。

第二步，确定关键词。选择最能体现检索对象特点的要素，是指选择与技术方案主题相关的关键词，与结构相关的关键词，与功能相关的关键词。例如，案例中的面膜仪，既是非手持式的面膜仪，也是能实现雾化、发热的面膜仪。亦可补充具体技术特征（如"超声波雾化"或"恒温发热"），增强检索针对性。

第三步，考虑关键词的表达是否充分和完整。关键词是否有相近的词，是否存在上、下位概念，是否存在其他称谓等。

在关键词的提取和表达上，要做到三个"准确和完整"：一是形式上的准确和完整，应使用标准术语，如"非手持式"而非"非手持"；二是意义上的准确和完整，应避免歧义，如"雾化"需明确是"液体雾化"还是"粉末雾化"；三是角度上的准确和完整，应涵盖结构、功能、应用等多维度关键词。

 技能达标 ▶

知识目标

1. 辨别专利权的类型；
2. 理解不授予专利权的对象；
3. 熟悉专利检索方法。

能力目标

1. 能说明 IPC 分类号的内涵；
2. 能理解检索对象的关键词；
3. 能通过检索要素进行专利检索。

素养目标

明确专利保护的意义。

法律法规

岗位职责

岗位名称	职责描述
专利律师	1. 专利检索与分析。 2. 完善专利申请文件。 3. 专利预警。
专利代理师	1. 专利检索与分析。 2. 完善专利申请文件。 3. 专利预警。

续表

岗位名称	职责描述
企业专利工程师	1. 专利挖掘与布局。 2. 专利申请文件撰写。 3. 专利检索与分析。 4. 项目风险管控。

知言知语

　　实施国家知识产权战略，大力提升知识产权创造、运用、保护和管理能力，有利于增强我国自主创新能力，建设创新型国家；有利于完善社会主义市场经济体制，规范市场秩序和建立诚信社会；有利于增强我国企业市场竞争力和提高国家核心竞争力；有利于扩大对外开放，实现互利共赢。必须把知识产权战略作为国家重要战略，切实加强知识产权工作。

——《国务院关于印发国家知识产权战略纲要的通知》

知权演练

延伸思考

　　人工智能前沿技术和高质量发展解析。

任务二 判定专利归属

任务描述

本节任务旨在引导学生深入了解专利申请各环节的主体角色及权利义务，掌握职务发明的类型、判定标准及权利归属规则，构建一个清晰的权利主体归属法律框架，完成一个具体的职务发明纠纷模拟处理案例。通过学习和实践，学生可以理解职务发明制度可以帮助企业妥善管理职务发明权属、减少与员工发明人的纠纷，同时还可以激励企业内部不断实现技术创新。

经典案例

宋某与新科公司专利权归属纠纷案[1]

一、基本案情（案情人物名称略有改动）

宋某于 2018 年 4 月 23 日与新科公司签订劳动合同，后于 2018 年 11 月 14 日申请了名称为"一种圆环形高温微波膨化炉"的实用新型专利（专利号为 ZL201821872940.X），并于 2019 年 8 月 20 日获得授权。2020 年 5 月 21 日，新科公司向河南省郑州市中级人民法院提起诉讼，称涉案专利系宋某在新科公司工作期间，承担本职工作中完成的发明创造，且主要系利用新科公司的物质技术条件，应属于职务发明，请求法院判令涉案专利权归新科公司所有。

二、裁判结果

一审法院认为，宋某本职工作中的设备维护、督促设备厂家整改以及对输送带进行耐高温测试等与研发石墨烯生产设备的工作任务差别较大，现有证据亦不能证明新科公司向宋某下达了该研发任务；涉案专利与单位设备差别较大、解决问题的技术方案不相同，新科公司不能证明该设备对涉案专利的主要创新点起到较大启示作用，故涉案专利不属于职务发明，驳回新科公司的诉讼请求。新科公司不服，上诉至最高人民法院。

最高人民法院二审认为，从案件的证据、事实出发，并结合生活常识予以综合分析，涉案专利的研发既不属于宋某的本职工作，也不属于新科公司交付给宋某的本职工作以外的工作任务，同时也不属于主要利用新科公司的物质技术条件完成的发明。法庭认为，认定职务发明的物质条件应为直接或间接用于开展研发活动并对形成发明

---

〔1〕（2020）最高法知民终 1848 号。

具有实质性影响的物质条件；而技术条件则指未公开的技术信息和资料，对于形成发明的实质性特点具有技术启示。本案不属于上述情形，在研发过程中新科公司未向宋某提供专利法意义上的主要物质和技术条件。

三、典型意义

本案对于正确适用专利法职务发明制度，平衡发明人与单位之间利益关系具有指导意义。职务发明制度是激发创新热情、促进成果转化、平衡发明人和单位之间利益关系的核心制度。最高人民法院从发明人的发明自由角度，阐明职务发明中发明人工作职责之外的工作任务应当是单位明确赋予的，发明人的自主创新不能当然视为其履行单位工作任务；从单位权益界限角度，明确物质技术条件应当在研发过程中发挥作用，对形成发明的实质性特点具有实质性的影响。

鼓励公民发明创造和科研创作自由是法律规定的基本原则，"大众创业、万众创新"是重要的国家政策。任何人均依法享有发明创造的自由和权利。除非法律特别规定，否则既不能简单地以发明人的身份归属来认定发明创造的权利归属，也不能简单地以是否系在单位工作期间完成发明创造来认定该发明创造的权利归属。

思维导图

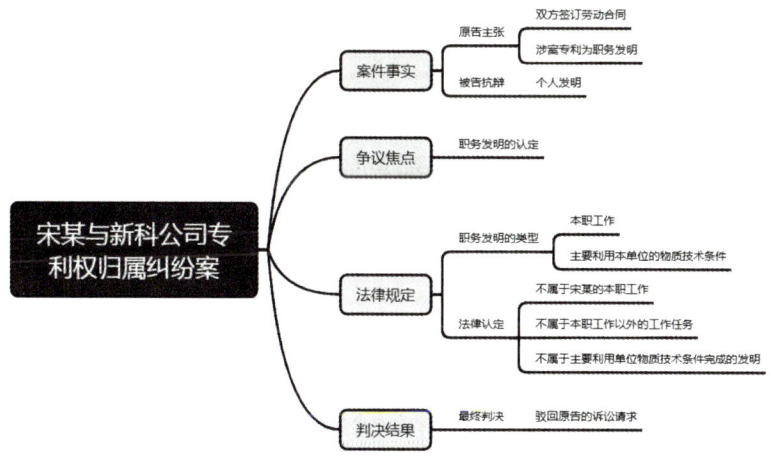

案例评析

根据新科公司与宋某专利权属纠纷案的判决书，本案评议点如下：

一、本职工作的认定

法院在确定宋某的本职工作时主要参考了新科公司提交的《劳动合同书》《新科科技会议纪要》《2018 年个人绩效评估》《2019 年工作总结》，这些文件内容均显示宋某的本职工作系设备维护与管理，主要涉及的内容与涉案实用新型同属石墨烯生产设备领域，但宋某本职工作中的设备维护等与研发石墨烯生产设备这一工作任务差别较大。

二、主要利用物质技术条件的认定

法院对新科公司提供的《新科科技会议纪要》记录的新购设备的技术问题和涉案专利解决的技术问题进行了比对，虽然两者相关，但解决该技术问题的技术手段与涉案专利存在很大不同，故不能认定新科公司提供的证据系涉案专利的主要物质技术条件。

知识归档

一、专利权的主体

专利权的主体，即专利权的关系人，是指依法享有专利权并承担与此相应的义务的人。在专利知识的研发、申请和授权三个环节中，会产生三种不同的主体角色，包括发明人、申请人及专利权人，会产生不同的权利义务。

（一）发明人

1. 概念。发明人是指对发明创造的实质性特点作出了创造性贡献的自然人。

2. 法律规定。仅提出设想或仅进行指导或提出启发性意见的人不能认定为发明人；只负责组织、领导、准备工作，或者仅提供文献资料、物质帮助及其他辅助工作的人不能认定为发明人。

发明人必须是全程参与发明创造活动，并对技术方案进行具体操作实施的自然人。

3. 权利和义务。

权利：发明人可以根据自己完成的新发明创造提出专利申请，也可以处分发明创造。

义务：在专利申请之前对其所创造的新的技术方案进行保密。

（二）申请人

1. 概念。申请人是指向国家知识产权局提出专利申请的主体。通常为发明人或其权利继受人。

2. 分离情形。发明人提出的专利申请被国家知识产权局受理后，需要经过法定程序的审查来判断是否能够获得专利权证书。在这一期间，发明人会因为下列情形与申请人产生分离：发明人转让了申请专利的权利、继承关系、职务发明。

3. 权利和义务。

权利：申请人可以转让专利申请的权利、提出申请日更正请求、处理专利申请过程中的通知和请求。

义务：专利申请人有义务提供真实、准确和完整的材料和信息，以确保专利申请得到公正和透明的审查；遵守法律和规定：专利申请人有义务遵守《专利法》的规定，以确保专利申请是合法的；遵守专利审查程序和要求，并在规定的期限内提交必要的文件并缴纳费用；有义务维护其专利权，并采取必要的措施防止他人侵犯其专利权。

（三）专利权人

1. 概念。专利权人是指经授权获得专利权的主体。

2. 分离情形。专利申请人可以在专利的法定审查期内转让专利的申请权，由此导致专利权授权主体发生变化。专利申请人也可以在获得专利权证之后将专利权转让，在通过法律规定的程序后，产生新的专利权人。

3. 权利和义务。

权利：专利权人自己实施专利的权利、许可他人实施专利的权利、禁止他人实施专利的权利、请求保护的权利、转让专利权的权利。

义务：充分公开发明内容、缴纳专利年费的义务；专利权人应当自被授予专利权的当年开始缴纳年费，以维持专利权的有效性。

二、职务发明

（一）概念

职务发明是指执行本单位的任务或者主要是利用本单位的物质技术条件所完成的发明创造。

（二）类型

职务发明包括两种情况：一是执行本单位的任务所完成的发明创造，例如，在本职工作中作出的发明创造，或履行本单位交付的本职工作之外的任务所作出的发明创造；二是主要是利用本单位的物质技术条件所完成的发明创造，这里的物质技术条件包括本单位的资金、设备、零部件、原材料或者不对外公开的技术资料等。

（三）权利归属

职务发明创造申请专利的权利属于该单位，申请被批准后，该单位为专利权人。单位可以依法处置其职务发明创造申请专利的权利和专利权，促进相关发明创造的实施和运用，这体现了对单位投入资源和承担风险的回报，同时也意味着员工在其工作职责范围内或利用公司资源进行的发明创造，其专利申请权和专利权归属于公司。

（四）特殊规定

利用本单位的物质技术条件所完成的发明创造，单位与发明人或者设计人订有合同，对申请专利的权利和专利权的归属作出约定的，从其约定。

（五）除外情形

对利用法人或者非法人组织提供的物质技术条件，约定返还资金或者缴纳使用费的；在技术成果完成后利用法人或者非法人组织提供的物质技术条件对技术方案进行验证、测试的。

（六）职务发明人的权利

1. 署名权。根据《专利法》第 16 条第 1 款，发明人或者设计人有权在专利文件中写明自己是发明人或者设计人。这意味着，即使职务发明的专利权归属于单位，发明人或设计人仍然享有在专利文件中署名的权利，以表明其对发明创造的贡献。

2. 获得奖励和报酬的权利。职务发明人、设计人在完成发明创造后，有权获得单位给予的必要的奖金和报酬。这一权利是基于发明人、设计人对发明创造的贡献而设立的，旨在激励他们进行更多的创新活动。具体的奖励和报酬数额，通常由单位根据其内部规章制度或者与发明人、设计人签订的合同来确定。

在某知名企业中，每项发明专利的最低奖励为 4000 元，每项实用新型或外观设计专利的最低奖励为 1500 元。许可场景下的报酬标准为"许可净收入的 50% 以上"，自行实施/合作实施场景下的报酬标准为"投产后连续三至五年年营业利润的 5% 以上"。将实践中被认可的股权、期权、分红等利润分享方式纳入公司规章层面，为单位提供了灵活多样的奖酬方式，使发明人能够合理分享创新收益。

3. 其他权利。除了署名权和获得奖励、报酬的权利外，职务发明人、设计人还可能享有其他权利。例如，他们可以根据《中华人民共和国发明奖励条例》的规定，申报科研成果奖，将发明创造作为技术职称晋升或者破格晋升的依据，还可以作为职务晋升的依据。这些权利的具体内容和实施方式，因单位的不同而有所差异。

（七）职务发明认定的前提条件

发明人和单位存在劳动关系或工作关系是认定职务发明的前提条件。

单位与发明人之间仅存在一般的合作关系，单位并不掌握对发明人的劳动支配权的，该发明人的有关发明创造不属于职务发明创造。

职务发明的权属应归于单位的根本原因在于，产生该职务发明的创造性劳动的支配权属于单位。由此，判断发明人与单位之间是否存在职务发明所要求的劳动关系或者临时工作关系的关键，在于单位对发明人的创造性劳动是否已取得支配权。如果单位与发明人之间的关系仅仅是一般的合作关系，发明人并未让渡对自己的劳动支配权，则没有理由将不属于单位支配的劳动所创造出的技术成果归属于单位。

（八）执行本单位的任务的判断

1. 本职工作或单位分配任务之"内容"判断。此"内容"不能仅局限于员工职务、劳动合同、岗位职责书等书面约定，还应考虑发明人是否具备研发能力和其实际工作内容，具体可从发明人的学历背景、工作能力以及在原单位是否实际接触来判断。

2. 与原单位承担的本职工作或者原单位分配的任务有关的发明创造之"有关"判断。判断"有关"时应综合考虑以下因素：一是离职员工在原单位承担的本职工作或原单位分配的任务的具体内容；二是涉案专利的具体情况；三是原单位是否开展了与涉案专利有关的技术研发活动，或者是否对有关技术具有合法的来源；四是权利人、发明人能否对涉案专利的研发过程或者技术来源作出合理解释。

3. 员工离职后作出的发明创造之"作出"判定。关于"退休、调离原单位、劳动人事关系终止之日"，可理解为离职员工实际脱离原单位的调遣支配的时间，可用辞职申请日期、离职证明、退工单等材料进行佐证。

（九）主要是利用本单位的物质技术条件的认定判断

"主要利用"主要指以下两种情况：其一，员工在发明创造的研究开发过程中，全部或者大部分利用了单位的资金、设备、器材或者原材料等物质条件，并且这些物质条件对形成该发明创造具有实质性的影响；其二，员工作出的发明创造其实质性内容是在单位尚未公开的技术成果、阶段性成果基础上完成的。

认定是否主要利用单位的"技术条件"，主要是指"不对外公开的"技术资料。

"不对外公开的"技术资料，应当是单位拥有的只有少数经过许可的员工才能接触到的内部情报或者内部资料，如技术档案、设计图纸、实验数据、技术信息等，是单位的技术储备，对于单位来说具有潜在的无形财产价值，这一部分技术资料通常不属于行业内公知的技术。

（十）非职务发明专利权的归属

与职务发明创造相对的是非职务发明创造，即不是执行本单位的任务且未主要利用本单位的物质技术条件所完成的发明创造。非职务发明创造的专利申请权和被批准后的专利权归属于发明人或者设计人。这保护了个人在业余时间或利用自有资源进行发明创造的权益。

三、判定专利权归属的意义

判定专利权归属对于保护创新者的权益、维护市场的公平竞争、促进技术进步和经济发展具有重要意义。

1. 保护创新成果。专利归属权的确立有助于鼓励创新者进行更多的研发工作，保护其知识产权，促进科技进步和经济发展。

2. 维护市场秩序。专利归属权的合理保护能够营造公平竞争的市场环境，维护社会公平正义。创新者通过获得专利，确保其独特技术或产品在市场上享有竞争优势，避免不法行为和不公平竞争的出现。

3. 促进技术转移和商业化。明确的专利归属有助于促进技术的转移和商业化。专利权人可以更容易地进行技术授权或许可，使得新技术能够更快地应用于实际生产和服务中，从而推动整个行业的发展。

4. 激励创新。专利归属权的确认为创新者提供了法律保障，使他们能够从自己的发明创造中获得合理的经济回报。这种激励机制对于吸引更多的资源投入到创新活动中至关重要。

5. 解决纠纷。明确的专利归属可以为发生专利侵权或其他相关纠纷时提供清晰的法律依据，有助于迅速有效地解决问题，减少不必要的法律成本和市场不确定性。

💻 技能达标 ▶

知识目标

1. 理解专利申请过程中的角色；
2. 掌握职务发明的法律规定。

能力目标

1. 能判断是否属于职务发明；
2. 能判断职务发明的类型。

素养目标

理解专利权归属的意义。

法律法规

岗位职责

岗位名称	职责描述
发明人及其员工	1. 发明新技术。 2. 转让专利申请权。 3. 处分新技术。
申请人及其员工	1. 提出专利申请。 2. 转让专利申请权。
权利人及其员工	1. 实施专利技术。 2. 授权他人使用专利技术。 3. 转让专利权。

知言知语

　　要保护科技成果创造者的合法权益。广大职务发明人是科技创新人才的重要力量，保护科技成果创造者合法权益的突出重点在于进一步加强职务发明人合法权益的保护工作，促进知识产权的运用与实施。同时，实施人才强国战略、科教兴国战略和知识产权战略，需要健全和完善有利于职务发明及其知识产权运用与实施的激励机制和权益分配机制，进一步加强对职务发明人合法权益的有效保护，营造有利于人才成长和发挥作用的社会氛围和法律政策环境，为创新型国家建设和经济社会又好又快发展提供更雄厚的人才保障。

　　　　　　——关于印发《关于进一步加强职务发明人合法权益保护　促进知识产权运用
　　　　　　　　　　　　　　　　　　　　实施的若干意见》的通知

知权演练

延伸思考

最高人民法院出台 98 项政策举措保障科技创新。

任务三 办理专利申请

任务描述

本节任务是让学生掌握专利申请程序中的申请原则、申请文件的法律要求及申请过程中的实务要点，构建一个清晰的专利申请流程，制定一个有效的申请文件填写策略，完成一个具体的外观设计专利申请，提升对专利申请流程的理解和操作能力，增强知识产权保护意识。

经典案例

产品外观设计专利申请书

图 3-6 茶壶外观设计专利申请

一、基本案情

山东硅元新型材料股份有限公司的硅元国瓷设计团队在"中华龙"经典国宴用瓷的基础上，以中国传统龙元素这种包罗万象、博大精深的文化符号为主题进行设计。硅元国瓷采用了新研发的专利技术"斗金彩"工艺，通过设计语言进行叙述，设计出了"龙耀中华"系列宴会用瓷。山东硅元新型材料股份有限公司完成了新型茶壶的外观设计，委托青岛发思特专利商标代理有限公司代理其申请专利（申请号CN202430796231.2），2025年4月1日山东硅元新型材料股份有限公司获得外观设计专利权。

二、申请文件要点

发明名称：茶壶（龙耀中华）。

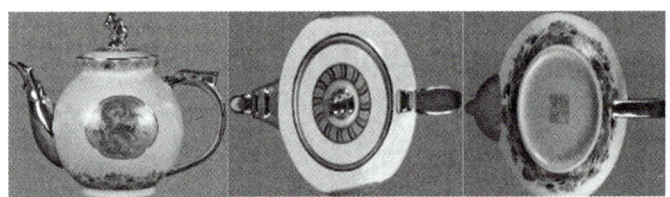

主视图俯视图仰视图

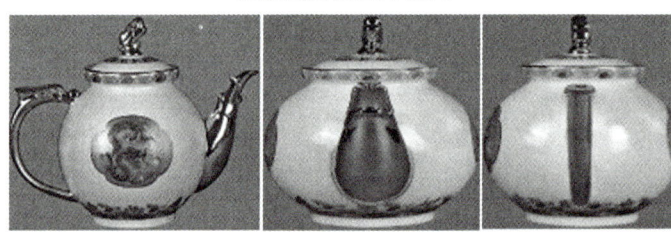

后视图　　　　　　　　左视图　　　　　　　　右视图

图3-7　正六面投影视图

外观设计简要说明：

1. 本外观设计产品的名称：茶壶（龙耀中华）。
2. 本外观设计产品的用途：用于展示或使用的瓷器茶壶。
3. 本外观设计产品的设计要点：在于形状与图案的结合。
4. 最能表明设计要点的图片或照片：立体图。

思维导图

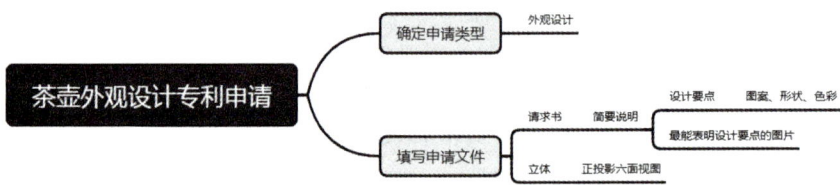

案例评析

一、设计要点

本案中设计要点为"在于形状与图案的结合",意味着保护范围是形状与图案的结合。设计要点虽然只有几个字,但是小即是大,少即是多,如果其他主体也生产相同或相似的形状与图案的茶壶即构成对专利权人的侵权。

二、确定申请要素

本案中的设计要点表述为在于形状与图案的结合,色彩要素不考虑,意味着他人在形状、图案相同或近似的情况下,即使色彩不同,也可能构成侵权。

三、色彩要素的考量

本案中的设计要点表述为"在于形状与图案的结合",所以色彩要素不考虑。

知识归档

一、专利申请原则

(一)先申请原则

在我国,两个或两个以上的申请人提出同样的专利申请,专利权授予第一个提出申请的人。

图 3-8　先申请原则的应用

(二)书面原则

在我国提出专利申请时需提交书面形式的请求书、说明书、权利要求书。2023 年 1 月 11 日国家知识产权局开通了"专利业务办理系统",可以通过统一身份认证平台完成注册,通过网页版、客户端、移动端三种渠道办理相关专利业务。

(三)单一性原则

单一性原则是指一份专利申请仅限于一项发明创造,同一发明创造不得重复授权。

如果在专利申请过程中,发现申请内容不符合单一性原则,即包含了多项发明创造,申请人可以选择将这些发明创造分别提出新的专利申请,即分案申请。如果是多个具有共同特定技术特征的发明创造,可以合并到一份专利申请中(即合案申请),如蟹八件、茶具。

（四）优先权原则

优先权原则是一种特殊的专利申请原则，在先申请原则之前应用。包括：

1. 国际优先权。申请人在任何一个《巴黎公约》成员国内首次提出正式专利申请后的一定期限内，在其他成员国就同一内容的发明创造又提出专利申请的，可将其首次专利申请日作为后续申请的申请日，这种将后续申请日提前至首次申请日的权利为优先权。

发明、实用新型的优先权时限是自首次申请之日起 12 个月内，而外观设计的优先权时限是自首次申请之日起 6 个月内。如果申请人要求国际优先权，需要在法律规定的期限内提交先申请文件副本等材料。

2. 国内优先权。申请人在我国首次提出专利申请后，又就相同发明、实用新型和外观设计再次向国家知识产权局提出申请的，可以在优先权期内享有优先权。发明、实用新型的优先权期是自首次申请之日起 12 个月内，外观设计的优先权期是自首次申请之日起 6 个月内。要求国内优先权的，申请人在请求书中写明了在先申请的申请日和申请号的，视为提交了在先申请文件副本。

3. 例外情形。不能作为国内优先权基础的三种情形：①已经要求优先权的；②已经被授予专利权的；③属于按照规定提出的分案申请的。

二、专利申请文件的形式

1. 电子形式。采用电子形式办理的，专利申请人可以通过“专利业务办理系统”注册为用户，在线撰写、提交电子申请文件。

2. 纸件形式。采用纸件形式办理的，专利申请人可以通过国家知识产权局网站下载申请材料表格，填写后邮寄或现场递交至国家知识产权局或地方代办处。

三、专利申请文件的类型

（一）发明、实用新型专利

申请发明专利应当提交以下文件：发明专利请求书、说明书摘要、权利要求书、说明书，必要时还应当提交说明书附图。

申请实用新型专利应当提交以下文件：实用新型专利请求书、说明书摘要、权利要求书、说明书、说明书附图。

请求书、说明书和权利要求书的具体要求为：

1. 请求书中写明此发明或实用新型专利的名称、发明人姓名、申请人的姓名和地址、联系方式等。如果是委托代理机构进行申请，则要写明专利代理机构以及代理人。

2. 说明书应当对发明或实用新型作出清楚、完整的说明，以所属技术领域的技术人员能够实现为准，必要的时候，应当有附图。说明书内容包括技术领域、背景技术、发明内容、附图说明、具体实施方式五个部分，主要是对所申请的发明专利所属的技术领域和应用范围进行说明，以及对现有技术中实现与申请项目相同或相似效果的技术措施、技术手段，方法或方式进行说明，说明所申请专利的发明内容，所申请的项目与现有的技术有什么不同之处或者重要改进之处，以及对所申请项目的具体实施方式是什么进行详细解释。

说明书书写时根据需要可附摘要，摘要文字部分不得加标题，文字部分（包括标点符号）不得超过 300 个字。

3. 发明、实用新型的保护范围是权利要求书。权利要求书应当以说明书为依据，权利要求书中记载的是权利要求，权利要求记载的技术方案是请求保护的技术方案。按照性质划分，权利要求有两种基本类型：产品权利要求和方法权利要求，产品权利要求有物品、特质、材料、工具、装置、设备等，方法权利要求有制造方法、使用方法、通信方法、处理方法等。例如，一种水杯，其特征在于杯身及杯柄，这就是产品权利要求；一种制造水杯的方法，其特征在于制造杯身的步骤以及制造杯柄的步骤，这就是方法权利要求。

按照内容划分，权利要求有独立权利要求和从属权利要求，独立权利要求从整体上反映技术方案的必要技术特征，如果一项权利要求引用了另一项同类型权利要求且对该另一项权利要求的技术方案作了进一步的限定，则该权利要求为从属权利要求。例如一种水杯，其特征在于杯身及杯柄，这就是独立权利要求，如前述权利要求所述的一种水杯，其特征在于所述杯柄的形状是 U 形，这就是从属权利要求。

（二）外观设计专利

申请外观设计专利应当提交以下文件：外观设计专利请求书、外观设计图片或照片、外观设计简要说明。

外观设计的产品名称应当简短、准确地表明请求给予保护的产品，必要时应当写明对外观设计的简要说明。简要说明应当写明该外观设计的产品的设计要点、请求包含色彩、省略视图等情况。简要说明不得使用商业性宣传用语，也不能用来说明产品的性能。

1. 色彩要素的考量。在外观设计专利权申请中，一旦将色彩作为设计要点，意味着法律只保护这一种颜色，他人更换一种颜色就能很好地规避正在申请的专利。如果颜色在外观设计上起到了重要作用，那就需要考虑颜色，如包装盒。

图 3-9　包装套件

包装套件（红枣+鲜牛奶）外观设计专利申请（申请号 CN202430247881.1）的简要说明：

（1）本外观设计产品的名称：包装套件（红枣+鲜牛奶）。

（2）本外观设计产品的用途：本外观设计专利主要用于饮品外包装使用。

（3）本外观设计产品的设计要点：在于形状、图案与色彩的结合。

（4）最能表明设计要点的图片或照片：套件 1 立体图。

（5）请求保护的外观设计包含色彩。

（6）其他需要说明的情形套件说明：套件 1 为包装袋，套件 2 为包装箱，套件 3 为包装盒。

2. 图片或照片。当产品设计要点涉及六个面时应当提交六个面的正投影视图（主视图、后视图、左视图、右视图、俯视图和仰视图）；当产品设计要点仅涉及一个或两个面时可以仅提交所涉及面的正投影视图和立体图，如方巾。

图 3-10　几种方巾的式样

需提交正投影六面视图或照片及立体图，提交的图片或照片不得小于 3 厘米×8 厘米，不得大于 15 厘米×22 厘米，并应当保证图形缩小到 2/3 时，产品外观轮廓的各个细节仍能清晰可辨。同时请求包含色彩的外观设计专利申请应当提交彩色图片或照片一式两份。对于外观设计专利权申请提交的图片或照片要突出创新点，因为它直接影响着专利权的授予，实务中我们可以通过专利代理师的帮助来完成图片或照片的拍摄，以提升专利权授权的成功率。

3. 确定设计要点中的要素。在外观设计专利权申请中，形状、图案、花纹等都可以作为申请要素，即哪一部分有创新，就申请哪一部分，这样可以大大提升获得专利权的成功率。例如，不同样式的铁壶外观设计专利申请：

图 3-11：本外观设计产品的设计要点在于形状。

图 3-12：本外观设计产品的设计要点在于形状与图案的结合。

图 3-13：本外观设计产品的设计要点在于形状、图案与色彩的结合。

图 3-11　　　　　　图 3-12　　　　　　图 3-13

四、递交申请文件

1. 网上提交。申请人以电子文件形式申请专利的，应当事先办理电子申请用户注册手续，通过国家知识产权局专利电子申请系统向国家知识产权局提交申请文件及其他文件。

2. 当面提交。申请人以书面形式申请专利的，可以将申请文件及其他文件当面交到国家知识产权局的受理窗口或寄交至"国家知识产权局受理处"，也可以当面交到设在地方的国家知识产权局代办处的受理窗口或寄交至"国家知识产权局×××代办处"。

目前，国家知识产权局在北京、沈阳、济南、长沙、成都等城市设立了代办处。

3. 邮寄提交。采用纸件形式办理的，纸件申请文件也可通过邮局邮寄的方式寄交至国家知识产权局受理处或国家知识产权局×××代办处。

国家知识产权局邮寄地址：北京市海淀区蓟门桥西土城路 6 号，国家知识产权局受理处，邮政编码：100088。各地方知识产权业务受理窗口（专利代办处）邮寄地址，由国家知识产权局以公告形式公布。

4. 委托专利代理机构。申请人可委托专利代理机构完成专利申请工作。

五、申请日的确定

采用电子文件形式向国家知识产权局提交的专利申请及各种文件，以国家知识产权局专利电子申请系统收到电子文件之日为递交日。

向国家知识产权局受理处或者代办处窗口直接递交的专利申请，以收到日为申请日；通过邮局邮寄递交到国家知识产权局受理处或者代办处的专利申请，以信封上的寄出邮戳日为申请日，寄出的邮戳不清晰无法辨认的，以国家知识产权局受理处或者代办处收到日为申请日；通过速递公司递交到国家知识产权局受理处或者代办处的专利申请，以收到日为申请日；邮寄或者递交到国家知识产权局非受理部门或者个人的专利申请，其邮寄日或者递交日不具有确定申请日的效力，以受理处或者代办处实际收到日为申请日。

申请人收到专利申请受理通知书后，认为该通知书上记载的申请日与邮寄该申请文件日期不一致的，可以在递交专利申请文件之日起 2 个月内或者申请人收到专利申请受理通知书 1 个月内提出申请日更正请求，并附收寄专利申请文件的邮局出具的寄出日期的有效证明，该证明中注明的寄出挂号号码应与请求书中记录的挂号号码一致。挂号信的存根可以作为上述情况的有效证明。

六、缴纳申请费

申请人应当自申请之日起 2 个月内或在收到受理通知书之日起 15 日内缴纳申请费。缴纳申请费需写明相应的申请号及必要的缴费信息。

七、办理进度查询

在专利申请过程中，申请人可通过电话〔（010）62356655〕或当面咨询〔国家知识产权局业务受理大厅、地方知识产权业务受理窗口（专利代办处）〕的方式获取正在申请专利的进度。

八、办理结果

（一）予以受理

专利申请予以受理的，国家知识产权局分配申请号，并发出专利申请受理通知书以及缴纳申请费通知书，申请人可以依据《专利收费减缴办法》请求减缴专利费用。

（二）不予受理

专利申请文件出现《中华人民共和国专利法实施细则》（以下简称《专利法实施细则》）第44条规定的情形的，国家知识产权局发出不受理通知书，并说明不受理原因。申请人以电子形式提交专利申请的，国家知识产权局以电子形式向申请人送达不受理通知书。申请人以邮寄形式提交或窗口直接提交申请文件的，国家知识产权局以邮寄形式向申请人送达不受理通知书。

📖 技能达标 ▶

知识目标

1. 掌握专利申请原则；
2. 掌握专利申请文件的类型；
3. 熟悉专利申请文件的书写。

能力目标

1. 能完整地阅读一份专利申请文件；
2. 能理解专利申请文件中的法律要求；
3. 能完成外观设计的申请文件书写。

素养目标

明确专利申请的意义。

法律法规

岗位职责

岗位名称	职责描述
专利申请人及其工作人员	1. 确定专利权的申请类型。 2. 完成专利申请文件的书写。 3. 递交专利申请文件。
专利代理师	1. 受托撰写专利申请文件。 2. 代理递交专利申请文件。

知言知语 ★

我有两个梦。

第一个梦叫作禾下乘凉梦，梦见我这个试验田的水稻长得比高粱还高，穗子有扫帚那么长，籽粒有花生米那么大。我好高兴，我就坐在我的稻穗下乘凉。

第二个梦叫作杂交水稻覆盖全球梦。

——"杂交水稻之父"袁隆平

知权演练

延伸思考

南仁东：有一点瑕疵，都对不起国家！

任务四　办理专利审查

**任务描述**

本节任务是让学生掌握专利权不同客体的专利审查程序及内容，构建一个清晰的专利审查框架，设计有效的专利复审，掌握无效宣告程序中的应对方法，完成一个具体的专利申请模拟案例，提高学生分析问题、解决问题的能力。

经典案例

"运动鞋"外观设计专利权无效宣告请求案

一、基本案情

中国乔丹体育股份有限公司（下称专利权人）拥有名为"运动鞋"的外观设计专利（专利号：ZL201930327108.5，下称涉案专利），彪马欧洲公司（下称请求人）以涉案专利不符合《专利法》第23条第3款的规定为由提起无效宣告请求，主张涉案专利分别与请求人在先取得的7项商标专用权（G581191、G426712等）构成权利冲突，应全部被宣告无效。

二、争议焦点

该案中，请求人主要观点如下：涉案专利右视图所示鞋跟处灰色图案的设计（下称争议设计）呈现为由近向远无限延伸的跑道形，与在先商标的设计风格、构图及整体外观近似，鞋类产品侧面的图案易被关注，且在该位置设置商标是惯用设计手法，二者图案的高度近似极易使公众产生混淆；在先商标普遍与请求人的驰名商标组合使用，具有知名度和显著性，涉案专利刻意模仿在先系列商标的共性部分（跑道形设计），极可能被消费者识别为彪马系列商标之一，有"搭便车""傍名牌"的故意；专利权人的商标位于涉案专利并不显著的位置，容易被忽略；由于联名鞋上会同时出现两个代表不同商家的商标，涉案专利上即便有专利权人的商标，消费者也容易误认为是联名鞋。综上，涉案专利的实施容易误导相关公众，侵犯请求人的合法权益。

专利权人则认为，涉案专利在鞋后跟、鞋垫的显著位置均设有专利权人的商标，并未故意遮挡、弱化，主观上没有必要使用与专利权人无关的商标标志；请求人的对比方式是以在先商标为原型、对同类商品表面设计内容的刻意截取，争议设计是鞋面的补强设计，用于稳定后跟、防止崴脚而非起到商业标识作用，该设计整体为立体环绕设计，也并非跑道形，不会导致误认；联名商标需要授权，一定是在显眼的位置使用正确的商标样式，专利权人的商标在国内知名度很高，没有"搭便车""傍名牌"

的必要，作为请求人的直接竞争对手，专利权人没有必要在产品上使用请求人的商标，帮助请求人宣传其品牌。

　　本案的争议焦点为争议设计是否会令相关公众误认涉案专利的商品来源于在先商标权人（请求人）或与之具有商业合作关系。

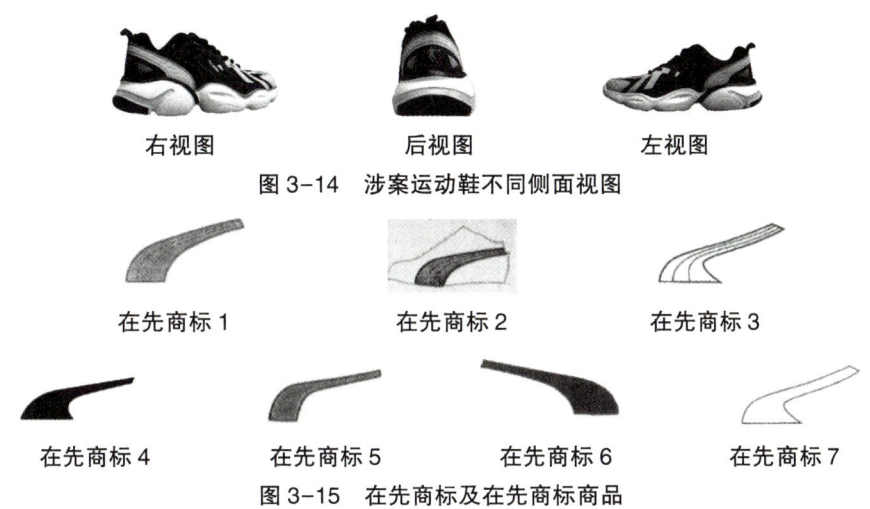

右视图　　　　　后视图　　　　　左视图
图 3-14　涉案运动鞋不同侧面视图

在先商标 1　　　在先商标 2　　　在先商标 3

在先商标 4　　　在先商标 5　　　在先商标 6　　　在先商标 7
图 3-15　在先商标及在先商标商品

思维导图

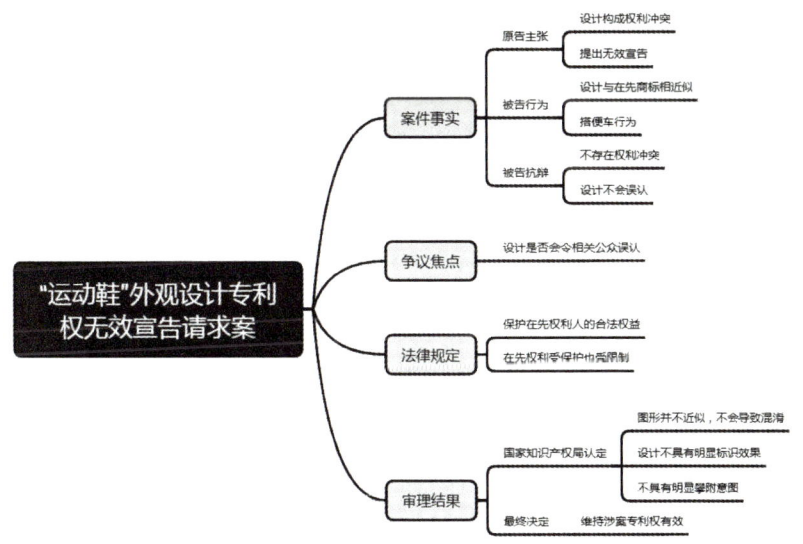

 **案例评析**

一、宣告专利权无效——权利冲突的解决

根据立法初衷和《专利审查指南》的相关规定，专利权与在先商标权相冲突的判定标准应当参照在先商标权侵权判定标准，即混淆可能性的判断（商标相同或相似的判断）。

在图形近似程度的判断基础上，通过综合考量专利权人的主观意图、行业惯例、消费者认知等因素，考察涉案专利对争议设计的使用是否起到发挥标识商品来源的作用，为商标权冲突的判定提供了审理指引。国家知识产权局作出的第563861号无效宣告请求审查决定指出，涉案专利的争议设计客观上没有达到识别商品来源的效果，是装饰性使用而非标识性使用，不会使相关公众将其与在先商标产生混淆。

国家知识产权局经审理作出第563861号无效宣告请求审查决定，维持涉案专利权有效。

二、混淆可能性的判断思路

1. 判断图形是否因近似导致混淆。涉案专利争议设计所在的图形整体为鞋跟的立体环绕设计，该设计自鞋跟一侧面的鞋底上端起始，向上弯曲延伸至鞋跟后端顶部，再向下弯曲延伸至鞋跟另一侧面的鞋底上端，整体上中段窄两端宽，近似斜置的马蹄形；该立体环绕设计的外轮廓由平滑曲线构成，内部有扁椭圆和短线状凹坑，凹坑的宽窄和方向随外轮廓走向而变化。在先商标为平面图形设计，以在先商标1为例，其自左下至右上弯曲延伸并逐渐变细，内部有两条虚线沿图形长边延伸，整体呈由近及远延伸的跑道形。二者图形相较，前者是半包围状态的立体图形，后者是平面图形，构图不同，整体外观不同，图形本身并不近似，不会因此导致混淆。

2. 本案争议设计属于鞋后跟立体环绕设计的一部分，请求人认可该部分是连续图案，但坚持仅以右视图看到的部分与在先商标进行对比，实质是认为争议设计在涉案专利右视图鞋跟处使用起到了标识商品来源的作用。因此，该案中混淆可能性判断中还应考量争议设计的使用方式是否起到了标识商品来源的作用，易使相关公众产生混淆。具体而言：

（1）涉案专利整体由白色鞋底、黑色鞋面以及灰黄蓝红色图案及线条组成，鞋面不同色彩的图案和线条前后呼应、相互穿插，整体呈现出多彩条纹设计风格，争议设计作为整体图案的一部分，与鞋头灰色图案前后呼应，并未突出使用。同时，涉案专利于鞋垫和鞋跟处突出使用了专利权人自有的图形商标，鞋跟处的商标标识位于争议设计下方且紧邻争议设计，鉴于上述位置是运动鞋最常见的商标设置位置之一，且专利权人自有商标在运动鞋类商品中也具有较高知名度，相关公众能够通过其突出使用的自有商标直接识别涉案专利商品来源，因此争议设计客观上没有达到识别商品来源的效果，并非标识性使用。

（2）请求人基于联名款的主张，认为涉案专利上使用了专利权人的自有商标并不

能排除争议设计被误认为彪马商标的可能。但是，基于联名商标的使用惯例，正规联名商品通常会使用正确的商标标识，并在广告宣传中明确联名商标的持有方。争议设计无论是整体还是请求人主张的局部均与在先商标不同，其与专利权人商标在鞋面的共存不属于联名商标的正常使用方式。请求人的主张实质是认为专利权人在使用自有商标的同时还存在对请求人品牌的攀附意图，但未提交专利权人进行了联名宣传以误导相关公众的证据。因此，相关公众不会仅仅因为鞋面上的争议设计和专利权自有商标图案共存就产生联名误认。

（3）关于请求人强调的在先商标知名度和显著性。该案双方当事人都是具有较高知名度的企业，而且是同品类竞争对手，因此不涉及不知名企业对知名企业商誉的攀附。请求人强调的显著性在于 7 项在先商标共性部分的跑道形表达，而所述显著性更多的是通过长期与请求人的驰名商标组合使用，并且在相对固定的位置范围内使用而逐步累积并增强的。结合在先商标的历史使用情况来看，其在鞋类商品上的显著性（也就是商业标识作用）强弱与使用位置相关。争议设计位于鞋跟处，而非在先商标的常见设置位置，其使用方式为环绕鞋跟立体设计而非在先商标常用的内侧或外侧面设计，二者图形差异较大，且于争议设计旁还有专利权人自有的、同样具有较高知名度的商标标识，由此不会令相关公众产生混淆。

三、典型意义

除了在外观设计专利上使用与在先商标完全相同的商标外，外观设计专利权与注册商标专用权是否相冲突的判断是混淆可能性的判断。以往涉及商标权利冲突的案件中，多数是直接以涉案专利中突出使用的标识与在先商标标识进行对比，因此，判断重点往往聚焦于图形近似的判断，但图形近似的判断只是混淆可能性判断的重要因素，不是唯一标准，对于复杂案件，需综合考虑混淆可能性的其他影响因素。例如，本案在图形近似的判断之外，综合考量了争议设计的使用方式、行业惯例、消费者认知等因素，以得出审查结论。因此，当事人在同类案件中可以就混淆可能性的综合考量因素多方面积极举证和说理，而不必局限于图形近似的争论。

《专利法》第 23 条第 3 款的设立初衷是保护在先权利人的合法权益，但基于利益平衡原则，在先权利受保护的同时也受限制。商标的本质是区分商品或服务来源，这就意味着运动鞋鞋面上不起商标标识作用的设计不属于商标专用权排除的范围。因此，对在先商标权人的合法权益予以保护的同时，不能通过扩张性解释将外观设计中正当使用的图形纳入在先商标权保护范围。

知识归档

一、发明专利审查

（一）审查程序

依据《专利法》，发明专利采用"早期公开、延迟审查"制，审批程序包括受理、初步审查、公布、实质审查以及授权五个阶段。

1. 受理阶段：申请人提出专利申请，专利局受理后分配申请日和申请号，申请人缴纳申请费后，专利局对专利案件分类，进入初审阶段。

2. 初步审查阶段：对专利申请是否符合《专利法》及其实施细则规定的形式要求以及明显的实质性缺陷进行审查。发明专利申请从发出初审合格通知书起进入公布阶段。

3. 公布阶段：发明专利申请初审合格后，专利申请自申请日起满 18 个月自动公开，申请人可主动请求提前公开。若存在缺陷，审查员将下发补正通知书，申请人在规定期限内完成补正的答复提交。

4. 实质审查阶段：专利案件公布后进入实质审查阶段，此阶段需要申请人在申请日起 3 年内主动提出实质审查请求，或由专利局依职权启动，否则专利将被视为撤回。审查员将对发明专利的新颖性、创造性、实用性进行全面审查，发明专利申请经实质审查未发现驳回理由的，由审查员作出授权通知。

5. 授权阶段：实质审查通过后，专利局下发授权通知书，专利权自公告之日起生效。

（二）申请文件的修改

发明专利申请人在提出实质审查请求时以及在收到专利局发出的发明专利申请进入实质审查阶段通知书之日起 3 个月内，可以主动对发明专利申请提出修改。

（三）实质审查内容

1. 实用性。技术方案需可实际应用于产业，在专利审查程序中，实用性的审查判断相对比较简单。因此，在审查程序上最先审查实用性。实用性意味着获得专利的发明创造必须能够在实际中得到应用。对于产品发明而言，表现为能够制造或者使用；对于方法发明而言，表现为方法的可实施性。只有具备实用性的发明创造才有可能进一步接受新颖性和创造性的审查。

2. 新颖性。在专利法上，新颖性的核心是"新"，而"新"是体现在技术上的，它是以现有技术为参照。新颖性的判断实质就是判断一项技术在某一特定时间之前是否已经被公开，并被公众所知。如果被公开则该发明创造丧失新颖性，不能被授予专利。

公开的方式有三种：其一，以出版物方式公开。这是最为普遍的一种公开方式，它的载体多样化，例如：报纸，书籍，科技刊物，产品样本，可以记录声、光、电、磁信号的载体等。其二，以使用演示方式公开。即申请人在申请专利之前在公开场合进行演示，公众通过其演示可以清楚地了解其新发明创造的技术特征。其三，以其他方式公开。包括口头、广播电台或电视台、电子网络等传播方式。

3. 创造性。创造性的判断是判断发明创造是否具有突出的实质性特点，判断发明创造是否具有显著的进步，考虑发明所属技术领域、所解决的技术问题和所产生的技术效果。

二、实用新型专利审查

（一）审查程序

依据《专利法》，实用新型专利采用"形式审查"制，审批程序包括受理、初步审查和授权三个阶段。

1. 受理阶段：申请人提出专利申请，专利局受理并分配申请日和申请号，申请人缴纳申请费后，专利进入初步审查阶段。

2. 初步审查阶段：主要检查申请文件是否齐全以及文件形式是否符合法定要求。如果审查员对申请文件中的形式问题发出补正通知书，申请人应针对该通知书作出补正。如果存在不属于实用新型专利保护的客体的，审查员将发出审查意见通知书，申请人针对该审查意见通知书进行答复或者对申请文件进行修改。

3. 授权阶段：通过初步审查后直接授权，专利权自公告之日起生效。

（二）申请文件的修改

实用新型专利申请人自申请之日起2个月内，可以对实用新型专利申请主动提出修改。

（三）审查内容

实用新型专利不进行实质审查，因其对创造性要求较低，可以靠授权后的监督程序来补救。近年来，为了提高实用新型专利的质量，审查员在初步审查中会审查新颖性，如果明显不具备新颖性的则驳回申请。

三、外观设计专利审查

（一）审查程序

依据《专利法》，外观设计专利采用"形式审查"制，审批程序包括受理、初步审查和授权三个阶段。

1. 受理阶段：申请人提出专利申请，专利局受理并分配申请日和申请号，申请人缴纳申请费后，专利进入初步审查阶段。

2. 初步审查阶段：专利局对申请文件的形式问题进行审查，并审查设计的新颖性、独特性，必要时可能下发补正通知书，申请人需要根据通知书及时补正。

3. 授权阶段：通过初步审查后直接授权，专利权自公告之日起生效。

（二）申请文件的修改

外观设计专利申请人自申请之日起2个月内，可以对外观设计专利申请主动提出修改。

（三）审查内容

外观设计专利不进行实质审查，实务中依靠授权后的监督程序来补救。审查员在初步审查中会审查新颖性，判断与现有设计相比是否具有较大的差异性和独特性。

四、专利审查结论

国家知识产权局对专利申请审查的结论有两种，即驳回专利申请和授予专利权。

（一）驳回专利申请

专利申请人对国家知识产权局驳回申请的决定不服的，可以自收到通知书之日起3

个月内，向国家知识产权局专利复审委员会请求复审。为了支持复审理由或者消除申请文件中的缺陷，申请人在请求复审时，可以附有关证明文件或资料，也可以对申请文件进行修改，修改应当仅限于消除驳回决定指出的缺陷。复审请求应当由全体申请人共同提出。复审请求还应当缴纳复审费。申请人对复审决定不服的，可以自收到通知之日起 3 个月内向人民法院起诉。

（二）授予专利权

发明专利申请经实质审查没有发现驳回理由的，由国务院专利行政部门作出授予发明专利权的决定，发给发明专利证书，同时予以登记和公告。发明专利权自公告之日起生效。

实用新型专利和外观设计专利申请经初步审查没有发现驳回理由的，由国务院专利行政部门作出授予实用新型专利权或者外观设计专利权的决定，发给相应的专利证书，同时予以登记和公告。实用新型专利权和外观设计专利权自公告之日起生效。

五、专利申请、审查流程图

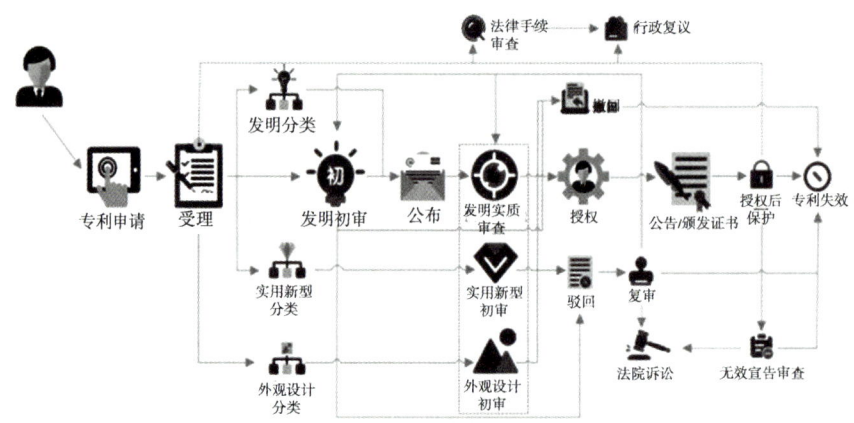

图 3-16   专利申请和审查流程图

六、请求宣告专利权无效

专利申请自公告授权之日起，任何单位或个人认为该专利权的授予不符合《专利法》有关规定的，可以请求专利复审委员会宣告该专利权无效。请求宣告专利权无效或者部分无效的，应当按规定缴纳无效宣告请求费，提交无效宣告请求书和必要的证据，无效宣告请求应当结合提交的所有证据，具体说明无效宣告请求的理由，并指明每项理由所依据的证据。请求人未具体说明无效宣告理由，或者提交证据但未结合提交的所有证据具体说明无效宣告理由，或者未指明每项理由所依据证据的，其无效宣告请求不予受理。

任何一方当事人对专利的无效宣告请求审查决定不服的，可以自收到通知之日起 3 个月内向人民法院起诉。宣告专利权无效的审查决定发生法律效力后，由专利局予以登记和公告。宣告无效的专利权视为自始不存在。

七、专利审查的作用

专利审查作为专利申请程序中至关重要的一环，扮演着筛选、保护和推动创新的角色。

专利审查有助于保护知识产权，通过审查程序，可以筛选出符合《专利法》规定的、具有创新和实用性的专利申请，从而确保知识产权的合法性和稳定性。专利审查也有助于推动技术创新，通过对专利申请的审查，可以促进相关领域的技术交流和创新合作，推动技术成果的转化和应用。除此之外，专利审查还可以对专利技术的合法性和有效性进行评估，避免在技术实施过程中出现侵权和纠纷，保障市场秩序和公平竞争。同时，专利审查对于加强国际的专利保护和合作具有重要意义，有助于构建完善的国际知识产权保护体系，促进全球创新资源的共享和合作。

 技能达标 ▶

知识目标

1. 掌握发明专利审查程序；
2. 掌握实用新型专利审查程序；
3. 熟悉外观设计专利审查程序。

能力目标

1. 能理解专利审查内容的差异性；
2. 能理解专利无效宣告的解决对策。

素养目标

明确专利无效宣告的意义。

 **法律法规** -

岗位职责

岗位名称	职责描述
专利权权利人	1. 答复审查意见。 2. 修改专利申请文件。 3. 缴纳费用。 4. 维护专利权。
专利代理师	1. 专利申请、答复补正和审查意见。 2. 参与复审、无效及诉讼等事宜。 3. 提供专利咨询服务。
律师	1. 代理专利申请、专利复审和专利权无效申请。 2. 代理专利侵权诉讼、专利无效诉讼等。 3. 提供专利侵权分析和法律咨询。

专利制度就是给天才之火浇上利益之油。

——亚伯拉罕·林肯

知权演练

延伸思考

专利优先审查管理办法。

任务五　设计专利布局

任务描述

　　本节任务旨在让学生深入了解外观设计专利布局的基础知识，构建一个清晰的外观设计专利布局思维框架，设计一套有效的外观设计专利布局策略，学习一个具体的外观设计专利布局实践案例，掌握外观设计专利布局的基本概念和方法，提升学生在外观设计专利布局实操方面的能力。

经典案例

蓝牙耳机外观设计专利申请布局

一、产品分析

　　专利号为 ZL201730220516.1、专利名"蓝牙耳机"的外观设计专利申请案。该产品为左右耳一起成对配合使用的蓝牙耳机产品，洛迦诺分类号为 14-01。

　　通过分析该产品形态可知该蓝牙耳机在使用时分别佩戴在左右耳上，在使用前需要用专用的充电仓进行充电，销售时耳机本体与充电仓一起进行销售。充电仓与耳机配合部分的内凹形状与耳机的凸起形状相匹配，其余部分则形态多变。在进行申请前的检索，确认了该耳机本体相较于现有设计具有明显区别，可以申请专利。

二、如何申请专利

　　对于左右耳机本体和充电仓这三个部件，我们应考虑是单独申请还是作为组件或套件进行申请。为了获得最大的保护范围并节约企业资源，我们需要分析并确定正确的申请策略。

　　1. 现有设计检索。在申请专利之前，必须对各个部件进行详尽的现有设计检索，以评估现有技术的状况，并确保所提出的创新点具有新颖性和非显而易见性。在确定了现有设计状况后才能继续下一步的申请步骤。针对本申请案的左右蓝牙耳机本体和充电仓，在检索后确定了蓝牙耳机本体相较于现有设计具有明显的区别，而充电仓除了与蓝牙耳机本体配合的内凹设计具有独创的设计要点外，充电仓本体相较于现有设计并没有明显的区别，并且充电仓在保证与蓝牙耳机本体配合的部分不变的情况下可以大幅修改其他部分的形状以使其与本案拟申请专利构成显著的区别，即充电仓为易于规避的设计方案。

　　2. 确定申请方案。根据前述组件和套件产品外观设计专利的定义和规定，本申请案中的蓝牙耳机本体和充电仓由于并不属于同一大类，所以显然不能作为套件产品专利进行申请。在申请组件产品专利时，必须满足特定条件。然而，深入分析可知，若将产品作为组件产品专利申请，在后续侵权比对过程中，侵权产品必须在蓝牙耳机本体、充电仓以及两者配合使用的形态上与专利产品完全相同或实质上相同，才构成侵权。而充电仓只需要保证与耳机配合的部分完全一致，其他部分可以进行大幅的调整修改以规避侵权风险，因此，将蓝牙耳机本体和充电仓合并作为组件专利进行申请，在本申请案中并不适宜。

此外，鉴于蓝牙耳机本体分为左耳与右耳两部分，且在使用时需成对配合，因此，将左右耳蓝牙耳机作为组件产品专利申请，能够获取合理的保护范围。基于检索确定充电仓与现有设计相比并不具有明显区别，且充电仓又易于规避，所以不对充电仓进行专利保护。将整个产品的保护重心落在蓝牙耳机本体上。

3. 增加相似设计。应该善用相似外观设计的规定。对于其他与本申请案的蓝牙耳机本体具有相同或者相似的设计特征的蓝牙耳机本体进行相似外观设计产品专利申请，这样可以通过一个专利申请保护相似的多个外观设计，最大化地拓展外观设计专利的保护范围。

思维导图

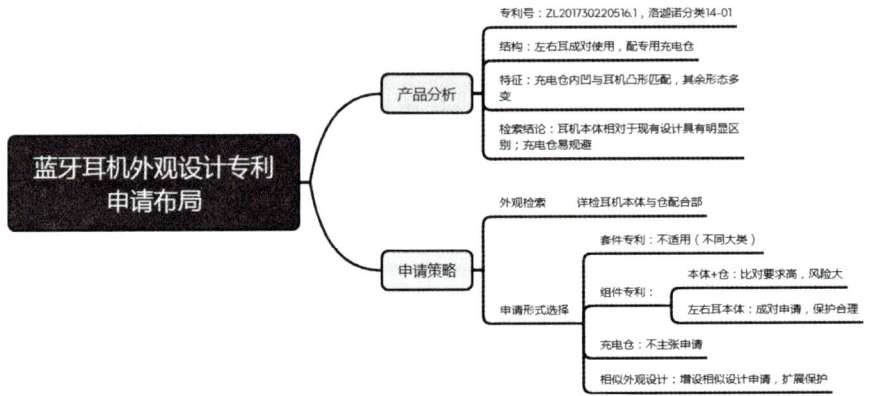

案例评析

根据案例中"蓝牙耳机"的外观设计专利申请布局，评议点如下：

一、深入分析与现有设计检索的重要性

本案例清晰地展示了专利布局前对产品的深入分析与现有设计检索的重要性。通过检索，确定了耳机本体相较现有设计具备明显区别，具有专利申请的可行性；而充电仓设计则容易被规避，并无明显区别，不适合进行专利保护。这体现了专利布局过程中对于产品组成部分的理性分析和资源的合理分配。

二、组件与套件产品的区别与策略选择

本案例深入地分析了组件与套件产品在申请专利时的区别及策略选择，明确了蓝牙耳机本体与充电仓不属于同一大类，不能作为套件进行申请。同时，结合组件产品专利的侵权判定标准，清楚指出将耳机本体与充电仓合并作为组件产品申请存在明显的侵权规避风险。因此，最终确定将左右耳蓝牙耳机本体作为组件产品进行申请，专利布局更具针对性和保护性。

三、相似外观设计规则的合理应用

案例强调了相似外观设计规则的合理应用，将具有相同或相似设计特征的蓝牙耳机本体设计一并打包申请，以扩大专利保护范围。这体现了外观设计专利布局中的实操性策略，可以最大化专利的保护效益。

知识归档

一、基本概念

（一）外观专利

外观设计专利是指对产品的形状、图案、色彩或者其结合所作出的富有美感并适于工业应用的新设计。与发明专利和实用新型专利不同，外观设计专利主要保护产品的外观特征，而不是技术功能或结构。此类专利在知识产权体系中占据举足轻重的地位，它既能有效保护设计者的创意劳动成果，又能赋予企业独特的市场竞争优势。

（二）专利布局

专利布局是指企业或个人为了在特定技术领域获得竞争优势，通过有策略地申请和管理专利，构建一个全面、系统的专利组合。其目的在于保护核心技术不被侵犯，防止竞争对手模仿，巩固并提升市场地位，同时为未来技术开发和商业化进程提供坚实的保障。

实施外观设计专利布局可以保护产品外观独创性设计，防止他人抄袭；增强市场竞争力，凭借独特的外观设计，进一步提升产品在市场中的吸引力；构建坚实的竞争壁垒，通过形成多样化的外观设计专利组合，加大竞争对手模仿的难度；支持品牌建设：通过独特的外观设计强化品牌形象和识别度；促进产品多样化：通过外观设计专利布局支持产品线的多样化发展。

（三）相似外观设计产品

相似外观设计产品指的是由两项或更多项名称、类别相同且用途一致，同时拥有相同或相似设计特征的产品所构成的一项外观设计。依照《专利法》第 31 条第 2 款、《专利法实施细则》第 35 条第 1 款和《专利审查指南》（2023 年版）的规定，相似外观设计产品中的其他外观设计，应该和简要说明中指定的基本设计相似，即各项外观设计均应该与基本设计进行对比确定是否具有相同或者相似的设计特征。在侵权比对时，只要有与其中一项设计相同或者实质相同的产品就构成侵权。

（四）组件产品

组件产品指的是由多个构件相结合而构成的一件产品，这些构件可能无组装关系，也可能组装关系唯一，或者不唯一。根据其定义可以看出，组件产品的各个构件之间要具有形态构成上或使用过程中紧密的联系，结合在一起才能实现产品的用途。如果只是将多个物品任意组合或摆放在一起，则不能作为组件产品申请专利。对于组件产品专利申请视图的提交，《专利审查指南》（2023 年版）也进行了规定。对于组装关系唯一的组件产品，应当提交组合状态的产品视图；对于无组装关系或者组装关系不唯一的组件产品，应当提交各构件的视图。根据《最高人民法院关于审理侵犯专利权纠纷案件应用法律若干问题的解释（二）》第 16 条的规定，对于组装关系唯一的组件产品的外观设计专利，被诉侵权设计与其组合状态下的外观设计相同或者近似的，人民法院应当认定被诉侵权设计落入专利权的保护范围。对于各构件之间无组装关系或者组装关系不唯一的组件产品的外观设计专利，被诉侵权设计与其全部单个构件的外观设计均相同或者近似的，人民法院应当认定被诉侵权设计落入专利权的保护范围；被诉侵权设计缺少其单个构件的外观设计或者与之不相同也不近似的，人民法院应当认定被诉侵权设计未落入专利权的保护范围。

（五）套件产品

两件以上（含两件）属于同一大类、各自独立的产品组成，各产品的设计构思相同，其中每一件产品具有独立的使用价值，而各件产品组合在一起又能体现出其组合使用价值的产品为套件产品。套件产品的认定需严格遵循以下条件：所有产品须归属同一大类，需成套出售或使用，且设计构思需保持一致。任何一项条件的缺失，均导致多件产品无法合并作为套件申请专利。

根据《最高人民法院关于审理侵犯专利权纠纷案件应用法律若干问题的解释》第 8 条的规定，对于成套产品的外观设计专利，若被诉侵权设计与授权外观设计相同或者近似，人民法院应当认定该侵权设计落入《专利法》第 59 条第 2 款规定的外观设计专利权的保护范围。根据上述司法解释，套件产品的保护范围是由每一件产品来确定的，只要有与本专利产品相同或者实质相同的产品就构成侵权。

二、保护现状

中国作为全球制造业和创新的重要力量，近年来在外观设计专利领域取得了显著进展。根据国家知识产权局的数据，中国的外观设计专利申请量和授权量连续多年位居世界前列，如 2023 年 1 月–10 月外观设计专利授权量达到 53.5 万件。这不仅反映了中国企业对知识产权保护的重视，也展示了中国企业在设计创新方面的强大潜力。

然而，尽管中国在外观设计专利方面取得了显著成就，但仍面临诸多挑战。诸如专利申请与审查流程的繁复性、专利侵权事件的频发态势、外观设计专利侵权判定标准的错综复杂，以及国际市场竞争的日益白热化，均对中国企业的外观设计专利布局构成了严峻挑战。因此，深入研究中国外观设计专利的现状、挑战及未来发展方向，对于提升中国企业的创新能力和市场竞争力具有重要意义。

三、外观设计专利的特点

外观设计专利的特点主要体现在以下几个方面：首先，它强调外观设计的美感和新颖性。申请外观设计专利的产品必须具有独特的外观特征，能够吸引消费者的注意。其次，外观设计专利的保护范围相对较窄，主要集中在产品的外观设计上，而不涉及产品的内部结构或技术原理。最后，外观设计专利的审查周期相对较短，授权速度较快，这使得企业能够迅速获得法律保护，防止他人模仿和侵权。

四、外观设计专利布局的基本思路

外观设计专利布局的一般策略需要根据具体产品的外观设计特点、现有设计的情况以及产品的销售流转流程来进行确定。针对不同的产品形态，会有不同的针对性布局方式。在着手进行产品的外观设计专利布局之前，需明确现有设计状况，即那些申请日之前在国内外已被公众所知晓的设计。通过检索可以大致确定现有设计的具体情况并可以初步判断拟申请外观设计专利相较于现有设计是否符合《专利法》第23条第1款和第2款的规定。即拟申请外观设计专利不属于现有设计；也没有任何单位或者个人就同样的外观设计在申请日以前向国务院专利行政部门提出过申请，并记载在申请日以后公告的专利文件中。同时，拟申请的外观设计专利与现有设计或者现有设计特征的组合相比具有明显区别。通过比对现有设计，能够明确拟申请设计方案的核心要点，并对这些具有独创性的要点进行专利布局，以获得更佳的保护效果。如果一个产品具有多项相似的外观设计的，则可以将多项相似的外观设计作为一件申请提出的，对该产品的其他设计应当与简要说明中指定的基本设计相似。将同一类别并且成套出售或者使用的产品的两项以上外观设计作为一件专利进行申请。

五、外观设计专利布局策略

1. 现有设计检索。在正式提交专利申请前，必须进行详细的现有设计检索工作。这一关键步骤不仅有助于所提交的外观设计方案的设计要点得到充分考虑，而且有助于提高通过初步审查的可能性。专利检索的重要性在于，它能够帮助发明人避免重复已有的发明，确保创新性，并为撰写高质量的专利申请文件提供必要的信息，从而提高专利授权的概率。

2. 组件与套件产品的区分与策略选择。根据案例描述，蓝牙耳机本体与充电仓之间存在一定的关系，但并不符合同一大类的标准（即不属于同一"大类"），因此不能作为套件产品来申请专利。但是它们可以被视为具有组装关系的组件产品。

3. 组件产品的具体应用策略。对于左耳和右耳蓝牙耳机本体，由于其在使用中是成对配合的，并且设计上也存在一定的关联性，故可以考虑作为组件产品进行专利申请。这样做的好处是可以更全面地保护整个设备的设计特征。

4. 避免过度依赖充电仓设计。根据分析结果，充电仓部分并不具备显著的独特性，且容易被规避。因此，不建议将其单独或者与耳机本体合并在一起作为组件产品来申请专利。

5. 利用相似外观设计的规定。为了扩大保护范围，节约企业资源，可以利用"相似外观设计"的规定对左右耳蓝牙耳机进行组合申请。也就是说，可以将拥有相似设计元素的多个方案整合至同一专利申请内，从而广泛涵盖各种可能的设计变种。

　　综上所述，对于本案例中的蓝牙耳机产品而言，最佳策略是将左、右耳蓝牙耳机作为组件产品进行专利保护。建议不对充电仓进行单独或合并的专利申请，以此减少资源浪费并避免增加不必要的复杂性。利用"相似外观设计"的规定来最大化地拓展外观设计的保护范围。这样的布局不仅能有效维护企业的合法权益，同时也符合经济高效的原则。

 技能达标 ▶

知识目标

1. 掌握在申请专利前进行现有设计的检索和评估；
2. 学会区分组件产品和套件产品，并根据具体情况制定合适的专利申请策略；
3. 掌握如何利用"相似外观设计"来拓展保护范围并节约资源。

能力目标

1. 掌握如何将组件产品进行专利申请以达到最大化保护范围；
2. 识别哪些部分容易被规避或不具备独特性，避免资源浪费；
3. 根据产品特性和市场需求，制定经济高效的专利保护策略。

素养目标

1. 树立外观专利布局的意识；
2. 明确外观专利布局的重要意义。

法律法规 -

岗位职责

岗位名称	职责描述
专利律师	1. 法律策略制定。 2. 侵权风险管控。 3. 商业转化支持。
专利代理师	1. 专利申请文件撰写。 2. 审查意见答复与流程管理。 3. 辅助布局优化。
企业专利工程师	1. 技术挖掘与交底书准备。 2. 专利检索与竞争监控。 3. 内部体系搭建。

知言知语

世界未来的竞争，就是知识产权的竞争。

——第十七届中共中央政治局常委、国务院原总理温家宝

知权演练

延伸思考

当前企业普遍进行全球化经营，产品常涉及多个国家或地区的市场。请思考：外观设计专利在国际布局中需要考虑哪些因素？

任务六　策划专利运营

任务描述

本节任务旨在让学生系统掌握专利运营的基础知识，深入理解专利运营在企业知识产权战略中的定位与价值。通过分析专利运营的经典实践案例，从实际出发，设计一套适用于企业的专利运营方案，增强学生在专利运营规划与实践中的应用能力，培养具有实操性的专利运营管理技能。

经典案例

麦克风音箱一体设备技术方案

一、案例背景

卡拉 OK 技术及应用非常广泛而成熟，但便携式的简化设备不多，个体化的卡拉 OK 产品更是极少。而现有各种麦克风包括自带卡拉 OK 混响功能的麦克风应用广泛，但通常只是作为单麦克风产品，需要外接音箱或其他设备配合才能使用。因为音箱会随着声音产生和声音频率相同的振动，当麦克风和音箱为一体或者紧紧靠近时，从麦克风输入的声音经音箱放大后又经外壳传递到麦克风。这时麦克风再次将这一相同频率的声音输入并再次放大，经过多次反复放大。于是产生强烈的自反馈效应，即自激效应。这时音箱里便发出持续的、不断加强的相同频率的声音（俗称啸叫），完全破坏了正常的使用。当然，也有一些设计将声音的频率进行变化处理，使输入的声音频率或者频相与输出的频率或频相不一样，从而避免啸叫的发生；或者通过实际运用或计算，去除一些特定的频点等，以避免啸叫等。但这些方法都使声音严重失真，无法达到良好的音质要求。因此，在不改变甚至提升音质的条件下，使麦克风和音箱合二为一，做到既便携小巧，又具有卡拉 OK 效果，让人们可以随时随地享受歌唱，享受音乐带来的乐趣，成为许多人的梦想。

深圳 TE 科技有限公司经过多年的技术研发和不断地改进，在 2016 年成功研发了一种麦克风音箱一体设备。这个技术方案打破了不能将拾音装置与发声装置集成在一起的技术偏见，形成了一种全新的革命性产品。这种产品解决了现有的麦克风和音箱必须分体设置以克服啸叫的技术问题，提供了一种便携性极高的 K 歌电子产品。该技术方案为：首先，由于音腔内安装有两个或多个对称设置的喇叭，使得两个或多个喇叭发出的声音振动能够相互抵消，起到消震的作用，避免振动传递至咪头。其次，咪头的轴线与两个喇叭或多个喇叭的中心线之间的距离在 0 毫米~20 毫米范围内，可以有效抑制啸叫的发生。最后，咪头支架采用软质材料制成，可以有效地减缓声音的振动，极大地抑制喇叭产生的声音振动传递到咪头上。

二、问题分析

1. 价值实现：如何将专利技术转化为实际收益？结合以上技术方案的特点，可以判定将其以专利的形式进行保护是较优的解决方案。对于以上技术方案进行分解后可以将其以多个专利申请进行保护。从保护力度来考虑，应该将技术方案拆解成为较小的可分别实现其技术目标的可实施单元。这样可以实现从各个角度的全方位保护。在专利申请完成后，可以通过专利授权和专利维权来转化收益。

2. 成本控制：如何降低技术研发和专利维护的成本？在前期已经投入人力物力进行技术研发并且后续申请专利后也需要投入资金维持专利的情况下，后期的专利维权收益可以补足前期的技术研发投入以及专利维持的成本支出。考虑到申请更多专利需要投入更多的申请成本以及维持成本，合理确定申请的技术主题以及专利类型，能够保证以最合适的投入成本获得较大的竞争优势。

最终确定同日申请发明专利和实用新型专利，基于实用新型专利从申请到授权所花时间较短，可以让核心技术方案尽快获得专利保护。同时考虑到该技术方案的创造性较高，所以同时申请发明专利不仅能够证明技术方案本身的原创性，同时也能够获得较长的保护时间。对于整体方案中的关键组成部件——咪头支架，同时还申请了外观设计专利。

三、解决方案

1. 技术许可。由于该技术方案所形成的产品解决了市场需求中的技术痛点，所以大受市场欢迎。许多公司都开始生产、销售和许诺销售使用了专利技术的麦克风产品。专利权人通过自有生产工厂生产专利产品并提供给各个销售商，再让销售商分销专利产品。对于销售侵权产品的公司，专利权人要求除了需要承担销售侵权产品的侵权责任以外，后续如果还要继续销售，需要从专利权人处取得专利产品。对于其他生产商，专利权人也提供授权许可，在获得授权许可后，其他生产商可以生产专利产品。

2. 交叉许可。北京市 CB 科技股份有限公司在专利产品的设计上进行了创新，设计出了一款深受消费者喜欢的麦克风产品，而专利权人也想生产和销售该创新设计的产品。因此，专利权人以实用新型专利与北京市 CB 科技股份有限公司进行谈判，最终双方达成了交叉授权许可协议。专利权人授权北京市 CB 科技股份有限公司及其关联方使用实用新型专利技术方案，北京市 CB 科技股份有限公司授权专利权人使用其具有创新设计的外观设计专利。

3. 诉讼维权。对未经专利权人许可而使用其专利的侵权企业提起诉讼，以维护自身合法权益。专利授权后，专利权人一边收集证据起诉，一边在网络平台进行投诉，以维护自己的合法权益。对于被告知后仍然继续实施侵权行为以及重复实施侵权行为的侵权方，专利权人可委托律师积极维权。

四、结果

通过以上策略，该企业在麦克风音箱一体设备领域实现了技术竞争优势，并获得了可观的经济收益。同时，交叉许可的方式也降低了企业的研发成本，提高了企业的整体竞争力。

思维导图

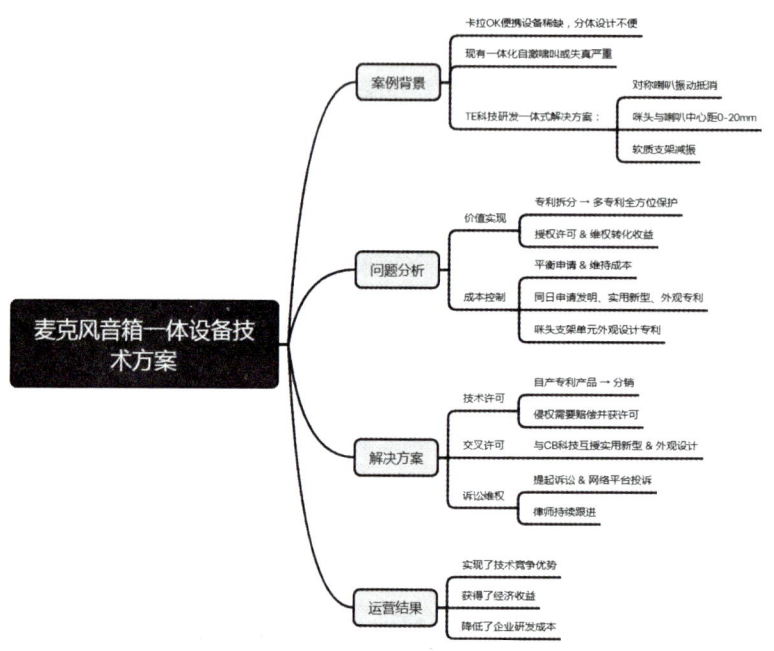

案例评析

根据案例中"麦克风音箱一体设备技术方案"的专利运营，评议点如下：

一、技术与专利保护的有机结合

本案例明确了技术研发成果必须进行专利布局，通过分层次、多维度的专利申请（包括发明专利、实用新型专利、外观设计专利）进行保护。这种策略有效提高了专利保护的全面性，避免了竞争对手通过局部仿制来规避侵权风险。

二、综合运用多种专利战略

案例中所采用的专利保护策略，包括技术许可、交叉许可、诉讼维权等多种方式，体现出专利战略运用的灵活性与全面性。尤其是交叉许可策略，有效地实现了资源共享，降低了企业的研发成本，提升了企业在市场上的竞争优势。

知识归档

一、基本概念

专利运营是指围绕企业的技术创新成果，通过合理规划、申请、布局、维护和运用专利，实现技术竞争优势、市场控制以及经济收益最大化的过程。其核心在于将专利作为企业战略资源进行管理，以服务于企业的长期发展目标。具体来说，专利运营包括以下几个关键环节：

1. 专利布局。根据企业的技术研发方向和市场需求，合理规划专利申请的范围和策略。

2. 专利申请与维护。确保专利申请的质量，并在授权后按时缴纳年费，维持专利的有效性。

3. 专利价值的实现。通过技术许可、转让或诉讼等方式实现专利的价值；定期监测市场上可能侵犯企业专利权的行为；制定应对措施，包括法律诉讼和谈判协商。

4. 风险防控。评估潜在的侵权风险，制定应对策略，避免因专利纠纷对企业造成负面影响。

二、策划专利运营的关键

策划专利运营的关键在于科学的专利布局和技术价值的最大化。企业需要根据自身的技术特点和市场定位，制定相应的策略，确保在技术研发和市场竞争中占据优势地位。

📖 技能达标 ▶

知识目标

1. 掌握专利布局的基本概念、目标及规划方法；

2. 熟悉不同类型专利的定义、特点及适用条件。

能力目标

1. 对关键技术方案进行分解，将技术方案拆分为各个具有独立创造性的技术单元；

2. 能够根据技术方案的创新程度及保护时效要求，灵活选择同日申请发明专利与实用新型专利的策略；

3. 能够根据不同保护主题，选取合适的专利申请类型，实现交叉保护，形成全方位、多角度的专利保护体系。

素养目标

1. 树立策划专利运营的意识；

2. 明确策划专利运营的重要意义。

法律法规

岗位职责

岗位名称	职责描述
专利运营专员	1. 专利许可/转让谈判。 2. 专利库维护。 3. 资产盘点与评估。 4. 专利布局与诉讼支持。
专利工程师	1. 研发方案分析。 2. 专利申请策略制定。 3. 专利管理与维护。 4. 风险评估与控制。

知言知语

不掌握自主知识产权，就谈不上真正的自主创新。而核心专利是自主创新的脊梁，一项核心专利可以成就一个企业，形成一个产业。

——华为技术有限公司副总裁、首席法务官宋柳平

知权演练

近年来，人工智能技术迅猛发展，大量专利申请涌现，专利运营的方式也在发生深刻变化。请思考：

1. 人工智能技术的快速迭代对专利运营的影响有哪些？

2. 企业应如何在人工智能技术领域进行专利布局与运营规划，以确保技术优势并规避潜在风险？

任务七　处理专利纠纷

任务描述

本节任务是让学生掌握处理专利纠纷的基本方法与流程，构建一个清晰的专利纠纷处理思维框架，设计一个系统的专利侵权比对与应对策略，学习一个专利侵权纠纷的案例，提升学生分析专利争议、解决实际问题和跨专业协作的能力，增强其在企业知识产权管理、专利代理、技术成果转化等岗位的实战应用水平。

经典案例

实用新型专利侵权维权[1]

一、基本案情

被告三作为在唱吧拥有百万粉丝的网红歌手，利用自带流量的属性，通过架构的庞大微商销售网络来变现自己的流量，被告三与被诉侵权产品专业生产工厂的合作，从事生产、销售和许诺销售侵犯专利权人实用新型专利权的行为。被告三架构了股东、官方合伙人、董事、副总和经销商一共五个层级的微商销售管理体系，通过不同的微信群来管理所有层级的微商团队成员，销售被诉侵权产品。

二、维权经过

1. 侵权责任类型划分。本案一共有五个被告，需要分析各个被告侵权行为的性质及需要承担的法律责任。首先，根据被诉侵权产品上的制造商信息，可以确定被告一实施了制造被诉侵权产品的侵权行为。其次，被诉侵权产品上所使用的商标是由被告二注册，并且被告二的法人和股东同时也是被告一的股东之一，被告一的工商注册地又位于被告二的工业区内，所以可以主张被告二也实施了制造被诉侵权产品的侵权行为。再次，被诉侵权产品上还有被告三的肖像以及签名，同时还注明有被告三定制款

---

[1]　（2021）最高法知民终 1030 号。

的字样，所以被告三作为个人也实施了制造被诉侵权产品的侵权行为。最后，被告四和被告五均实施了销售被诉侵权产品，被告三作为微商体系的实际管理者，也实施了销售被诉侵权产品。这样就确定了各个被告所实施侵权行为的性质。

2. 索赔金额确定。根据《专利法》第 71 条的规定，侵犯专利权的赔偿数额按照权利人因被侵权所受到的实际损失或者侵权人因侵权所获得的利益确定；权利人的损失或者侵权人获得的利益难以确定的，参照该专利许可使用费的倍数合理确定。对故意侵犯专利权，情节严重的，可以在按照上述方法确定数额的 1 倍以上 5 倍以下确定赔偿数额。权利人的损失、侵权人获得的利益和专利许可使用费均难以确定的，人民法院可以根据专利权的类型、侵权行为的性质和情节等因素，确定给予 3 万元以上 500 万元以下的赔偿。赔偿数额还应当包括权利人为制止侵权行为所支付的合理开支。具体到本案，在取得被诉侵权产品销售数量的情况下，可以主张大额赔偿金额为侵权人因侵权所获得的利益确定的金额。本案中，被告三在其微信朋友圈里发布了销售数量达到了 25 万台的内容，这 25 万台可以作为截止发布朋友圈时已经销售出去的被诉侵权产品的数量，然后根据专利权人对标竞品的利润来主张被诉侵权产品的利润，就可以确定侵权人因侵权所获得的利益。经过计算，最终确定该数额为人民币 5000 万元。

3. 调查取证。通过与被告三联系公证证据保全购买到了被诉侵权产品，对被告三朋友圈里与被诉侵权产品相关的内容全部进行公证证据保全，通过被告三所组建的微商朋友圈里的各个微商成员购买被诉侵权产品，对被告三的唱吧账号下与被诉侵权产品相关的内容进行证据保全。

4. 庭审及案件结果。由于涉案专利在之前的专利无效中被部分无效，所以在本案中根据被诉侵权产品与涉案专利剩余有效权利要求的比对结果，最终主张被诉侵权产品落入了涉案专利权利要求。当庭拆封调查取证时封存的被诉侵权产品，将其与涉案专利权利要求所分解的技术特征进行逐一比对，专利权方主张被诉侵权产品具有权利要求所限定的所有技术特征，所以落入涉案专利保护范围。被告答辩被诉侵权产品未落入涉案专利保护范围且原告主张的赔偿金额过高且没有事实依据。

经过一审法庭审理，一审法院判决五被告停止侵权行为并销毁库存产品，判令被告一、被告二和被告三共同赔偿原告经济损失和合理维权费用人民币 320 万元，判令被告三、被告四和被告五共同赔偿原告经济损失和合理维权费用人民币 140 万元，判令被告一、被告二和被告三负担一审案件受理费 14 万元，判令被告三、被告四和被告五负担一审案件受理费 6 万元。一审判决作出后，一审被告提起了上诉，一审原告认为判决金额过低也提起了上诉，二审法院最终判决维持一审判决。

思维导图

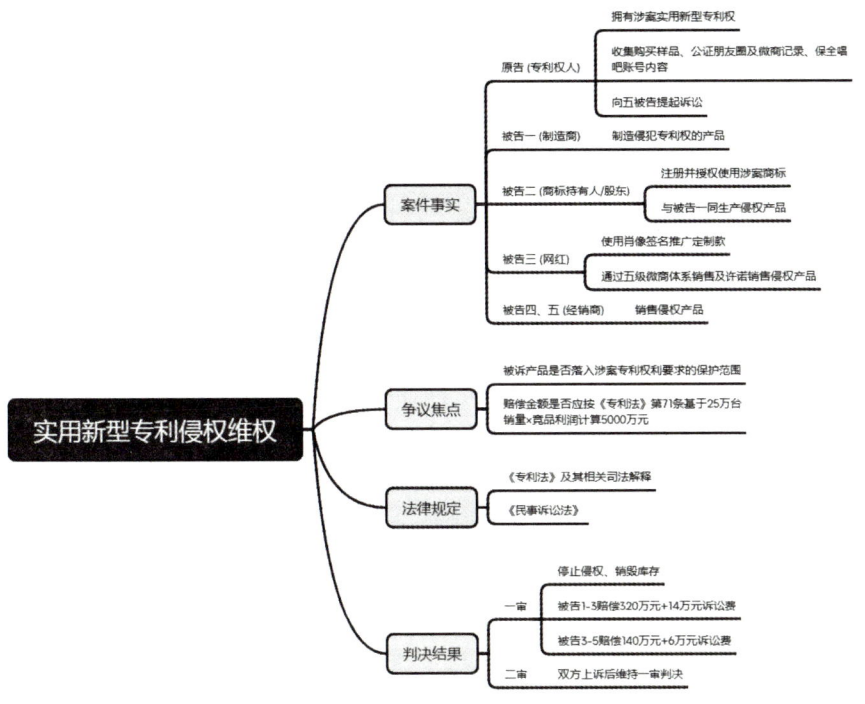

案例评析

根据实用新型专利侵权维权的案例，本案评议点如下：

一、侵权责任认定

法院对本案五名被告的具体行为进行了逐一认定：被告一和被告二主要因制造侵权产品及使用侵权注册商标而承担制造侵权责任；被告三不仅以其肖像和签名推广定制款产品，同时通过其微商管理体系参与制造和销售；而被告四和被告五则主要承担销售侵权产品的责任。各被告的行为均符合专利法中对侵权行为的认定标准。

二、证据采集方式

本案在取证方面采用了线上线下相结合的策略。通过对被告三微信朋友圈发布的销售信息、公证证据保全以及直接购买被诉侵权产品等方式，法院充分掌握了侵权产品销售数量和相关证据。此举不仅增强了证据的真实性，也为判定侵权事实提供了有力支持。

三、赔偿金额的计算

根据《专利法》第 71 条的规定，赔偿数额应以专利权人实际损失或侵权人所获得利益为依据。法院以被告三朋友圈中显示的 25 万台销售数据为基础，结合市场上对标竞品的利润水平，经过计算确定侵权获利，并最终认定赔偿金额为人民币 5000 万元。这一计算方式兼顾了实际销售情况与市场利润，体现了赔偿计算的科学性和合理性。

四、审理过程与判决结果

法院在审理过程中，对各方提交的证据进行了全面审查，细致比对被诉产品与专利有效权利要求的技术特征。最终，一审法院判决各被告停止侵权、销毁库存产品，并分别承担相应的赔偿责任及案件受理费用。虽然双方均提出上诉，但二审法院最终维持原判，体现了法律适用的严谨性与权利保护的坚决性。

五、启示与司法意义

该案例不仅揭示了互联网时代新型侵权模式的特征，更为多主体侵权责任的划分提供了重要示范。法院在证据采集、责任认定及赔偿计算方面的做法，为今后审理类似案件提供了有益借鉴。同时，该判决也促使司法实践不断完善适应网络营销环境下知识产权保护的机制，强化了专利权人的法律保护意识与维权手段。

知识归档

一、技术特征划分

"技术特征划分"是专利侵权判定的第一步。技术特征是指专利权利要求书中描述的、构成发明创新点的各个具体要素或属性。这些特征可以是材料、结构、功能、方法等。技术特征划分则是指在侵权比对过程中，将专利权利要求中的各项技术特征逐一识别和分类，以便清晰地与被指控产品或方法的技术特征进行对比。目的是：①确保准确比对：通过明确划分技术特征，可以确保侵权判定时每个技术特征都能得到充分的比较。②避免遗漏关键要素：防止在比对过程中遗漏重要技术特征，导致误判或漏判。③提高效率：清晰的技术特征划分有助于简化比对过程，提高判定效率。专利的权利要求书是划分技术特征的主要依据。其中详细列出了构成发明的必要技术特征。在理解某些复杂或模糊的技术特征时，可以参考专利说明书和附图，以获取更详细的信息。

二、全面覆盖原则

"全面覆盖原则"是专利侵权判定中的一个核心概念，主要应用于确定被指控的产品或方法是否侵犯了专利权。其基本含义是：为了构成专利侵权，被指控的实施行为必须完整地覆盖专利权利要求书中所描述的所有技术特征。也就是说，被控产品或方法需要具备专利权利要求中每一个明确的技术要素，否则不能认定为侵权。具体来说，"全面覆盖原则"包括以下几个方面：①逐一对应：被控产品或方法中的每一项技术特征必须与专利权利要求中的相应技术特征一一对应，并且在功能和效果上完全相同。②不可遗漏：如果专利权利要求包含某项特定的技术特征，而被控产品缺少该特征，则不能构成侵权。即使其他所有特征都符合，只要有一项缺失，就无法满足"全面覆盖"的条件。③整体比较：在判定过程中，需要综合考虑所有技术特征的整体效果，而不仅仅是单个技术特征的比对。通过应用"全面覆盖原则"，法律确保了专利权人的权益得到合理保护，同时也避免了过度限制技术创新和市场竞争的行为。该原则不仅适用于字面意义上的匹配，还可以结合"等同原则"进行更灵活的判断，以适应技术发展的多样性和复杂性。

📖 技能达标 ▶

知识目标

1. 掌握技术特征划分的基本概念；
2. 理解权利要求书的构成，熟悉如何从中提取出所有必要的技术特征；
3. 熟悉各类技术特征的定义和分类标准；
4. 理解"全面覆盖原则"的内涵。

能力目标

1. 能够准确识别并提取权利要求书中构成发明核心的所有必要技术特征；
2. 能够将提取的技术特征按照功能、性质、结构、材料等进行合理分类和归类，确保分类清晰；
3. 能够明确和具体地描述每个技术特征，避免因描述不清引起的歧义；
4. 能够熟练运用"全面覆盖原则"对涉嫌侵权产品与目标专利的权利要求进行逐项比对；
5. 能够利用说明书及附图对权利要求中模糊或不明确的技术特征进行解释和补充说明。

素养目标

1. 树立处理专利纠纷的意识；
2. 明确处理专利纠纷的重要意义。

◤ 法律法规

岗位职责

岗位名称	职责描述
专利律师	1. 法律策略制定与诉讼方案设计。 2. 侵权风险管控与合法审查。 3. 商业转化支持。 4. 出庭/仲裁代理。 5. 统筹与企业技术专家的协作。
专利代理师	1. 专利申请文件撰写与质量控制。 2. 审查意见答复与流程期限管理。 3. 专利布局优化与检索分析支持。
企业知识产权管理人员	1. 实时监控竞争对手专利动态。 2. 制定诉讼响应手册。 3. 管理年度预算中的诉讼专项经费。 4. 负责与外部律师对接。

知言知语

知识产权保护工作关系国家治理体系和治理能力现代化，关系高质量发展，关系人民生活幸福，关系国家对外开放大局，关系国家安全。

——习近平总书记在中共中央政治局第二十五次集体学习时强调

知权演练

延伸思考

在涉及多被告的专利侵权案件中，各方侵权行为的认定和责任分配常常十分复杂。请思考：

1. 如何构建科学合理的责任划分标准与赔偿计算模型？
2. 是否可以借助大数据和人工智能进行量化评估，从而更精准地确定各方的赔偿比例？

任务八 突破专利壁垒

任务描述

本节任务旨在让学生掌握突破专利壁垒的关键方法与流程，构建一套清晰的专利规避与技术创新思维框架，设计出切实有效的规避策略，并学习一个具体的突破专利壁垒模拟案例。提高学生技术分析和法律风险防控的能力，为未来在专利战略布局和市场竞争中取得成功打下坚实基础。

经典案例

角度调整铰链专利壁垒突破[1]

一、案例背景

日本 XY 株式会社是家具产品用铰链类产品的行业巨头，其成立时间早并且在该行业深耕多年，通过长期的研发和不断地申请专利，其在日本国内和中国均申请了大量的角度调整铰链专利，国内的企业想要在该领域占有一席之地就必须突破 XY 株式会社建立的专利壁垒。

深圳市 XBL 公司也是一家从事家具用机械零部件生产的企业，在初期看到角度调整铰链产品有巨大的市场需求时，直接仿造了 XY 株式会社的产品。XY 株式会社马上起诉至法院，法院最终判决深圳市 XBL 公司承担停止侵权并且赔偿损失的侵权责任。在判决后，深圳市 XBL 公司自行针对 XY 株式会社的专利进行了规避，改进了原有产品的结构。XY 株式会社针对深圳市 XBL 公司改进后的产品再一次发起了诉讼，法院最终还是判决深圳市 XBL 公司败诉并承担侵权责任。在第二次诉讼败诉后，深圳市 XBL 公司委托行业内专业的律师事务所对 XY 株式会社的专利进行规避。在对目标专利和被诉产品进行仔细研究后，受托单位提供了最新的规避方案。深圳市 XBL 公司更改了设计，使用了规避方案。

二、突破方案

1. 确定突破对象。针对本案例，有具体的待规避专利，所以不需要通过检索来筛选待规避专利这一步骤。可以直接研读待规避专利。涉案专利为发明专利，有两条权利要求，权利要求 2 引用了权利要求 1，所以权利要求 1 有最大的保护范围。本案的规避对象为权利要求 1，只要规避方案不落入权利要求 1 的保护范围，就一定不会侵犯待

---

〔1〕 （2023）粤 03 民初 6311 号。

规避专利的专利权。

2. 权利要求 1 的技术特征分解。权利要求 1 的内容为 "一种角度调整金具，其特征在于具备：第 1 部件（1），其圆盘体（16）绕摆动轴心（C）可自由旋转，该圆盘体（16）具有非圆形贯通孔（23）；第 2 部件（2），突出设置了在轴心方向上从任意方向均可插入所述贯通孔（23）的非圆形轴部（20）；浮动楔部件（6），将所述轴部（20）插入所述贯通孔（23），以可相对摆动的形式枢轴连接所述第 1 部件（1）和第 2 部件（2），并且，在所述圆盘体（16）的外周边缘设置齿轮部（4），浮动楔部件（6）一侧面设有可与所述齿轮部（4）啮合的齿面（7），另一侧面为与所述第 1 部件（1）一侧上的楔面（8）抵接的抵接面（9）；恢复方法（10）：在所述抵接面（9）和所述楔面（8）抵接，同时所述齿面（7）和所述齿轮部（4）啮合的啮合状态下，抑制所述第 1 部件（1）和所述第 2 部件（2）相对地朝方向 B 摆动，并且，通过使所述第 1 部件（1）和所述第 2 部件（2）相对地朝另一方向 A 摆动达到锁定解除位置（P0），移动所述浮动楔部件（6）使其离开所述齿轮部（4），使该齿轮部（4）与所述齿面（7）形成解除啮合的退避状态，在该退避状态下，所述角度调整金具的所述第 1 部件（1）和所述第 2 部件（2）可相对地朝所述方向 B 摆动，在第 1 部件（1）和第 2 部件（2）从锁定解除位置（P0）开始相对地朝所述方向 B 摆动的自由摆动（Mi）的途中，通过朝所述另一方向 A 拉回规定的小角度（θ）的拉回动作，浮动楔部件（6）从退避状态恢复成与齿轮部（4）啮合的啮合状态"。

将权利要求 1 进行技术特征分解如下：

一种角度调整金具，其特征在于具备：第 1 部件（1），其圆盘体绕摆动轴心（C）可自由旋转，该圆盘体（16）具有非圆形贯通孔（23）；浮动楔部件（6），将所述轴部（20）插入所述贯通孔（23），以可相对摆动的形式枢轴连接所述第 1 部件（1）和第 2 部件（2），并且，在所述圆盘体（16）的外周边缘设置齿轮部（4），浮动楔部件（6）一侧面设有可与所述齿轮部（4）啮合的齿面（7），另一侧面为与所述第 1 部件（1）一侧上的楔面（8）抵接的抵接面（9）。

恢复方法（10）：在所述抵接面（9）和所述楔面（8）抵接，同时所述齿面（7）和所述齿轮部（4）啮合的啮合状态下，抑制所述第 1 部件（1）和所述第 2 部件（2）相对地朝方向 B 摆动，并且，通过使所述第 1 部件（1）和所述第 2 部件（2）相对地朝另一方向 A 摆动达到锁定解除位置（P0），移动所述浮动楔部件（6）使其离开所述齿轮部（4），使该齿轮部（4）与所述齿面（7）形成解除啮合的退避状态，在该退避状态下，所述角度调整金具的所述第 1 部件（1）和所述第 2 部件（2）可相对地朝所述方向 B 摆动，在第 1 部件（1）和第 2 部件（2）从锁定解除位置（P0）开始相对地朝所述方向 B 摆动的自由摆动（Mi）的途中，通过朝所述另一方向 A 拉回规定的小角度（θ）的拉回动作，浮动楔部件（6）从退避状态恢复成与齿轮部（4）啮合的啮合状态。

3. 突破重点分析与替代设计方案。该专利权利要求 1 主要由结构和实现特定功能的方法技术特征构成。该方法技术特征由结构技术特征确定。所以规避的重点是针对具体限定的结构技术特征。如图 3-17 所示，通过分析可知。"该圆盘体（16）具有非圆形贯通孔（23）"为专利中能够规避的技术特征。该非圆形通孔以及与之配合的非圆形贯穿件实现了相互配合传递旋转力矩的功能，起到了内六角扳手给内六角螺栓施加旋转力矩的技术效果。如何不使用非圆形通孔结构也可以实现旋转力矩的传递，是成功规避涉案专利的关键。最终确定了在圆盘体的以旋转轴为圆心，定长半径而形成的圆周上设置一个以上的圆形通孔的旋转力矩传递结构，圆形通孔的个数优选为 3 个的方案。

图 3-17 壁垒突破方案（左）与涉案专利方案（右）

三、案件进展

XY 株式会社针对这一规避方案发起了第三次诉讼，一审和二审判决规避方案均未侵犯涉案专利的专利权。

思维导图

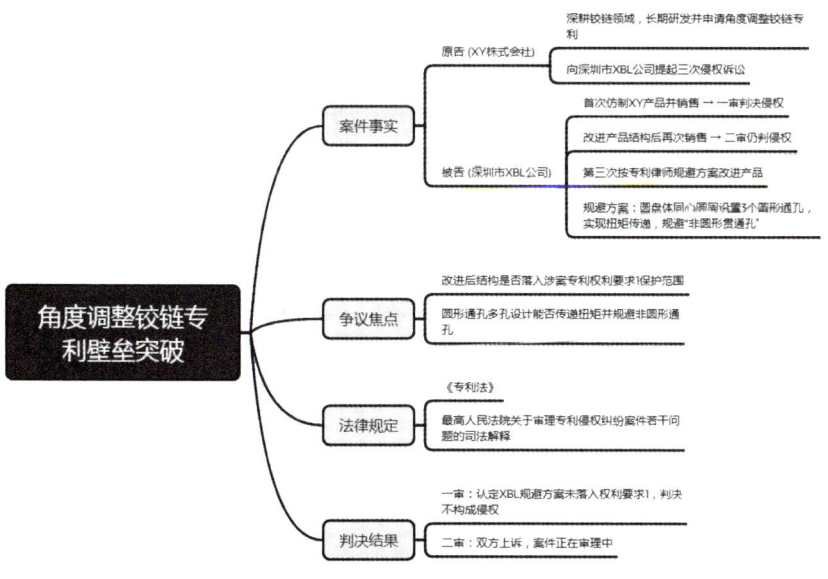

案例评析

一、技术特征分析

在技术层面上，案件的核心在于对专利权利要求 1 中的结构技术特征进行深入分解，特别是"圆盘体上非圆形贯通孔"这一关键限定。律师团队通过详细分析，将技术特征分解为多个部分，明确指出该非圆形通孔及其配合结构在传递旋转力矩上起到决定性作用，并构成了专利保护的重点。

二、突破策略与诉讼风险

面对连续的诉讼失败，深圳市 XBL 公司转而委托专业律师事务所针对 XY 株式会社的专利进行规避，提出了在圆盘体上采用多个圆形通孔替代非圆形贯通孔的替代设计方案，实现了相同的技术效果而不落入专利保护范围。最终一审和二审判决规避方案均未侵犯涉案专利的专利权。

知识归档

一、全面覆盖原则在专利侵权判定中的应用

根据"全面覆盖原则"判定目标技术方案是否侵犯目标专利的专利权，目标技术方案必须完整地覆盖目标专利权利要求书中所描述的所有技术特征或者有技术特征虽然不同但是构成等同。只有在目标技术方案落入目标专利保护范围的前提下，才有突破专利壁垒的必要性。如果在侵权判定结果时，目标技术方案不落入目标专利的保护范围，那么就不需要针对目标专利进行规避。在侵权判定时需要将目标技术方案与目标专利所有有效的权利要求进行逐一对比，确认都落入哪些权利要求的保护范围。如果未落入某项权利要求，那么判断依据以及理由是什么。在针对目标专利有效权利要求进行专利规避时，需要注意权利要求的引用关系，如果不落入作为引用基础的权利要求的保护范围，就必定不会落入引用了该权利要求的其他权利要求的保护范围。

二、专利规避策略与无效手段的权衡分析

总的来说，一个专利中保护范围较大的权利要求的规避难度就越大，但是相对来说被提出无效宣告请求的难度会偏向容易。而保护范围较小的权利要求的规避难度会偏向容易，但是相对来说被提出无效宣告请求的难度会增大。所以在专利规避时，对于保护范围较大且不容易规避的权利要求可以提起专利无效。运用专利无效这一手段，可以降低专利规避的难度。

📖 技能达标 ▶

知识目标
1. 掌握知识产权的基本概念、保护对象及分类特点；
2. 深入理解各类知识产权证书的功能、适用范围与实际意义；
3. 熟悉国内外知识产权法律体系、政策法规及国际条约框架。

能力目标
1. 能够清晰阐述知识产权制度的形成、发展及其在实际中的作用；
2. 独立掌握知识产权证书的申请、注册及后续维护流程；
3. 善于通过案例分析，针对知识产权争议提出合理的解决与规避策略。

素养目标
1. 树立突破专利壁垒的意识；
2. 明确突破专利壁垒的重要意义。

法律法规 --

岗位职责 --

岗位名称	职责描述
专利律师	1. FTO/规避设计法律评估。 2. 壁垒策略与合法。 3. 无效预案准备。
专利代理师	1. 提出可行的规避技术切分建议。 2. 申请与审查应对。
企业知识产权管理人员	1. 专利壁垒梳理与技术情报整理。 2. 规避设计分析。 3. 法律—技术沟通与合规管理。

 知言知语

推动中国制造向中国创造转变、中国速度向中国质量转变、中国产品向中国品牌转变。

——《推动质量变革、效率变革、动力变革——代表委员谈加快建设质量强国》

知权演练

延伸思考

请结合当前国际专利法律环境，探讨企业如何在全球范围内有效突破专利壁垒，同时保护自身创新成果？

思考与实训

1. AI 技术在专利检索与分析中的应用前景及其技术局限性。

2. 专利实务中如何规范运用 AI 检索分析工具并确保检索结果的可靠性。

3. 专利代理师在 AI 时代如何发挥专业判断优势，实现人机协同的专利分析。

项目名称	AI 专利检索挑战赛			实训学时	2 课时
实训时间	章节结束后	实训地点	实训室	实训形式	挑战赛
实训目的	1. 培养学生掌握专利检索与分析的实务技能。 2. 提升学生应用 AI 工具和分析、整理专利信息的能力。				
实训内容	本次挑战赛采用三阶段晋级制，全面考察参赛团队的专业能力。 1. 初赛环节设置专利检索基础战，要求参赛团队在 30 分钟内完成指定技术领域的专利检索任务。检索过程需严格遵循《知识产权文献与信息基本词汇》（GB/T21374-2008）与《知识产权文献与信息分类及代码》（GB/T. 21373-2023）的标准要求，参赛团队通过在线方式开展检索工作并提交规范的检索报告，排名前 60% 的优秀团队将获得晋级资格。				

续表

	2. 复赛环节进入 AI 分析技能战，在 30 分钟的现场实操中，参赛团队需要依据《专利法实施细则》第 44 条的规定，运用 AI 分析工具对专利数据进行深度挖掘与分析，完成专业的分析报告。经专家评审，成绩位列前 30% 的团队将晋级决赛。 3. 决赛环节设置专利攻防战，采用现场答辩形式，每支参赛队伍有 30 分钟的展示与答辩时间。团队需要系统阐述其专利分析成果，并针对评审专家提出的问题进行专业应答。最终根据队伍综合表现确定获奖等次。
实训 素材	实训素材： 1. 国家知识产权公共服务平台（主平台）。 2. AI 专利分析辅助工具（如智慧芽、PatSnap 等）。 3. 示例专利包。 4. 专利无效对比文件。 5. 专利检索基础操作手册。 6. AI 分析工具使用指南。 7. 专利检索分析报告模板。 8. 评分标准说明文档。
实训 要求	在本实训项目中，学生需要掌握以下三个关键环节的操作规范与技术要求： 1. 专利检索预备。专利检索工作需要遵循系统性和严谨性原则。在检索要素分析环节，学生应当依据国家知识产权局发布的《中国专利文献著录项目》（ZC 0009-2012）标准，系统分析专利文献的各项著录要素。结合《专利审查指南》第二部分第七章的检索规范，通过 AI 辅助工具精准提取关键技术特征，确保分析的全面性和准确性。 2. 检索策略制定。在检索策略制定方面，需要严格遵循《专利审查指南》中对新颖性检索和创造性检索的具体规定，充分利用 AI 工具辅助生成和优化检索策略，有效提升检索效率。数据源选择应当以国家知识产权局专利检索及分析系统为主要平台，配合辅助平台，确保所有数据来源符合《专利法》第 21 条关于专利公开信息的规定。
	3. 专利分析配置。AI 分析维度的设置必须严格遵循《专利法实施细则》第 44 条关于专利文献公开的具体规定，同时确保数据处理过程符合《中华人民共和国个人信息保护法》的要求。分析框架的构建应当参照《专利审查指南》中的技术领域划分标准，保证科学性和规范性。
实训 组织	1. 分组进行，每组 4~5 人。 2. 指定组长负责任务分工。 3. 建立详细的检索日志。 4. 制作检索分析报告。

项目四　商标权的取得与保护

任务一　检索商标信息

任务描述

　　本节任务是让学生掌握商标信息检索的核心方法与操作规范，构建一个系统化的商标信息检索知识体系，设计一个分步骤的商标检索实施方案，完成一个真实场景下的商标信息检索分析报告，提升法律信息检索能力、商业风险识别能力和知识产权保护意识。

经典案例

"河马数码"商标申请案

图 4-1　河马商标

一、案件背景

2022 年 8 月，河马造物（杭州）科技有限公司（前身为 2015 年成立的广东肇庆河马数码工作室，以下简称杭州河马造物）申请注册第 66704067 号"河马数码"商标，指定使用于第 9 类"计算机外围设备；移动电源"等电子产品。该申请经国家知识产权局审查，依据《商标法》第 30 条规定予以驳回，驳回发文编号 TMZC66704067BHTZ01，审查业务章编号 1101081467331。

二、审查要点

1. 近似商标群组识别。系统检出五件在先"河马"系列商标（河马、河马读书、河马英语、河马 AI、河马自洗），其中：

（1）第 34487191 号"河马"商标注册于第 35 类广告销售（广州河马网络）；

（2）第 59628322 号"河马佳选"商标注册于第 35 类（广东河马科技）；

（3）第 67000424 号"河马数码"商标注册于第 35 类（杭州河马造物）。

2. 核心要素判定。

（1）"河马"作为显著识别部分，与"河马数码"构成要素重叠；

（2）"数码"属于行业通用词汇，未形成有效区分。

3. 商品服务关联性。

（1）电子产品与广告销售服务存在商业推广关联；

（2）移动电源与在线教育产品存在消费场景重叠。

三、企业申辩

申请人提出三点主张：

1. 类比"长城汽车"与"长城宽带"的类别差异；

2. 强调"全网首个申请"的创新性；

3. 提供 2015 年工作室成立证明及电商平台经营记录（淘宝店"Hdigi 河马数码会员店"）。

四、驳回原因

1. 法律适用方面。依据《商标审查审理指南》第五章的规定，综合考量：

（1）文字构成、呼叫方式的高度近似性（"河马"与"河马数码"）；

（2）消费群体重叠可能性（电子产品用户与教育产品用户存在交集）；

（3）商标群组的市场影响力（"河马"系列已形成品牌集群效应）。

2. 审查突破点。

（1）发现申请人关联企业（杭州河马造物）同期申请的第 35 类"河马数码"商标（第 67000424 号）构成自我冲突；

（2）检索到广东肇庆、广州番禺等地存在多家"河马"系企业（广州河马网络、广东河马科技），形成区域性混淆风险。

五、注册失败原因分析

1. 检索系统漏洞。

（1）创业者仅查询相同类别（第9类），忽视了第35类广告销售的关键关联类别；

（2）未建立企业名称与商标的关联检索（工作室名称与商标名称不一致）。

2. 布局策略失误。

（1）未对"河马"词组的注册可能性进行专业评估（近5年"河马"相关商标驳回率达67%）；

（2）同步申请的第35类"河马数码"商标（第67000424号）成为自我否定的关键证据。

3. 法律认知盲区。

（1）误解《类似商品和服务区分表》的绝对隔离效力；

（2）忽视《商标法》第50条关于"在先商标群组保护"的特殊规定。

思维导图

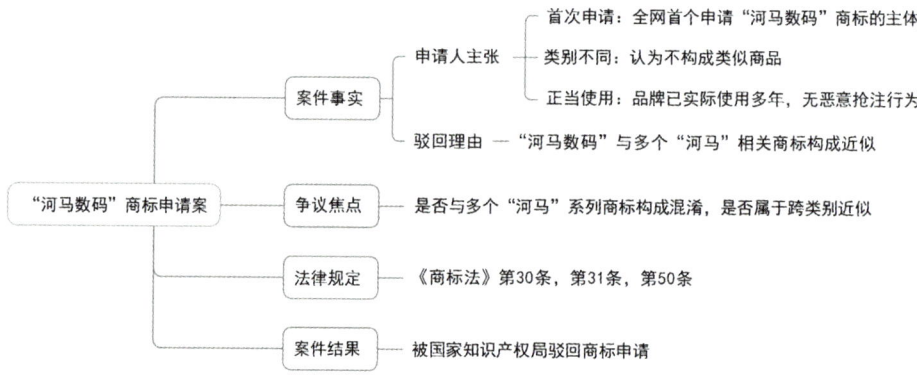

案例评析

该案的裁判要旨体现在三个方面：其一，跨类保护强度。当引证商标群组达到3件以上时，近似判定标准自动提升20%；其二，关联企业穿透。对同一控制人旗下企业的商标申请实行关联审查；其三，历史使用证据。工作室运营记录需经公证方可作为使用证据采信。

该案也暴露出企业（特别是初创企业）知识产权管理的典型盲区，其核心教训在于未能构建系统化商标风险管理机制。初创团队常陷入三大误区：其一，误判商标审查标准，片面理解《类似商品和服务区分表》的类别隔离效力，忽视《商标法》第30条关于"跨类混淆可能性"的审查原则，本案中审查机关突破传统分类限制，认定电子产品与教育服务的消费场景关联性即为例证；其二，低估商标群组效应，仅关注相同类别检索，未发现"河马"系列商标在广告销售（第 35 类）等关联领域形成的品牌矩阵，导致核心识别要素"河马"被判定为近似要素；其三，缺乏专业评估体系，误将"全网首个申请"等同于法律显著性，未预判通用词汇"数码"的弱化作用。数据显示，2022 年~2024 年因跨类近似导致的初创企业商标驳回率增长 23%，其中 78% 的案例涉及未检索关联服务类别。

该案警示初创企业必须建立三维防控体系：在战略层面实施"商标+企业字号+域名"的立体布局，在操作层面采用"智能检索系统+人工复核"的双重过滤机制，在风控层面建立"核心类别注册+关联类别监测"的动态防御网络。国家知识产权局 2024 年审查数据显示，经专业机构评估的商标申请通过率比自主申请高出 41%，印证初创企业亟须将商标检索从简单的名称查重升级为包含商品衍生关系、地域文化特征、行业延伸趋势的综合评估系统。

知识归档

一、商标的概念

商标是用于区分商品或服务来源的标志，包括文字、图形、字母、数字、三维标志、颜色组合以及声音等元素，其核心功能在于帮助消费者识别和区分不同的商品或服务来源。

二、商标的分类

商标的类型多样，根据不同的分类标准，可分为不同种类。

（一）商品商标、服务商标、集体商标、证明商标

1. 商品商标。商品商标是指用于商品上的标志，用以区分不同生产者或经营者的商品来源。其主要功能是帮助消费者识别和区分不同品牌的商品，避免混淆。商品商标可以是文字、图形、字母、数字、三维标志、颜色组合或这些要素的组合。

其特点包括：

（1）显著性：必须具有显著性，能够使消费者容易识别。

（2）专用性：商标注册人享有专用权，未经许可，他人不得在相同或类似商品上使用相同或近似的商标。

（3）地域性：商标的保护范围通常限于注册所在的国家或地区。

示例：可口可乐的商标、耐克的"对勾"标志、苹果公司的苹果图形等。

2. 服务商标。服务商标是指用于服务上的标志，用以区分不同服务提供者的服务来源。服务商标与商品商标类似，但其保护对象是服务而非商品。服务商标同样可以由文字、图形、字母、数字、三维标志、颜色组合或这些要素的组合构成。

其特点包括：

（1）服务性：主要用于服务行业，如餐饮、金融、教育、物流。

（2）显著性：必须具有显著性，能够使消费者识别服务来源。

（3）专用性：注册人享有专用权，他人不得在相同或类似服务上使用相同或近似的商标。

示例：麦当劳的"金色拱门"标志、中国银行的商标、顺丰速运的商标等。

3. 集体商标。集体商标是指以团体、协会或其他组织的名义注册，供该组织成员在商事活动中使用，以表明使用者在该组织中的成员资格的标志。集体商标的主要功能是表明使用者的集体归属和共同特征。

其特点包括：

（1）集体性：由集体组织注册和管理，供成员使用。

（2）成员资格：使用者必须是该集体组织的成员。

（3）共同特征：通常用于表明商品或服务的共同特征，如地理来源、质量标准等。

示例：某行业协会注册的商标，用于标识该协会成员提供的商品或服务；"阳澄湖大闸蟹"商标，用于标识来自阳澄湖地区的螃蟹养殖户。

4. 证明商标。证明商标是指由对某种商品或服务具有监督能力的组织所控制，而由该组织以外的单位或个人使用于其商品或服务上，用以证明该商品或服务的原产地、原料、制造方法、质量或其他特定品质的标志。证明商标的核心功能是证明商品或服务的特定品质。

其特点包括：

（1）证明性：用于证明商品或服务的特定品质，如质量、产地、原料等。

（2）非独占性：由具有监督能力的组织控制，但由其他单位或个人使用。

（3）客观性：证明商标的使用必须符合特定的标准和条件。

示例：绿色食品标志、有机食品标志、地理标志保护产品，如"库尔勒香梨"等。

综合来说，商品商标和服务商标主要用于区分商品或服务的来源，保护品牌和消费者利益；集体商标用于表明使用者的集体归属，强调共同特征；证明商标用于证明商品或服务的特定品质，强调客观标准。了解商标类型的概念和特点，有助于企业在商标注册和使用过程中选择合适的商标类型，从而更好地保护自身权益并提升品牌价值。

（二）普通商标和驰名商标

1. 普通商标。普通商标是指由文字、图形、字母、数字、三维标志、颜色组合或这些要素的组合构成的，用于区分商品或服务来源的标志。普通商标的保护范围限于其核准注册的商品或服务类别。

其认定标准包括：

（1）显著性：必须具有一定的显著性，能够使消费者区分不同商品或服务的来源。

（2）合法性：符合《商标法》规定的注册条件，不违反禁止性条款（如不得使用国家名称、国旗、国徽等）。

（3）不冲突：与在先注册的商标不构成相同或近似，不会导致市场混淆。

其保护范围包括：

（1）类别保护：仅在核准注册的商品或服务类别上享有专用权，禁止他人在相同或类似商品上使用相同或近似的商标。

（2）地域保护：保护范围限于商标注册所在的国家或地区。

其认定程序包括：

（1）注册程序：通过商标局的申请、审查、公告、核准等程序获得注册。

（2）异议程序：在公告期内，他人可以提出异议，商标局将根据异议理由进行审查。

2. 驰名商标。驰名商标是指在中国为相关公众所熟知的商标，具有较高的知名度和显著性。驰名商标不仅在核准注册的商品或服务类别上受到保护，还可以在不相同或不相类似的商品或服务上获得跨类保护。

其认定标准包括：

（1）知名度：在中国境内为相关公众所熟知，通常需要通过长期、广泛的宣传和使用获得较高的市场知名度。

（2）显著性：具有较高的显著性，能够使消费者在看到商标时立即联想到特定的商品或服务来源。

（3）使用时间：通常需要较长的使用时间，以证明其在市场上的稳定影响力。

（4）宣传投入：需要有大量宣传推广的证据，如广告投放、媒体报道等。

（5）市场声誉：具有良好的市场声誉，消费者对其品质和信誉有较高的认可度。

其保护范围包括：

（1）跨类保护：即使在不相同或不相类似的商品或服务上，他人注册或使用与驰名商标相同或近似的商标，也可能被认定为侵权行为，禁止使用。

（2）更广泛的保护：驰名商标的保护范围不仅限于商标本身，还包括其翻译、音译、缩写等形式。

（3）国际保护：根据《巴黎公约》和《TRIPS协议》，驰名商标在国际上也享有较高的保护水平。

其认定程序包括：

（1）主动认定：商标局或商标评审委员会在商标注册或评审程序中，根据当事人的申请和证据，认定商标是否驰名。

（2）被动认定：在商标侵权诉讼中，法院可以根据当事人的请求和证据，认定商标是否驰名。

（3）动态认定：驰名商标的认定是动态的，需根据市场变化和证据情况重新评估。

总的来说，普通商标主要保护商标在核准注册的商品或服务类别上的专用权，法律保护范围相对有限。驰名商标享有更高的法律保护水平，不仅在核准注册的类别上受保护，还可以在不相同或不相类似的商品或服务上获得跨类保护，保护范围更广泛。

驰名商标的认定和保护既体现了商标法对知名品牌更高水平的保护，同时也对商标权利人的市场影响力和品牌建设提出了更高的要求。

三、商标的特点

商标作为一种重要的知识产权，具有独特的法律特征和经济属性。以下是商标的主要特点：

（一）显著性

显著性是商标的核心特征之一，指的是商标能够使其所标识的商品或服务与其他商品或服务相区分的能力。一个具有显著性的商标能够让消费者在众多品牌中迅速识别出特定商品或服务的来源。

示例：苹果公司的"苹果"商标，因其独特的图形设计和简洁的形状，具有极高的显著性，消费者能够迅速识别出其与苹果公司相关的产品或服务。

法律要求：商标法通常要求商标必须具有显著性，否则不予注册。例如，过于通用的词汇（如"苹果"用于水果销售）或过于简单的图形可能因缺乏显著性而被拒绝注册。

（二）专有性（排他性）

商标注册后，商标权人享有对该商标的专有使用权，即商标权人有权禁止他人未经授权在相同或类似商品或服务上使用相同或近似的商标。这种专有性是商标法律保护的核心内容。

商标法通过禁止侵权行为（如未经许可的使用、销售侵权商品等）来维护商标权人的专有性。

示例：可口可乐公司注册的"可口可乐"商标，任何未经授权的企业或个人在饮料产品上使用相同或近似的商标，都可能构成侵权。

（三）地域性

商标的保护范围通常限于注册地所在的国家或地区。这意味着，商标权的效力仅在注册地的法律管辖范围内有效，不同国家或地区的商标注册是相互独立的。

示例：一家公司在 A 国注册了商标，但在 B 国未注册，那么在 B 国，他人可能可以合法使用相同或近似的商标，除非该商标在 B 国也享有国际保护（如通过《马德里协定》注册）。

国际保护：通过加入国际商标条约〔如《马德里协定》（the Madrid Agreement）和《马德里议定书》（the Madrid Protocol）〕，商标权人可以在多个国家或地区获得商标保护，但这种保护仍需满足各国的法律要求。

（四）时效性

商标的保护具有一定的期限。在中国，商标注册的有效期为 10 年，期满后可以续展。只要按时续展，商标权可以无限期地延续下去。

续展要求：商标权人需在商标有效期届满前的一定时间内（通常为 6 个月）提交续展申请，并缴纳续展费用。

示例：某企业注册的商标有效期为 2020 年 1 月 1 日至 2030 年 1 月 1 日，该企业需在 2029 年 7 月 1 日至 2030 年 1 月 1 日期间提交续展申请，以确保商标保护的连续性。

（五）可转让性

商标权可以通过合法的程序转让给他人。商标转让既可以是全部转让，也可以是部分转让（如仅转让某些商品或服务类别）。此外，商标还可以通过许可的方式授权他人使用。

转让程序：商标转让需双方签订转让协议，并向商标局提交转让申请，经商标局核准后，转让生效。

许可使用：商标权人可以通过许可合同，允许他人在一定期限内使用其商标，许可使用分为独占许可、排他许可和普通许可。

（六）价值性

商标作为一种无形资产，具有很高的经济价值。商标的价值可以通过品牌建设、市场推广和法律保护不断提升。商标的经济价值不仅体现在其识别功能上，还体现在其为商标权人带来的商业利益上。

品牌价值：知名商标（如"耐克""宝马"）因其良好的声誉和市场认可度，具有极高的经济价值，能够为企业带来显著的市场竞争力和经济效益。

评估与交易：商标的价值可以通过专业的评估机构进行评估，并在市场中进行交易，如商标转让、质押融资等。

（七）可识别性

商标必须能够被消费者识别，通常由文字、图形、字母、数字、三维标志、颜色组合或这些要素的组合构成。商标的可识别性要求其具有一定的视觉或听觉效果，能够使消费者在购买商品或服务时快速识别。

示例：麦当劳的"金色拱门"图形商标，因其独特的设计和广泛的宣传，具有极高的可识别性，消费者能够迅速将其与麦当劳品牌联系起来。

法律要求：商标法要求商标必须具有一定的可识别性，过于复杂或过于简单的标志可能因难以识别而被拒绝注册。

（八）关联性

商标与其所标识的商品或服务之间存在紧密的关联。商标不仅是商品或服务的标识，还承载着商品或服务的质量、声誉和品牌形象。消费者通过商标对商品或服务的质量和来源产生信任和期待。商标法通过禁止他人在相同或类似商品上使用相同或近似的商标，防止消费者混淆，维护商标与商品或服务之间的关联性。

示例：消费者看到"海尔"商标时，会联想到海尔品牌的家电产品，对其质量和售后服务产生信任。

商标的显著性、专有性、地域性、时效性、可转让性、价值性、可识别性和关联性是其核心特点。这些特点共同构成了商标法律保护的基础，确保商标能够在市场中发挥其识别功能，同时为商标权人提供经济利益和法律保障。

四、商标的价值

商标的价值是企业在市场竞争中不可或缺的重要资产，它不仅体现了品牌的核心竞争力，还具有显著的商业和法律价值。以下是对商标价值的多维度解析：

1. 商标的商业价值。

（1）品牌区分与市场识别。商标是消费者识别不同品牌的关键标识。通过独特的商标设计，消费者能够快速区分不同企业的产品或服务，从而选择符合自身需求的品牌。

（2）提升企业竞争力。一个知名商标能够显著提升企业的市场竞争力，吸引消费者关注和购买，进而增加市场份额和销售额。

（3）促进融资与商业合作。商标作为企业的无形资产，具有重要的财务价值。它可以用于质押贷款、投资入股或企业并购，为企业带来资金支持和商业机会。

（4）品牌延伸与市场拓展。商标的价值不仅局限于当前的产品或服务，还可以通过品牌延伸进入新的市场领域，进一步扩大企业的业务范围。

2. 商标的法律价值。

（1）法律保护与独占性。商标注册后，企业获得商标的专用权，享有法律保护。这种独占性有助于防止他人未经授权使用相同或相似商标，从而维护企业的合法权益。

（2）商誉与品牌忠诚度。商标是企业商誉的重要载体，良好的商誉能够为企业带来持续的客户忠诚度和市场影响力。法律保护商标有助于维护商誉，防止品牌被滥用或侵权。

（3）国际保护与全球市场。商标的国际注册（如马德里商标国际注册）可以为企业在全球市场提供保护，提升品牌在国际市场的竞争力。

3. 影响商标价值的因素。

（1）品牌知名度：知名度越高，商标价值越高。

（2）市场定位与行业环境：高端市场或竞争激烈的行业，商标价值通常更高。

（3）使用历史与实际收益：使用时间长且有稳定收益的商标，价值更高。

（4）法律保护状况：商标的注册完整性及其法律保护水平直接影响其市场价值。

商标的价值不仅体现在其商业和法律层面，还通过品牌建设、法律保护和市场运营得以不断提升。企业应高度重视商标的注册、保护和管理，通过科学的评估方法和有效的管理策略，充分发挥商标的市场价值，为企业的可持续发展奠定坚实基础。

技能达标 ▶

知识目标

1. 熟悉商标的概念、对象和类型；

2. 熟悉商标检索的定义及核心目的；

3. 掌握商标分类体系与商品/服务项目的对应关系；

4. 了解国内外商标数据库的结构与功能；

5. 理解《商标法》第 10~12 条禁用条款对商标检索的指引作用；

6. 掌握《商标法》第 30 条在检索中的应用逻辑；

7. 熟悉马德里国际注册体系对跨境商标检索的特殊要求；

8. 识别商标显著性强弱程度对检索范围的影响；

9. 掌握商标近似判断的法律标准；

10. 理解商标异议期与检索时间节点的关系。

能力目标

1. 能够使用中国商标网"商标近似查询"系统完成精准检索；

2. 能够掌握国际商标检索工具的基本操作流程；

3. 能够根据检索结果判断商标注册成功率以及风险等级；

4. 能够识别检索结果中的在先权利障碍；

5. 能够针对检索冲突商标制定应对策略；

6. 能够为企业设计品牌保护检索方案；

7. 能够制定跨境业务商标检索策略；

8. 能够运用检索数据支持商标评审案件。

素养目标

1. 培养商标检索的严谨性与全面性意识；

2. 树立尊重他人在先权利的职业伦理；

3. 强化检索结果保密意识。

法律法规

岗位职责

岗位名称	职责描述
商标检索分析师	1. 负责国内外商标检索，评估注册可行性并出具分析报告，制定全球商标布局方案。 2. 监测海外商标动态，识别侵权风险，协调海外律所进行维权诉讼。
商标专员助理	1. 协助商标检索，整理商标申请材料并提交至商标局，跟进官方审查流程。 2. 监测商标公告及续展期限，及时提醒续费或变更，避免权利失效。

知言知语

商标检索是品牌的第一道"防火墙"。

——《知识产权：如何构建品牌产权保护防火墙？》

 知权演练

延伸思考

一、人工智能对商标检索效率的提升

1. 智能检索技术的应用。人工智能技术显著提高了商标检索的效率和准确性。通过深度学习和计算机视觉技术，人工智能可以快速识别商标图像的特征并进行分类。例如，国家知识产权局商标局推出的商标图形智能检索功能，实现了从纯人工检索到"以图搜图"的转变，大幅减少了审查员的工作量。

2. 多语言和多数据库支持。一些 AI 工具支持多语言查询和跨数据库检索，能够帮助企业在全球范围内进行商标保护。例如，Questel 的 Markify 平台结合了 AI 算法和人类专业知识，支持多种语言和数据库的搜索，能够快速识别相同和容易混淆的相似商标。

二、人工智能在商标侵权监测中的应用

1. 侵权行为的快速识别。AI 技术可以自动扫描和比较大量商标数据，快速识别潜在的侵权行为。例如，通过分析历史数据和趋势，AI 可以预测未来的侵权风险，帮助企业提前采取措施。

2. 图像和文本分析的结合。AI 不仅能够识别商标图像，还能对商标名称、描述等文本信息进行语义分析，从而更全面地发现侵权行为。

三、人工智能对商标功能的影响

1. 商标识别功能的调整。随着人工智能的发展，消费者对商标的依赖程度可能会降低，但商标在产品识别和消费者反馈中的作用依然重要。例如，即使 AI 完全替代消费者进行购物决策，消费者在使用产品后仍需通过商标与卖家进行反馈。

2. 商标广告功能的优化。在智能消费时代，经营者可以通过 AI 技术优化商标广告功能，如通过精准推送和智能生成广告来提高商标曝光度。

四、人工智能在商标检索中的挑战与局限

1. 数据和模型训练的需求。AI 技术需要大量的数据和模型训练，这需要大量的计算资源和时间成本。此外，AI 技术在某些情况下可能无法完全准确地识别和理解商标的含义和价值，需要人工干预和审核。

2. 法律和市场背景的适应性。尽管 AI 取得了重大进展，但其对法律和市场背景的理解可能仍有限。人工监督对于确保搜索结果符合特定法律和市场背景至关重要。

任务二 布局商标申请

任务描述

本节任务是使学生掌握全球化商标战略布局的核心方法与实施路径，构建一个覆盖国内、国际的商标保护网络框架，设计一个包含防御体系、监测机制、应急响应的全周期管理方案，完成一个商标布局模拟项目，达到商标代理人资格考试实务操作标准，系统提升学生商标战略分析能力、跨法域风险防控能力、商业资源整合能力及知识产权资产管理能力。

经典案例

华大集团全球商标防御体系构建

一、案件背景

华大集团（BGIGroup）作为全球领先的生命科学研发机构，自1999年成立以来逐步构建起涵盖基因测序、医疗器械、农业育种等领域的全产业链。随着"华大基因"品牌在2016年深圳证券交易所上市，其核心商标在生物医药第10类、科研服务第42类遭遇在先商标障碍，同时面临全球20余国市场被抢注风险。2017年启动的"华大"系列商标全球布局计划，成为企业知识产权战略转型的标志性事件。

二、品牌注册风险

图4-2 华大基因商标图样

（一）国内核心类别受阻

1. 第10类（医疗器械）、第42类（技术研究）的"华大基因"商标因与第三方"华大"商标近似被驳回；

2. 全国范围内出现300多家含"华大"字样的生物科技企业，品牌混淆率达43%。

（二）国际布局滞后

1. 美国、欧盟等 21 个主要市场存在"BGI""HUADA"近似商标抢注的情况；

2. 印度市场遭遇商标劫持事件，直接经济损失达 2000 万美元。

（三）内部管理失序

1. 子公司独立申请导致 80 多件"华大"系列商标互为障碍；

2. 商标使用证据链缺失，35%注册满 3 年的商标面临"撤三"风险。

三、实施品牌战略布局

（一）第一阶段：国内障碍清除（2016 年~2018 年）

1. 在先权利破局。启动"撤三"程序：针对第 10 类第 123456 号"华大"商标，提交连续 3 年未使用证据（发票、产品检测报告缺失）。

无效宣告连环战：对 42 类抢注商标发起 35 件无效宣告，成功率达 92%。

2. 全类别防御覆盖。实施"核心类+关联类+全类"三级注册：

核心类：第 1 类（化学试剂）、第 10 类（医疗器械）、第 42 类（科研服务）。

防御类：第 35 类（广告）、第 38 类（数据服务）、第 44 类（医疗服务）。

全类储备：提交"华大智造"等子品牌 45 类全注册。

3. 商标管理体系重构。制定《华大集团商标管理办法》。

集中管理：所有商标申请需经集团 IP 部审批。

使用规范：统一 VI 系统，禁用变形商标。

证据留存：建立区块链存证平台，自动抓取产品包装、官网宣传数据。

（二）第二阶段：国际布局加速（2018 年~2022 年）

1. 马德里体系+重点突破。通过马德里体系指定 58 个缔约国，覆盖欧美主要市场。对印度、巴西等审查严格地区采用单一国家申请策略。

2. 区域品牌拆分。

欧美市场：主推"BGI"英文商标（注册类别与国内核心类对应）。

东南亚市场：注册"华大基因"本地语言变体（如印尼语"HUADAGEN"）。

3. 海外维权网络。

建立全球监测系统：接入国际商标协会（INTA）侵权数据库。

组建跨国律师联盟：在 12 个国家设立常驻法律代表。

四、全球品牌布局效果

1. 国内布局。清除障碍商标 127 件，核心类注册成功率从 32%提升至 98%。全类商标持有量达 680 件，防御性注册覆盖 98%的关联商品服务。

2. 国际布局。马德里体系覆盖 58 个国家，单一国家注册 23 个重点市场。国际商标维护成本降低 47%。

五、经验启示

（一）三维防御体系构建

纵向：核心业务类→衍生服务类→全类储备。

横向：国内基础注册→马德里体系→重点市场深耕。

时间轴：产品研发期商标储备→上市前集中注册→销售期动态监测。

(二) 技术赋能关键点

部署 AI 商标机器人：自动扫描《类似商品服务区分表》更新情况，实时调整注册策略。

构建商标大数据平台：整合全球 140 多个国家商标审查标准数据库。

(三) 规范风险管理

建立《商标使用合规清单》：明确 45 类商品和服务使用边界。

实施 "3+3" 证据留存机制：产品上市前 3 个月开始留存使用证据，每 3 年更新续展档案。

思维导图

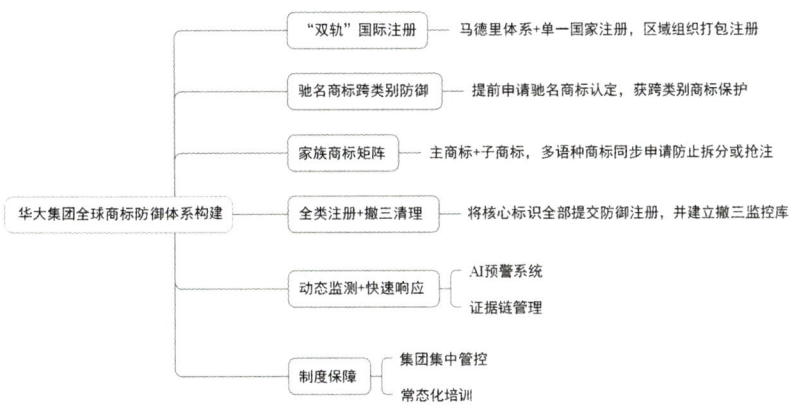

案例评析

华大集团商标战略布局的破局之道展现了企业突破商标注册障碍的系统化策略。华大集团在核心类别遭遇在先商标阻却后，采取 "清除障碍+立体布局" 双轨并进的策略，通过集中发起 "撤三" 程序清除在先权利障碍，同时构建覆盖主业务、防御类及全类别的三级注册体系。其创新性体现在将商标布局与企业上市规划深度绑定，运用区块链技术固化使用证据，有效规避 "撤三" 风险。这种主动清除障碍而非被动应诉的思维，使核心类别注册成功率从 32% 跃升至 98%，为后续品牌价值跃升奠定法律基础。

案件凸显法律手段与商业战略的协同效应。面对子公司商标权利分散引发的自相驳回问题，华大集团通过制定《华大集团商标管理办法》实施集中化管理，要求关联公司签署共存协议，并建立智能监测系统实时扫描全球 140 余国的审查标准。在应对国际抢注方面，采用 "马德里体系+重点突破" 策略，如在欧盟市场结合单一国家申请，既控制成本又确保核心市场保护强度。这种将制度约束与技术赋能相结合的模式，使国际商标维护成本降低 47%，形成可复制的跨国品牌保护范式。

案例启示企业需构建动态演进的商标管理体系。华大集团通过"核心商标群+衍生品牌矩阵"的布局模式，以"华大基因"为核心向"华大智造"等子品牌辐射，并建立"3年证据更新+6年战略复盘"机制，实现商标资产与业务拓展同步迭代。其经验表明，商标布局不应局限于确权保护，更要与资本市场运作衔接，如上市前完成核心商标权属清理，通过防御性注册预留业务延伸空间。这种将知识产权管理与商业战略深度融合的实践，为科技企业突破专利与商标双重围剿提供范本。

知识归档

一、商标申请的概念

商标申请是企业品牌建设和法律保护的重要环节，是指自然人、法人或者其他组织在生产经营活动中，对其商品或者服务需要取得商标专用权时，向商标注册机关提交的申请行为。通过商标申请，申请人可以获得商标的法律保护，确保其商标在特定商品或服务上的专用权，防止他人未经授权使用。

二、商标分类体系

1. 尼斯分类体系。商标国际分类共包括 45 类，其中商品 34 类，服务项目 11 类，共包含一万多个商品和服务项目，需根据实际业务及未来扩展选择核心类别和关联类别。

示例：餐饮企业需注册第 43 类（餐饮服务），同时可能关联第 35 类（广告销售）、第 29/30 类（食品）等。

2. 跨类别保护。对高价值商标可在全类别注册（全类保护），或在易混淆领域注册（如第 35 类"广告"可能覆盖多个行业）。

示例：

"华为"商标布局：全类别注册核心商标，并在海外重点市场提前申请。

"老干妈"防御商标：注册"老干爹""老干妈"等联合商标，防止山寨产品出现。

三、商标申请核心流程

（一）基础步骤

检索：通过商标局官网（如中国商标网）或第三方工具（如 WIPO Global Brand Database）查询近似商标，降低被驳回的风险。

材料准备：申请书、商标图样、营业执照（公司）或身份证（个人）、委托书（委托代理机构时）。

提交与审查：①形式审查（1~2 个月）：材料完整性审核。②实质审查（4~6 个月）：对比在先商标，评估是否违反禁用条款。

公告与注册：通过审查后公告 3 个月，无异议则颁发商标证书，有效期 10 年（可续展）。

（二）国际申请

马德里体系：通过中国商标局提交国际注册，覆盖 120 多个成员国（需基础注册或申请）。

单一国家申请：直接向目标国商标局提交（如美国需提供使用证据）。

四、商标显著性与禁用条款

（一）显著性原则

强商标：臆造词（如"苹果"用于电子设备）、任意词（如"小米"用于手机）保护力度更强。

弱商标：描述性词汇（如"鲜奶"用于乳制品）需通过长期使用获得显著性。

（二）禁用条款

不得违反《商标法》第 10 条（如国家名称、国旗、欺骗性标志等）及第 11 条（缺乏显著性）的规定。

五、商标注册策略

（一）基础布局

主商标：核心品牌名称+LOGO。

防御商标：在非关联类别中注册相同商标（如"阿里巴巴"在第 35 类外注册其他类别）。

联合商标：在同类商品中注册近似商标（如"娃哈哈"与"娃娃哈"），防止他人搭便车。

（二）国际布局

马德里体系：通过中国商标局提交国际注册，覆盖 120 多个成员国。

逐一国家注册：针对重点市场（如美国、欧盟）单独申请。

六、商标使用与维持

1. 实际使用要求。我国《商标法》规定，注册商标连续 3 年未使用（"撤三"）可能被撤销，需保留使用证据（销售合同、广告等）。

2. 续展与变更。商标有效期 10 年，续展需在到期前 12 个月内办理；地址、名称变更需同步更新商标信息。

七、侵权风险与应对

1. 混淆可能性判断。侵权判定标准：商标近似+商品/服务类似+易导致消费者误认。

2. 监控与维权。

主动监测：定期检索商标公告，发现近似商标及时提出异议。

被动应对：通过行政投诉（市场监督管理局）或诉讼（法院）维权。

八、特殊知识产权的商标布局

（一）地理标志

根据《TRIPS 协定》和我国《商标法》，地理标志（Geographical Indications）是现

代知识产权制度的重要组成部分，指标示某商品来源于某地区，该商品的特定质量、信誉或其他特征主要由该地区的自然因素或人文因素所决定的标志。地理标志可以作为证明商标或集体商标申请注册，其保护范围不仅包括商品本身，还包括与地理来源相关的特定品质和声誉。

地理标志的保护通过集体商标或证明商标注册，需由具备监督能力的组织（如行业协会、政府机构）作为申请人。

由于地理标志主要和产地相关，强调产品的特定质量、声誉或其他特征，如"西湖龙井"或者"景德镇瓷器"，因此，在布局地理标志申请时，应该围绕地域特色和法律保护展开。

1. 精准定位核心要素。

地域范围：明确划定地理标志产品的生产区域（如县志、政府文件或行业标准）。

质量特征：结合自然因素（气候、土壤）和人文因素（传统工艺、历史背景），制定产品质量标准。

示例："横山羊肉"通过"地理标志+非遗"模式，将陕北白绒山羊品种优势与炖羊肉制作技艺相结合，强化品牌独特性。

2. 注册与保护策略。

国内注册：①核心类别：根据产品类型选择主类别（如第29类食品、第30类茶叶）。②防御性注册：在关联类别（如第35类广告、第39类物流）布局，防止搭便车。

国际注册：通过马德里体系或逐一国家注册，覆盖目标出口市场（如欧盟、东南亚）。

示例："盱眙龙虾"通过地理标志驰名商标保护，延伸至"虾稻共生"产业链，开发"盱眙龙虾香米"第二品牌。

3. 使用与管理规范。

制定管理规则：明确使用条件、许可程序、质量监督及违约责任（如《"东溪花生"地理标志证明商标使用管理规则》）。

动态准入退出：定期审核使用人资质，淘汰不符合标准的企业，确保品牌信誉。

技术支撑：建立溯源系统（如大连市地理标志溯源平台），实现从生产到销售的全流程追踪。

4. 品牌推广与价值提升。

文化赋能：结合非遗技艺、历史故事等文化元素，增强品牌溢价（如"盐池滩羊"通过文化包装提升价格3~6倍）。

政企联动：政府主导宣传（如"4·26知识产权宣传周"），组织企业参加展会、直播节等活动。

产业链延伸：推动"地理标志+旅游""地理标志+电商"融合（如"平谷鲜桃"带动当地餐饮、包装行业发展）。

（二）商号

商号，又称字号或企业名称，是指从事生产或经营活动的经营者在进行登记注册时用以表示其营业名称的一部分，是企业的重要标识，具有区分不同商事主体的功能。商号权是指企业对其注册商号所享有的专用权，属于知识产权范畴，具有人身权和财产权的双重属性。

商号通常指企业名称中的字号，比如"华大"是商号，而商标是用于区分商品或服务的标志。商号申请的布局策略就是将商号注册为商标，以保护企业名称的商业价值，防止他人在相关领域使用相同或近似的商号作为商标，导致混淆。因此，将商号（企业字号）转化为商标资产，构建品牌标识统一化、商业风险隔离化、资产价值最大化的防御体系，是较为妥当的布局策略。

1. 商号商标化。

必要性：防止他人在相同/类似商品服务上注册相同商号（如"华为"商号在全类注册为商标）。

覆盖范围：核心类目（与主营业务相关）+防御类目（易混淆领域）。

示例：阿里巴巴集团将"阿里""淘宝"等商号全类注册，覆盖电商、金融、云计算等领域。

2. 品牌分层管理。

主商号：企业核心标识（如"腾讯""京东"）。

子商号：业务线独立品牌（如"微信""天猫"）。

防御商号：关联词汇（如"华大"关联"华夏基因""大华科技"）。

3. 国内布局。

核心类目：根据《类似商品和服务区分表》选择主营业务相关类别（如科技企业选第9类、第42类）。

防御类目：第35类（广告销售）、第39类（物流）、第41类（教育）等易被搭便车领域。

全类注册：高知名度企业可采用（如"老干妈"全类注册防御）。

4. 国际布局。

马德里体系：低成本覆盖多国（需指定目标国）。

重点市场单独注册：美国、欧盟、日本等法律体系严格区域。

地域特色延伸：东南亚市场注册当地语言变体（如"小米"在印尼注册"Xiaomi"及印尼语拼写）。

5. 风险控制。

冲突排查：①商标局官网检索+专业数据库（如WIPO、USPTO）。②对近似商号提起异议/无效宣告（如"阿里妈妈"VS"阿里爸爸"）。

防御性措施：①注册联合商标，即同一主体注册多个近似商标（如"娃哈哈""娃娃哈"）。②进行拆分注册，即将商号拆分为文字、图形、组合商标分别保护。③注意留存证据，保留商号使用证据（如营业执照、广告合同、产品包装）。

6. 运营维护。

动态监测：①定期审计商标状态（有效期、续展时间）。②监控他人新申请（通过商标局公告或第三方监测平台）。

侵权应对：①向市场监管局举报商标侵权。②主张不正当竞争（如《反不正当竞争法》第 6 条）。③通过目标国律师启动异议程序（如欧盟 IPO 异议）。

7. 价值提升。

品牌协同：①将商号商标与专利、著作权联动（如"华为鸿蒙"商标+软件著作权）。②通过许可授权实现资产变现（如"迪士尼"商号授权商品）。

数字化管理：①建立商标数据库，关联研发、市场部门数据。②使用 AI 工具预测冲突风险（如商标近似度智能分析）。

（三）域名

域名是指在互联网上用于标识特定网站或网络资源的名称，具有独特的标识功能。域名保护是指通过法律手段和技术措施，确保域名持有者对其域名的合法使用权，防止域名被恶意抢注、侵权或滥用。

域名作为互联网上的"数字门牌"，兼具技术属性与商业标识功能，能够与商标形成"线下实体+线上流量"的品牌闭环。因此，在进行域名申请的布局时，应特别重视与实体品牌的链接。

1. 核心域名布局。

品牌主域名：企业名称 . com（如 huawei. com）。

关联产品/服务域名：产品线 . 企业名称 . com（如 huaweicloud. com）。

地域扩展：企业名称 . cn 企业名称 . hk（针对目标市场）。

2. 全类防御注册。

常见后缀：. com/. net/. org/. cn/. com/. cn。

新顶级域名（nTLD）：. brand/. shop/. tech（如 alibaba. tech）。

拼写变体：qihu360. comvsqihoo360. cn（防止拼写错误引流）。

3. 国际布局。

多语言域名（IDN）：中文 . 中国、日文 . コム等（覆盖非英语市场）。

区域化后缀：. uk/. de/. jp（符合当地用户访问习惯）。

行业专属后缀：. ai（科技公司）/. bank（金融机构）。

4. 风险控制。

冲突排查：①商标局官网+WHOIS 数据库交叉检索（避免与他人商标冲突）。②监测已注册的相似域名（如 hua-da. com）。

防御性措施：①进行保护性注册，抢注与品牌相关的谐音、缩写、常见拼写错误。②进行域名托管，将闲置域名转入第三方平台（如 GoDaddyAuctions）。③注意隐私保护，通过 WHOIS 隐私服务隐藏注册人信息。

5. 运营维护。

动态监测：①定期扫描域名状态（过期、被劫持、DNS 污染）。②监控品牌关键词在新顶级域名的注册情况（如 . store. xyz）。

侵权应对：①针对恶意抢注（需证明商标权利+恶意使用）根据《统一域名争议

解决政策》（UDRP）进行投诉。②依据《最高人民法院关于审理涉及计算机网络域名民事纠纷案件适用法律若干问题的解释》。③通过亚洲域名争议解决中心（ADNDRC）等机构提起仲裁申请。

6. 价值提升。

品牌协同：①域名与社交媒体账号名称一致（如@ doubao+doubao. com）。②建立品牌官网集群（www. 企业名称 .com+m. 企业名称 .com 移动端）。

数字化资产运营：①收购高价值域名（如 car.com 以 8720 万美元成交）。②搭建域名交易平台（如 Go Daddy Auctions、Namecheap Market place）。

技能达标

知识目标

1. 熟悉商标布局的定义、核心目的及战略价值；

2. 掌握商标分类体系与企业业务的匹配逻辑；

3. 理解商标显著性分级对布局策略的影响；

4. 识别《商标法》第 10~12 条禁用条款对布局的限制；

5. 掌握《商标法》第 30 条在防御性注册中的应用；

6. 熟悉马德里国际注册体系对跨境布局的特殊要求；

7. 明确核心商标、防御商标、联合商标的定义与区别；

8. 了解全类注册、区域布局、跨类别保护的适用场景；

9. 掌握地理标志、商号和域名的特殊注册规则。

能力目标

1. 能够使用"商标综合查询"系统完成布局可行性分析；

2. 能够运用商标监测工具跟踪特定商标的市场动态；

3. 能够利用人工智能工具制作商标布局流程图；

4. 能够根据企业业务模式预判商标申请冲突的风险等级；

5. 能够识别商标布局中的法律障碍；

6. 能够针对检索结果提出商标调整建议。

素养目标

1. 培养商标布局与企业发展同步的前瞻性意识；

2. 建立"保护—运营—增值"的商标资产管理理念；

3. 强化策划商标布局时遵守禁用条款的守法意识；

4. 树立拒绝恶意抢注他人在先商标的职业伦理。

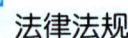 **法律法规** --

 **岗位职责** --

岗位名称	职责描述
商标代理人	1. 开展商标检索分析，制定商标布局方案。 2. 撰写商标注册申请书，处理审查意见通知书。 3. 跟踪商标申请进度，处理补正、异议、无效宣告等程序。 4. 指导企业选择商标类别，提供商标显著性优化建议。
企业品牌保护专员	1. 建立商标监控机制，监测市场侵权行为。 2. 处理商标侵权纠纷，配合律师完成诉讼或仲裁。
国际商标专员	1. 制定跨境商标布局策略。 2. 处理海外商标申请。 3. 协调境外合作律师处理涉外异议、诉讼。

知言知语

　　中国将保护外资企业合法权益，坚决依法惩处侵犯外商合法权益特别是侵犯知识产权行为，提高知识产权审查质量和审查效率，引入惩罚性赔偿制度，显著提高违法成本。

　　　　　　　　　　——2018 年习近平总书记在首届中国国际进口博览会开幕式上的主旨演讲

 **知权演练** --

延伸思考

一、人工智能助力商标申请布局的效率提升

随着人工智能技术的不断发展，其在商标申请布局中的应用日益广泛。AI 可以通过深度学习和大数据分析，快速检索和分析商标数据库，帮助申请人快速确定商标的可注册性，减少人工审核的时间和成本。例如，AI 系统能够实时监测市场上的商标使用情况，及时发现侵权行为，为权利人提供高效的维权手段。此外，AI 算法还可以生成独特的商标设计，满足企业个性化的品牌需求，提升商标的创意性和辨识度。

二、人工智能时代商标申请布局的战略调整

在人工智能时代，企业在进行商标申请布局时需要做出战略调整。首先，经营者可以侧重于在工具层面使用人工智能，通过精准推送、智能生成广告等方式提高商标曝光度，而不是替代商标的作用。其次，企业可以对商标形式作出必要调整，以"满足人工智能的需求"。例如，加强对视觉商标的使用，因为现阶段人工智能对非视觉商标（如声音商标、气味商标）的识别可能存在困难。最后，企业还需要关注 AI 生成商标的版权归属问题，明确其在法律上的地位，以保护自身合法权益。

任务三 策划商标运营

任务描述

本节任务旨在让学生全面掌握商标运营的基本方法与流程，构建一个清晰的商标运营思维框架，设计一个有效的商标运营策略，完成一个具体的商标运营模拟案例，从而提升学生分析问题、解决问题和团队协作能力。

经典案例

《哪吒之魔童闹海》全链条商标运营范例

一、案例背景

作为现象级动画电影《哪吒之魔童降世》的续作，《哪吒之魔童闹海》延续了中国传统神话的现代化改编路径，以"善恶共生"的哲学探讨和震撼视觉特效，成为 2025 年春节档票房冠军。影片全球票房突破 159 亿元，创下中国影史多项纪录。其成功不仅源于内容创新，更得益于出品方提前 5 年构建的商标防护体系，为影视行业树立了"创作期即布局期"的商标运营典范。

二、商标运营策略

（一）全周期提前规划

出品方北京光线影业有限公司于 2019 年启动商标布局，在电影立项阶段即提交“魔童哪吒”“魔童闹海”等核心商标注册申请。至 2023 年，累计完成 149 件商标注册，覆盖影视制作、玩具、服装、游戏等 45 个商品及服务类别，形成“核心商标+防御商标+角色商标”的三维保护矩阵。

（二）IP 元素深度挖掘

除影片名称外，出品方还针对“敖丙”“申公豹”等角色名称，“混元珠”“山河社稷图”等道具名称，以及导演“饺子”姓名等元素，提交全类商标注册。其中“饺子导演”商标覆盖 45 个大类，有效防范了姓名抢注风险。

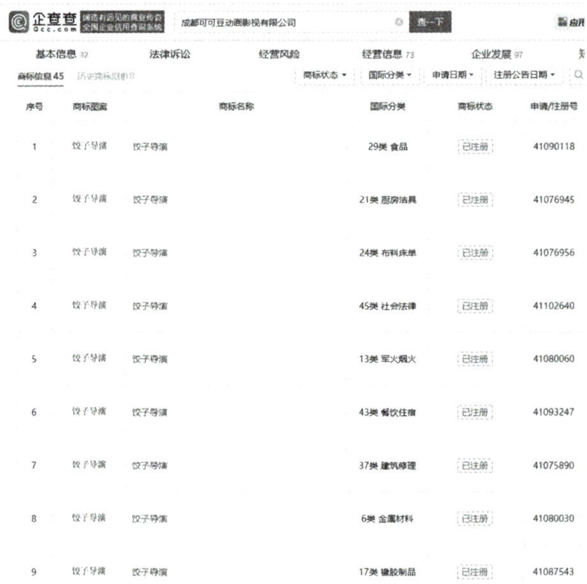

序号	商标图案	商标名称	国际分类	商标状态	申请/注册号
1	饺子导演	饺子导演	29类 食品	已注册	41090118
2	饺子导演	饺子导演	21类 厨房洁具	已注册	41076945
3	饺子导演	饺子导演	24类 布料床单	已注册	41076956
4	饺子导演	饺子导演	45类 社会法律	已注册	41102640
5	饺子导演	饺子导演	13类 军火烟火	已注册	41080060
6	饺子导演	饺子导演	43类 餐饮住宿	已注册	41093247
7	饺子导演	饺子导演	37类 建筑修理	已注册	41075890
8	饺子导演	饺子导演	6类 金属材料	已注册	41080030
9	饺子导演	饺子导演	17类 橡胶制品	已注册	41087543

图 4-3 “饺子导演”作为商标进行注册

（三）国际市场前瞻性布局

配合影片全球发行计划，出品方同步在北美、东南亚等地上游市场启动商标注册，构建国际知识产权壁垒，为衍生品开发和 IP 授权奠定基础。

三、商标纠纷应对

影片上映前后，哪吒汽车（合众新能源）以“在先合作关系”为由，对“魔童哪吒”“哪吒之魔童闹海”等商标提起无效宣告。光线影业通过提交创作手稿、宣传合同等证据链，证明商标与电影作品的强关联性，最终法院认定哪吒汽车主张不成立，争议商标予以维持。同时，光线影业针对哪吒汽车申请的“魔小童”“哪吒大魔童”等商标提起异议，成功阻止其注册。

四、行业启示

1. 战略布局意识。影视作品商标保护需贯穿创作、宣发、衍生开发全周期。《哪吒之魔童闹海》将商标布局窗口从传统的"宣发期"前移至"创作期"，有效规避了抢注风险。

2. 全产业链覆盖。商标布局应兼顾核心类别（影视制作、数字内容）与衍生领域（玩具、服装、主题乐园），为 IP 商业化预留空间。参考漫威、迪士尼等国际经验，建立"商标池"管理机制。

3. 纠纷应对机制。建立侵权监测预警系统，通过异议、无效宣告等法律程序主动维权。本案中，光线影业通过"创作证据链+在先使用抗辩"组合策略，成功维护商标权益。

4. 跨界合作风险防控。与其他行业品牌合作时，需明确商标授权范围与期限，避免因商业合作衍生权属争议。

思维导图

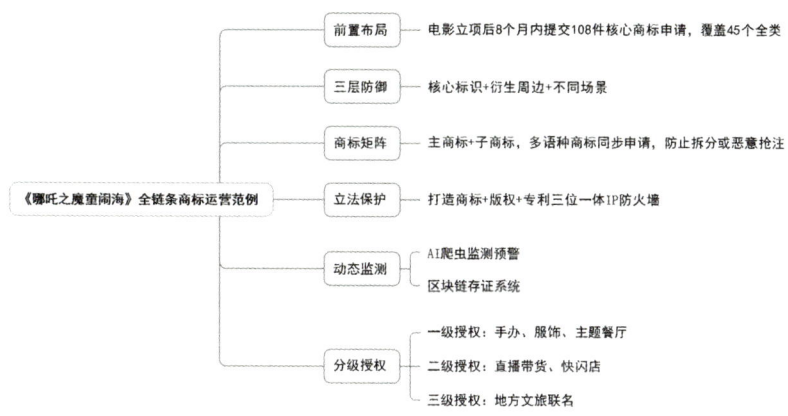

案例评析

《哪吒之魔童闹海》的商标运营实践表明，商标已成为影视 IP 商业化的核心资产。出品方通过系统化布局、技术化存证（如区块链确权）和法律化维权，构建了从内容创作到价值实现的完整保护链条。这一模式为中国影视行业提供了可复制的经验，即在内容创新的同时，需同步构建知识产权战略屏障，方能实现文化价值与商业价值的最大化。

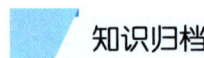 **知识归档** ┈┈

一、商标运营的基本概念

商标运营是指企业对其商标进行全生命周期管理的活动，包括商标的注册、维护、使用、保护和管理等各个环节。其目标是通过有效的管理和运营，提升商标的市场价值和品牌竞争力。

二、商标运营的理论框架

1. 商标的基本功能。商标的主要功能是识别商品来源、保证商品质量、宣传和推广、法律保护以及资产增值。这些功能共同构成了商标运营的理论基础。

2. 商标权的双重客体。商标权的客体不仅是商标本身，还包括商标所承载的商誉。商誉是通过商标的持续使用而获得的，是商标价值的重要体现。

3. 商标法的多重法律属性。商标法具有商业法、竞争法和知识产权法的多重属性。这意味着商标运营不仅涉及法律保护，还与市场竞争和品牌建设密切相关。

三、商标运营的实践环节

1. 商标注册。企业需要根据市场需求和自身品牌战略，选择合适的商标进行申请。注册商标是商标运营的第一步，确保商标具有独特性和识别性。

2 商标维护。商标注册后，企业需要定期检查商标的使用情况，确保其在市场中的有效性。这包括及时续展注册和应对侵权行为。

3. 商标使用。商标的使用应遵循"合理使用"的原则，通过有效的市场推广提升商标的知名度和美誉度。

4. 商标保护。企业需要建立内部的商标管理制度，防止商标被滥用，并通过法律手段维护自身权益。

5. 商标价值评估与交易。商标可以通过许可、转让等方式实现经济收益，企业应定期对商标进行价值评估。

四、商标运营中的法律问题

1. 商标侵权。企业需要了解如何识别和应对商标侵权行为。

2. 商标异议。在商标注册过程中，企业可以提出异议，阻止与自身商标相似或相同的商标注册。

3. 商标撤销。企业需要了解商标撤销的条件和应对策略。

4. 商标续展与变更。企业应定期关注商标的注册状态，确保其合法有效。

 技能达标 ▶

知识目标

1. 熟悉商标运营的定义、核心内容及商业价值；

2. 掌握商标运营与企业品牌战略的协同关系；

3. 理解商标运营的法律框架与合规要求；

4. 识别商标运营的市场风险与法律风险；

5. 掌握商标运营的财务评估与价值管理；

6. 明确商标运营的品牌建设与市场推广策略；

7. 了解商标运营的数字化工具与技术应用。

能力目标

1. 能够辅助企业商标专员制定商标运营战略规划；

2. 能够运用商标查询系统完成商标检索与分析；

3. 能够运用商标监测工具跟踪商标使用情况；

4. 能够利用数字化工具进行商标运营营收分析；

5. 能够辅助企业法务人员制定商标运营的风险管理策略；

6. 能够撰写商标运营报告与策略方案。

素养目标

1. 培养商标运营与企业战略协同发展的全局意识；

2. 建立商标运营中的品牌意识与市场导向思维；

3. 强化商标运营中的法律合规意识；

4. 树立商标运营中的创新意识与数字化思维；

5. 培养商标运营中的国际化视野。

法律法规

岗位职责

岗位名称	职责描述
商标专员	1. 协助制定商标申请策略，分析商标可注册性，并提供有效建议。 2. 监测商标权益，主动发现和防范商标侵权行为，及时提出商标保护申请。 3. 跟踪商标申请进度，处理补正、异议、无效宣告等程序。

续表

岗位名称	职责描述
	4. 指导企业选择商标类别，提供商标显著性优化建议。
商标顾问	1. 为企业提供商标服务和知识产权解决方案。 2. 全程跟进企业委托的商标事务，确保服务质量。

知言知语 ★

我们认为，每一个品牌都是一个产品，但不是所有的产品都是品牌。

——英国广告教父：大卫·奥格威

知权演练

延伸思考

一、人工智能在商标运营中的应用现状

随着人工智能技术的飞速发展，其在商标运营领域的应用逐渐崭露头角。一方面，AI 技术通过强大的数据处理能力，能够快速检索和分析海量的商标数据，帮助企业和商标代理人更高效地进行商标检索、监测和分析，显著提升商标布局和管理的效率。例如，智能检索系统可以精准识别与目标商标相似的在先商标，提前预警潜在的冲突风险，为企业制定商标策略提供有力支持。另一方面，人工智能在商标设计领域也展现出巨大潜力，能够根据企业品牌定位和市场需求，生成具有创新性和辨识度的商标设计方案，为品牌建设注入新的活力。然而，当前的应用仍处于初级阶段，尚未充分发挥人工智能在商标运营中的全部价值。

二、人工智能对商标运营的挑战

尽管人工智能为商标运营带来了诸多便利，但也引发了一系列挑战。首先，从法律层面来看，人工智能生成的商标作品的版权归属问题尚不明确。传统版权法通常将创作主体限定为自然人或法人，而人工智能生成的商标是否能够获得版权保护，以及如何界定其权利归属，成为亟待解决的法律难题。其次，人工智能的决策过程缺乏透明度，其生成的商标设计方案或检索结果可能难以被人类理解和解释，这给商标运营中的决策带来了不确定性。最后，随着人工智能技术的普及，商标侵权行为的手段也更加隐蔽和复杂，传统的侵权监测和维权手段难以应对，这对商标的法律保护提出了更高的要求。

三、人工智能时代的商标运营策略调整

在人工智能时代，商标运营策略需要做出相应调整以适应新的技术环境。企业应积极利用人工智能工具进行商标监测和市场分析，及时发现侵权行为和市场机会，制定灵活多变的商标策略。同时，企业需要加强与专业知识产权服务机构的合作，借助其专业知识和技术经验，共同应对人工智能带来的法律和技术挑战。此外，企业还应注重培养员工的数字素养和创新思维，使其能够熟练运用人工智能技术进行商标运营工作，提升企业的整体运营水平和竞争力。

任务四　办理商标注销

任务描述

本节任务旨在让学生全面掌握商标注销的基本流程与操作要点，构建一个清晰的商标注销操作框架，设计一份规范的商标注销申请方案，完成一个具体的商标注销模拟案例，从而提升分析问题、解决问题和团队协作能力。

经典案例

商标未及时注销引发的侵权纠纷

图 4-4　"超级飞侠"模型形象

一、案例背景

如艺雕塑工作室于 2018 年接受委托制作"超级飞侠"雕塑模具，并于 2019 年 9 月注销工商登记，但未办理商标注销手续。2022 年 3 月，重庆某雕塑公司法定代表人吉某程借用已注销的如艺雕塑工作室名义，使用其遗留的模具生产带有"超级飞侠"

图形的雕塑成品 3 件、半成品 3 件，并通过短视频平台销售，违法经营额 6600 元。

奥飞娱乐公司发现侵权行为后，向大渡口区市场监督管理局投诉。执法人员查明：如艺雕塑工作室已注销，但商标仍处于有效状态（未续展但未被撤销）；侵权方使用的模具与如艺雕塑工作室制作的模具一致，且未获得商标授权。

2023 年 6 月，市场监管局依据《商标法》第 57 条第 1 项，认定侵权方构成商标侵权，作出以下处罚：没收侵权产品及模具；罚款 3 万元。由于原商标权人已注销，无法追究其商标管理责任。

二、争议焦点

1. 商标注销与权利主体灭失的法律后果。如艺雕塑工作室注销后，其名下商标未办理注销手续，仍处于"注册有效"状态（未续展但未被撤销）。根据《中华人民共和国商标法实施条例》（以下简称《商标法实施条例》）第 47 条，商标注册人终止后未办理移转手续的，任何人可申请注销该商标。

工作室注销后，其民事主体资格消灭，无法作为商标权人主张权利或履行义务。奥飞娱乐公司虽为"超级飞侠"商标权利人，但因侵权方使用的模具与如艺雕塑工作室的历史行为相关，导致维权难度增加。

2. 侵权行为的认定与责任承担。侵权方在雕塑产品上使用"超级飞侠"图形，客观上起到指示商品来源的作用，构成商标性使用。同时，侵权方借用已注销企业名义签订合同，且未核实商标授权情况，主观上存在攀附"超级飞侠"知名度的故意。

市场监管局依据《商标法》第 57 条第 1 项认定侵权成立，并参考《商标法》第 60 条第 2 款作出处罚。

3. 原商标权人未注销的风险传导。如艺雕塑工作室注销后，其商标未作处置，导致模具被第三方利用，造成商标价值贬损。若侵权方主张"商标权人已不存在，侵权指控不成立"，可能引发行政诉讼或民事诉讼中的主体资格争议。

思维导图

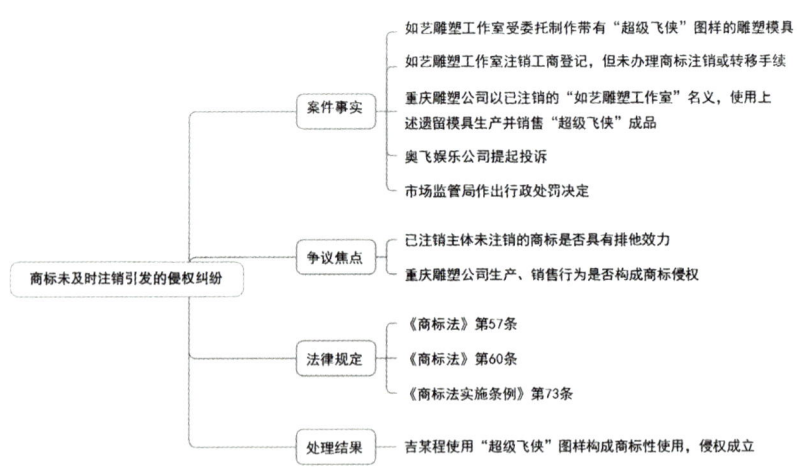

案例评析

本案系典型的因商标管理疏漏引发的侵权案件。侵权方重庆某雕塑公司在明知"超级飞侠"为奥飞娱乐注册商标的情况下，借用已注销的如艺雕塑工作室名义签订合同，擅自制作带有该商标图形的雕塑模具，并通过短视频平台销售侵权产品。其行为呈现三大特征：一是利用已注销企业的商标资产漏洞，规避法律追责；二是通过线上渠道扩大侵权影响，违法经营额虽小但传播范围广；三是主观恶意明显，既未核实商标授权，又在注销企业后持续使用模具生产。

该案的重点是如何做好商标全生命周期管理。如艺雕塑工作室注销后未及时办理商标注销或移转手续，导致商标沦为"无主资产"，为第三方侵权提供可乘之机。本案凸显企业终止时商标处置的法定程序要求，以及建立商标动态监测机制的必要性。

在动漫 IP 保护路径创新方面，本案突破传统著作权保护思路，通过商标权主张权益，为文化产业知识产权保护提供新范式。奥飞娱乐通过注册商标实现对雕塑商品的直接覆盖，证明商标布局在实体商品领域的维权效能。

本案虽未达刑事立案标准，但执法机关通过行政处罚及时制止侵权行为，彰显了知识产权行政保护的高效性。同时警示侵权方，持续扩大生产可能触犯《中华人民共和国刑法》（以下简称《刑法》）第 213 条假冒注册商标罪。

知识归档

一、商标注销的概念

商标注销是指商标主管机关依法取消商标注册人对其注册商标的所有权和使用权的法律程序。注销商标意味着该商标不再受到法律的保护，商标注册人失去了在核定使用的商品或服务上使用该商标的专有权。

商标注销是商标权消灭的核心方式之一，区别于商标无效宣告（溯及既往）与商标撤销（部分溯及力）。商标注销后，原权利人丧失商标专用权，他人可依法申请注册相同或近似商标。

二、商标注销的原因

（一）商标注册人主动申请注销

商标注册人可能因为自身经营策略的调整，不再需要使用该商标。例如，一家原本生产服装的企业，决定转型专注于化妆品生产，它可能会主动申请注销其在服装类别注册的商标，因为该商标在新的业务领域没有用武之地。

商标注册人也可能因为商标长期未使用，认为保留该商标没有实际意义而申请注销。例如，企业注册了多个防御性商标，但这些商标在实际经营中一直未被使用，企业可能会为了节省商标维护成本（如续展费用等）而主动注销这些商标。

注销程序：提交注销申请书、商标注册证（全部注销）或部分注销清单（需指定商品/服务类别），需经共有商标全体共有人同意，已质押商标需经质权人同意。

（二）商标因法定事由被注销

1. 连续 3 年不使用。根据《商标法》的规定，注册商标没有正当理由连续 3 年不使用的，任何单位或者个人可以向商标局申请撤销该注册商标。如果商标局经调查核实后，认为该商标确实存在连续 3 年不使用的情况，就会注销该商标。例如，某企业注册了一个商标，但由于市场环境变化等原因，该商标对应的商品或服务一直未推向市场，且没有合理的不使用理由，该商标就可能被注销。

注销程序：他人申请→商标局审查→公告注销。

2. 商标注册人主体资格丧失。如果商标注册人是企业，当企业破产、解散、注销等情况发生，且没有权利义务承受人时，该商标可能会被注销。例如，一家有限责任公司因经营不善被依法宣告破产并清算注销，其注册的商标在没有其他主体承接权利的情况下，会被商标局注销。

如果商标注册人是自然人，则死亡/终止且无人继受时，商标将被注销。

注销程序：商标局依职权注销，无需当事人申请。

3. 商标有效期届满未续展。商标注册的有效期为 10 年，自核准注册之日起计算。如果商标注册人在商标有效期届满前未办理续展手续，且在宽展期（自商标有效期届满之日起 6 个月）内仍未办理续展手续，商标局就会注销该商标。例如，某商标注册人因为疏忽，错过了商标续展的正常期限和宽展期，那么该商标就会因未续展而被注销。

4. 商标成为通用名称。原本具有显著性的商标，由于各种原因逐渐被公众广泛用于指代某一类商品或服务，从而丧失了其作为商标的显著性特征，无法再起到区分商品或服务来源的作用，商标注册人将失去对该商标的专用权，无法禁止他人在相同或类似商品或服务上使用该名称。

注销程序：他人申请→商标局审查→公告注销。

（三）商标注销的法律后果

1. 丧失商标权利。商标注销后，商标注册人不再享有商标专用权，不能阻止他人在相同或类似商品或服务上使用与该商标相同或近似的商标。例如，某商标被注销后，其他企业就可以在该商标原核定使用的商品类别上注册相同或近似的商标，或者在实际经营中使用该商标，而原商标注册人无权干涉。

2. 商标标识的使用限制。商标注销后，商标注册人不能再将该商标作为注册商标使用。如果继续使用，可能会面临法律风险。例如，在商业宣传、产品包装等场合使用已被注销的商标，可能会被他人投诉或举报，甚至可能构成不正当竞争行为。

3. 对商标转让和许可的影响。如果商标已经被注销，那么商标注册人之前签订的商标转让合同或商标许可合同将无法继续履行。对于商标转让合同来说，受让人无法获得商标专用权；对于商标许可合同而言，被许可人也不能再使用该商标。例如，甲企业将其商标许可给乙企业使用，但在许可期间该商标被注销，乙企业就失去了合法使用该商标的依据。

三、商标注销的流程管理

1. 商标生命周期管理（IPLM）。涵盖商标注册、使用、续展、许可、质押、注销全流程（参考《企业知识产权管理规范》）。企业终止前应制定商标处置方案，包括移转、注销或清算分配。

2. 风险防控要点。

主动注销：避免"僵尸商标"被他人恶意利用；

被动注销：监控商标续展期限，建立预警机制；

依职权注销：定期自查商标使用情况，保留商标使用证据。

📖 技能达标 ▶

知识目标

1. 熟悉商标注销的定义及法律依据；

2. 掌握商标注销的申请流程与所需材料；

3. 理解商标注销对品牌管理的影响；

4. 了解商标注销的法律后果。

能力目标

1. 能够撰写并提交商标注销申请的文件；

2. 能够与商标局及相关部门进行有效沟通，跟进商标注销进度；

3. 能够处理商标注销过程中可能出现的异议或问题；

4. 能够撰写商标注销的操作报告，总结商标运营经验。

素养目标

1. 强化严格遵守商标法律法规的法律意识；

2. 提高认真对待商标注销工作的责任意识；

3. 树立商标运转生命周期的全局观念。

 法律法规

岗位职责

岗位名称	职责描述
商标代理人	1. 完成商标注销申请文件的撰写与提交，包括主动注销、依职权注销等程序。 2. 处理商标续展、转让、变更等业务时，同步核查商标是否需注销。 3. 代理商标异议、无效宣告等案件，在确权程序中提出注销主张。 4. 协助企业建立商标档案，记录注销时间、原因及后续影响。
商标法律顾问	1. 审查企业商标注销方案的合法性，确保符合《商标法》及《商标法实施条例》。 2. 代理企业处理商标注销后的纠纷，如侵权追责或权属争议。 3. 制定商标监测机制，对注销后 1 年内的近似商标注册申请提出异议。 4. 参与企业并购、清算等场景，指导商标注销与资产处置的衔接。

知言知语

关于创意沟通，你可以采取两种态度：一种是冷静的推理，一种是温暖的人性。

——美国广告创意大师：威廉·伯恩巴克

知权演练

延伸思考

一、人工智能在商标注销中的自动化处理

随着人工智能技术的发展，商标注销流程的自动化已成为可能。AI 可以通过自然语言处理（NLP）和机器学习（ML）技术，自动识别和处理商标注销申请中的关键信息，如商标名称、注册号、申请人信息等。这不仅提高了处理效率，还减少了人为错误。例如，欧盟知识产权局（EUIPO）正在实施一项 AI 项目，利用机器学习技术优化商标注册和注销流程。

二、人工智能辅助的商标注销监测

AI 技术可以实时监测商标的使用情况和市场动态，及时发现可能的侵权行为或商标闲置情况。通过图像识别和数据分析，AI 系统能够快速识别与已注销商标相似的使用情况，帮助企业及时采取措施保护自身权益。例如，WIPO 的全球品牌数据库和 EUIPO 的 TMView 数据库已经整合了 AI 技术，提供更高效的商标检索和监测服务。

三、人工智能在商标注销中的法律合规性

AI 技术可以帮助企业和法律从业者更好地理解和遵守商标注销的法律要求。通过生成式 AI 工具，法律从业者可以快速生成合规的商标注销申请文件，并确保文件符合相关法律法规。例如，美国专利及商标局（USPTO）发布了关于 AI 工具在商标实践中的使用指南，强调了 AI 在商标申请和注销中的合规性。

四、人工智能在商标注销中的伦理和法律挑战

尽管 AI 技术为商标注销带来了诸多便利，但也引发了一些伦理和法律问题。例如，AI 生成的商标注销建议可能缺乏透明度，导致决策过程难以被人类理解和解释。此外，AI 在商标注销中的应用还可能引发新的侵权风险，需要法律从业者密切关注并灵活应对。

任务五　处理商标纠纷

任务描述

本节任务旨在使学生全面掌握商标纠纷处理的关键流程与核心要点，构建一个系统的商标纠纷应对框架，设计一份规范的商标纠纷处理方案，完成一个具体的商标纠纷模拟案例操作。通过本任务，学生将提升对商标纠纷的分析能力、解决能力和团队协作能力。

经典案例

"茶颜悦色"诉"茶颜观色"不正当竞争纠纷

图4-5　涉案商标对比

一、基本案情

广州洛旗餐饮管理有限公司（"茶颜观色"注册商标专用权人）（以下简称洛旗公司）于 2019 年以长沙市语依饮品有限公司、湖南茶悦餐饮管理有限公司（"茶颜悦色"商标权人）商标侵权为由，向长沙市岳麓区人民法院起诉，请求判令赔偿损失 21 万元，并公开发表致歉声明、消除影响。法院经审理认为，"茶颜悦色"与"茶颜观色"商标在读音、字形、含义及整体外观上均存在显著差异，不构成相同或类似商标，且洛旗公司受让"茶颜观色"商标后，对在先使用并具有较高知名度的"茶颜悦色"提起商标侵权之诉，有悖诚实信用原则，构成权利滥用，故驳回洛旗公司全部诉讼请求。

此后，湖南茶悦文化产业发展集团有限公司（以下简称茶悦公司）又以洛旗公司等使用与其有一定影响的商品装潢相同或近似装潢及虚假宣传为由，提起不正当竞争诉讼。长沙市天心区人民法院于 2021 年 4 月 22 日一审判决洛旗公司等停止不正当竞争行为，赔偿茶悦公司经济损失及合理维权费用，并于《中国知识产权报》刊发声明消除影响。

二、争议焦点

该案的核心争议焦点集中在以下两方面：

1. 商标侵权认定。洛旗公司主张"茶颜悦色"使用的商标侵害其"茶颜观色"注册商标权，争议焦点在于两商标是否构成近似商标并导致消费者混淆。法院认定二者在文字构成、读音、整体视觉效果上差异明显（如"悦色"与"观色"含义不同），且"茶颜悦色"商标注册时间早于"茶颜观色"实际使用及知名度形成时间，故不构成商标侵权。

2. 诚实信用原则与权利滥用。洛旗公司作为同业竞争者，在明知"茶颜悦色"已具有较高市场知名度的情况下，仍受让"茶颜观色"商标并发起诉讼，被法院认定存在攀附商誉的主观恶意，违反诚实信用原则，构成权利滥用。此外，后续反不正当竞争诉讼中，法院进一步指出洛旗公司等使用近似装潢及虚假宣传的行为，构成对"茶颜悦色"的不正当竞争。

三、裁判结果

一审法院认为"茶颜悦色"不构成对"茶颜观色"的商标侵权，二者在文字、读音、含义及整体外观上差异显著，不构成近似商标，且洛旗公司存在明显攀附商誉的主观恶意，违反诚实信用原则，驳回原告洛旗公司的全部诉讼请求。二审法院驳回上诉，维持原判。

四、典型意义

1. 明确商标近似判断以市场混淆可能性为核心，防止"文字近似"形式标准被恶意注册者滥用为商业碰瓷工具。

2. 首次以"权利滥用"条款认定在后受让商标者违反诚实信用，为遏制"反向混淆"式诉讼树立裁判标尺。

3. 通过体系化认定装潢、宣传等多环节不正当竞争，实现从"形式注册"到"公平竞争"的司法价值转向，优化了营商环境。

思维导图

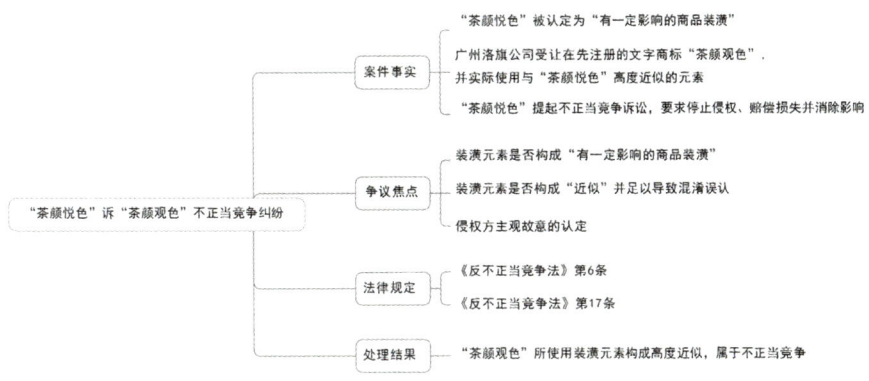

案例评析

"茶颜悦色"与"茶颜观色"之争，是一场典型的注册商标与在先商誉正面冲撞的司法试验，也是我国法院在权利滥用与竞争伦理双重维度上对"注册主义"传统作出的系统反思。案件以"商标侵权—权利滥用—不正当竞争"三线并进的方式展开，既呈现法律适用的技术细节，又折射出数字经济时代品牌竞争的深层逻辑，具有显著的学理与政策意义。

1. 在商标侵权层面，法院以"消费者整体认知"替代"要素机械比对"，将两标识在读音、含义及市场语境中的显著差异作为不近似的决定性理由，从而把《商标法》第57条的"混淆可能"标准从纸面符号拉回真实世界。更具突破性的是，法院首次在民事判决中直接援引诚实信用原则，认定在后受让商标并发起批量诉讼的行为构成权利滥用，为《商标法》第7条与第32条的体系解释提供了可操作的教义学路径，有效抑制了"商标蟑螂"对注册制度的工具化利用。

2. 在不正当竞争层面，法院把文字字体、仕女图形、门店配色及"雨天半价"标语整合为受《反不正当竞争法》第7条保护的"整体营业形象"，并借助第9条虚假宣传条款对加盟招商中的信息扭曲加以规制，实现了对商业外观的立体保护。此一裁判思路不仅扩张了传统"装潢"概念的边界，也为新消费品牌通过多元视觉符号构建市场认知提供了可预期的制度支撑。

3. 两案相互衔接，共同完成了从"符号独占"到"商誉保护"的范式转型：一方面，通过否定恶意注册人的侵权请求，重申在先使用与市场实绩的优先地位；另一方面，又以不正当竞争法补强商标法的缝隙，确保诚实经营者在注册制度下仍能维持完整的竞争利益。其结果不仅优化了特许经营行业的信息环境，也为司法如何在数字经济中平衡注册取得制度与公平竞争秩序提供了范本。

知识归档

一、商标纠纷的概念

商标纠纷是指因商标的注册、使用、许可、转让等行为而引发的争议。这些争议可能涉及商标权利的归属、商标的使用范围、商标的侵权行为、商标的无效宣告等多个方面。商标纠纷的当事人通常包括商标注册人、商标使用人、商标申请人以及其他利害关系人。

二、商标纠纷的类型

（一）商标侵权纠纷

相同或近似商标侵权：未经商标注册人许可，在相同或类似商品上使用与注册商标相同或近似的商标，容易导致消费者混淆的行为。

商标淡化侵权：将他人驰名商标用于不相同或不类似的商品上，导致商标显著性被削弱或商标声誉被损害的行为。

反向假冒侵权：未经商标注册人许可，将他人商标的商品更换为自己的商标后销售的行为。

商标反向混淆：侵权人使用与他人商标相同或近似的商标，导致消费者误认为侵权人的商品或服务来源于商标注册人。

（二）商标注册纠纷

商标异议：在商标初步审定公告期内，第三方对商标注册提出异议，认为该商标不符合《商标法》规定。

商标无效宣告：商标注册后，第三方认为该商标违反《商标法》规定，向商标评审委员会申请宣告该商标无效。

商标撤销：因商标注册人未使用商标、使用不当或违反《商标法》规定等原因，商标局或商标评审委员会撤销该商标。

（三）商标使用纠纷

商标许可使用纠纷：商标注册人许可他人使用商标时，因许可合同条款、使用范围、许可费用等问题引发的纠纷。

商标转让纠纷：商标注册人转让商标时，因转让合同条款、转让程序、转让费用等问题引发的纠纷。

（四）商标管理纠纷

商标续展纠纷：商标注册人未按时续展商标，导致商标失效，由此引发的纠纷。

商标变更纠纷：商标注册人变更商标信息（如商标所有人名称、地址等）时，因变更程序或变更内容引发的纠纷。

三、商标纠纷的处理方式

（一）协商解决

商标纠纷发生后，双方可以通过协商达成和解协议，解决纠纷。

（二）行政途径

商标局异议程序：在商标初步审定公告期内，第三方可以向商标局提出异议。

商标评审委员会无效宣告程序：商标注册后，第三方可以向商标评审委员会申请宣告该商标无效。

商标局撤销程序：因商标注册人未使用商标、使用不当或违反《商标法》规定等原因，商标局可以撤销该商标。

（三）司法途径

民事诉讼：商标注册人或利害关系人可以向法院提起民事诉讼，要求停止侵权、赔偿损失等。

行政诉讼：对商标局或商标评审委员会的决定不服的，可以向法院提起行政诉讼。

四、商标纠纷的预防措施

1. 商标注册策略。选择具有显著性的商标，避免使用通用名称或描述性标志；进行商标检索，确保申请的商标不与他人在先商标冲突。

2. 商标使用管理。按照《商标法》规定使用注册商标，避免自行改变商标的文字、图形或组合；定期监测市场，及时发现并制止侵权行为。

3. 商标维护。按时续展商标，确保商标专用权的持续性；保留商标使用证据，如销售发票、广告宣传材料等，以证明商标的实际使用情况。

📖 **技能达标** ▶

知识目标

1. 理解商标纠纷的基本概念和表现形式；

2. 掌握商标纠纷的法律依据和法律框架；

3. 了解商标纠纷的处理途径和适用条件；

4. 理解商标纠纷对品牌管理的长远影响。

能力目标

1. 能够分析商标纠纷案件，准确识别纠纷的核心问题；

2. 能够选择合适的纠纷处理方式，并制定相应的策略和方案；

3. 能够与相关部门进行有效沟通，确保纠纷处理顺利进行；

4. 能够撰写商标纠纷处理报告，为今后商标管理工作提供参考。

素养目标

1. 提升知识产权合规意识；

2. 培养严谨细致的工作作风；

3. 树立商标品牌战略思维。

法律法规

岗位职责

岗位名称	职责描述
商标律师	1. 提供商标法律咨询，指导企业制定商标布局、维权策略及风险防控方案。 2. 代理商标侵权诉讼、行政复议及仲裁案件，处理商标异议、无效宣告、撤销等确权程序。 3. 审查商标许可、转让合同，规避法律风险，协助企业应对跨境商标纠纷。 4. 参与商标侵权调查，收集证据链，代表企业与侵权方谈判或提起刑事控告。
法务专员	1. 审核商标相关合同，参与企业商标资产处置、并购中的法律事务。 2. 协助处理商标侵权纠纷，配合律师收集证据、撰写法律文书。 3. 监控市场侵权行为，协调工商查处及电商平台投诉，维护品牌权益。 4. 管理商标档案，跟踪商标状态，确保续展、变更等程序合规。
商标监管人员	1. 组织商标侵权案件查处，调解商标纠纷，指导企业合法使用商标。 2. 监督商标代理机构及印制机构合规运营，打击恶意注册行为。 3. 开展商标法律宣传，提升企业及公众商标保护意识。

名不正则言不顺，言不顺则事不成。

————《论语·子路》

知权演练

延伸思考

一、人工智能使商标侵权判定难度增加

AI 技术的广泛应用使得商标侵权行为更加隐蔽和复杂。例如，AI 可以生成与他人商标相似的设计，或者在不同类别的商品或服务上使用相似商标，从而导致消费者混淆。传统的侵权判定标准难以适用于这些新型侵权行为。

二、人工智能在商标注册和执法中的应用

AI 技术已经在商标注册的不同阶段发挥了重要作用，如协助申请人进行商品和服务分类选择、提高注册决定的一致性、检测欺诈性申请、进行冲突预测分析等。此外，AI 还可以协助警方发现在线侵权行为，通过自动检测系统实时监控市场动态，及时发现和处理商标侵权行为。

三、数据隐私与安全问题

AI 系统在处理大量商标数据时，如何确保数据隐私和安全，防止数据泄露和滥用，成为亟待解决的问题。商标数据涉及企业的商业秘密和消费者的个人信息，一旦泄露，可能会给企业带来巨大的经济损失，也会损害消费者的权益。

思考与实训

1. AI 技术在商标检索与布局中的应用前景及其技术局限性。
2. 商标实务中如何规范运用 AI 检索分析工具并确保结果的准确性。
3. 商标代理人在 AI 时代如何结合专业判断实现人机协同的商标分析。

项目名称	商标权检索挑战赛			实训学时	2 课时
实训时间	章节结束后	实训地点	实训室	实训形式	挑战赛
实训目的	1. 培养学生掌握商标检索与分析的实务技能。 2. 提升学生 AI 工具应用和商标信息分析、整理能力。				
实训内容	本次挑战赛采用二阶段晋级制，全面考察参赛团队的专业能力。 1. 初赛环节设置商标检索基础战，要求参赛团队在 30 分钟内完成指定商品/服务类别的商标检索任务。检索过程需严格遵循《商标审查及审理标准》的规范要求，参赛团队通过在线方式开展检索工作并提交规范的检索报告，排名前 60% 的优秀团队将获得晋级资格。 2. 复赛环节进入 AI 分析技能战，在 30 分钟的现场实操中，参赛团队需要依据《商标法实施条例》第 21 条的规定，运用 AI 分析工具对商标数据进行深度挖掘与分析。在确保数据处理符合《中华人民共和国数据安全法》要求的前提下，完成专业的分析报告。经专家评审，成绩位列前 30% 的团队将晋级决赛。				

	3. 决赛环节设置商标攻防战，采用现场答辩形式，每支参赛队伍有30分钟的展示与答辩时间。团队需要系统阐述其商标分析成果，并针对评审专家提出的问题进行专业应答。最终根据队伍综合表现确定获奖等次。
实训素材	实训素材： 1. 国家知识产权局商标局商标检索系统（主平台）。 2. AI商标分析辅助工具（如白兔商标、知产宝等）。 3. 商标无效宣告对比文件。 4.《类似商品和服务区分表》（尼斯分类）。 5. AI分析工具使用指南。 6. 商标检索分析报告模板。 7. 评分标准说明文档。
实训要求	在本实训项目中，学生需要掌握以下三个关键环节的操作规范与技术要求： 1. 商标检索预备。商标检索工作需要遵循全面性和准确性原则。在检索要素分析环节，学生应当依据《类似商品和服务区分表》（尼斯分类），系统分析商标的构成要素（文字、图形、颜色等）。结合《商标审查及审理标准》的规范要求，通过AI辅助工具精准提取商标显著特征，确保分析的全面性和准确性。 2. 检索策略制定。在检索策略制定方面，需要严格遵循《商标审查审理指南》的规范要求。特别关注商标近似检索的具体规则，充分利用AI工具辅助生成和优化检索策略，有效提升检索效率。数据源选择应当以国家知识产权局商标局检索系统为主要平台，配合辅助平台，确保所有数据来源符合《商标法》第9条关于商标显著性的规定。 3. 商标分析配置。AI分析维度的设置必须严格遵循《商标法实施条例》第21条关于商标审查的具体规定，同时确保数据处理过程符合《中华人民共和国个人信息保护法》的要求。分析框架的构建应当参照《商标注册用商品和服务国际分类》标准，保证科学性和规范性。
实训组织	1. 分组进行，每组4~5人。 2. 指定组长负责任务分工。 3. 建立详细的检索日志。 4. 制作检索分析报告。

项目五　商业秘密的识别与应用

任务一　检索商业秘密信息

任务描述

本节任务旨在让学生掌握商业秘密检索的关键技能与方法，完成一个具体的商业秘密检索案例。通过学习，学生不仅可以将掌握的鉴别商业秘密的方法运用在研发过程中的技术查新环节，还可以掌握反向工程的基础知识，检索和分析竞争对手的技术信息，及时准确地识别商业秘密的关键点，了解行业动态和技术发展趋势，避免重复研发和侵权，从而在实际工作中有效保护企业的合法权益。

经典案例

浙江春某动力股份有限公司与赛某科技有限公司等侵害技术秘密纠纷[1]

一、基本案情

浙江春某动力股份有限公司（以下简称春某公司）自主研发完成多套全地形车方案，形成大量图纸资料并制造多款测试样车。为保护项目方案、图纸、资料等商业秘密，春某公司采取了与相关人员签署《保密协议》、管制车间进出人员、设置系统访问权限等措施。徐某、李某均为春某公司前员工，两人均曾在春某公司下设的整车研究所、四轮车研究所工作。徐某曾担任整车工程师、研发设计主管、技术中心整车专家，全程参与了春某公司全地形车整车的研发过程。李某曾担任整车工程师，全程参与了全地形车整车的研发过程。春某公司分别和徐某、李某签署了《劳动合同》《保密协

---

〔1〕　（2022）最高法知民终 2501 号。

议》，约定徐某、李某承担保密义务。2018 年 8 月，徐某、李某先后从春某公司离职，后均加入赛某科技有限公司（以下简称赛某公司），赛某公司于 2019 年 3 月初启动全地形车项目。春某公司发现，赛某公司申请的专利号为 201920062017.8、名称为"行驶设备"的实用新型专利于 2019 年 11 月 19 日获得授权。案涉实用新型专利的发明人为徐某、李某，案涉实用新型专利的权利要求书、说明书及说明书附图展现的技术方案与春某公司全地形车项目形成的技术秘密构成相同或实质性相似。徐某、李某将其所掌握的春某公司的技术方案披露给赛某公司并允许赛某公司用于生产经营和专利申请，侵害了春某公司的技术秘密。2019 年 10 月 28 日，春某公司就相似技术方案向国家知识产权局递交专利申请号为 201911029709.3、名称为"一种跨骑式车辆及其发动机布置结构"的发明专利申请。赛某公司、徐某、李某将春某公司的技术秘密公开披露的行为，造成春某公司在专利布局、产品生产规划等方面的巨大经济损失。关于涉案技术是否构成商业秘密，春某公司认为密点 1-4 是其自主研发的全地形车发动机、油箱、空滤器等部件的布局设计，属于技术秘密，具有非公知性；而密点 5 是将密点 1-4 的组合运用于跨骑式全地形车，形成整体布局方案，春某公司认为该组合需针对性研发，非简单拼凑，且未在任何现有技术中公开。相反，赛某公司认为密点 1-4 的技术信息已通过公开专利文献披露，属于公知技术。被告主张密点 5 仅是密点 1-4 的简单叠加，未产生意想不到的技术效果。

二、裁判结果

一审法院认为，案涉技术秘密容易通过公开渠道获得，不符合不为公众所知悉的要件，不构成商业秘密。春某公司主张赛某公司、徐某、李某存在侵害其技术秘密行为亦缺乏事实和法律依据，故驳回春某公司的全部诉讼请求。

二审法院认为，春某公司主张的案涉技术信息密点 5 同时具备秘密性、价值性和保密性，构成商业秘密。春某公司提交的证据已经表明赛某公司、徐某、李某有渠道或者机会获取案涉技术秘密，本案证据表明案涉技术秘密被赛某公司、徐某、李某所侵犯。赛某公司、徐某、李某使用的信息与案涉技术秘密构成实质上相同，且不能证明其使用有关信息具有合法技术来源。故认定赛某公司、徐某、李某实施了侵害春某公司的案涉技术秘密的行为。综合考量案涉技术秘密的创新程度、商业价值、研究开发成本，赛某公司、徐某、李某的主观过错以及侵权行为的性质、情节、案涉技术秘密被披露后对春某公司竞争优势的影响，春某公司在本案中取证及委托律师参加诉讼等因素，酌定春某公司的经济损失 150 万元、本案合理开支 20 万元。

三、典型意义

本案反映了在员工流动频繁和技术竞争激烈的背景下，企业保护技术秘密的复杂性和挑战性。判决明确了技术秘密的认定标准，包括秘密性、价值性和保密性三个要件，同时也明确指出，技术信息是否具备秘密性不受实用新型专利权利要求是否具备新颖性、创造性的判断影响。判决侵权人承担高额赔偿责任，有利于帮助市场构建诚信经营、风清气正的环境。

思维导图

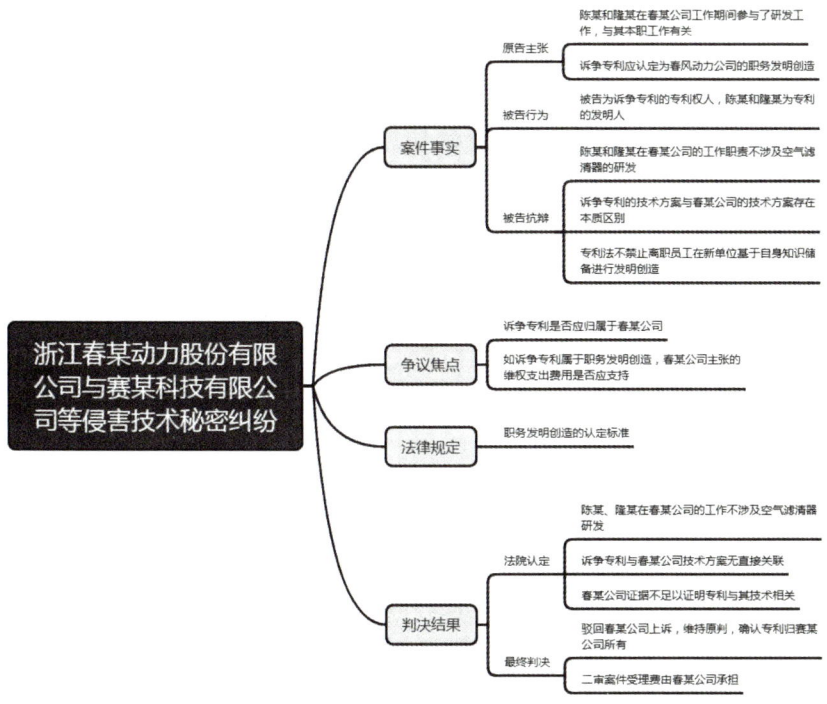

案例评析

该案件属于典型的商业秘密纠纷。商业秘密的价值就在于拥有他人无法得知的技术，能够保有在市场中的竞争力。春某公司自主研发全地形车并采取多种措施保护相关技术秘密，以期在市场中形成独有的竞争优势。但两名前员工离职后纷纷加入竞争对手赛某公司，并以相似技术方案申请专利，导致春某公司的独有技术被公开，给春某公司造成巨大的损失。

一、专利保护与商业秘密保护

春某公司自主研发全地形车并采取保密措施、签订《保密协议》等方式保护技术秘密，是希望以该技术作为企业的竞争优势。徐某、李某与赛某公司则是在非法获得他人商业秘密的基础上，试图通过专利申请的方式对自己获得的技术加以保护。在我国，专利与商业秘密本质上都属于知识产权保护。专利是以公开的形式保护的，权利人向国家专利局申请专利后，可以在一定时期内享有制造权、使用权、许诺销售权、销售权、进口权等权利。商业秘密则是以不公开的形式保护，如果保护得当，权利人可以一直独占商业秘密带来的市场地位和经济收益。例如，可口可乐的配方是以商业秘密的形式保护的。因此，企业在衡量某项技术、技艺或配方等需要以何种形式保护时，需要结合企业运营情况、市场定位等多因素进行分析。

二、技术资料的"秘密性"的认定

本案的关键难点在于对技术信息"秘密性"的认定。赛某公司提交了多项技术文献和公开资料，试图证明春某公司主张的密点 1~4 属于公知信息。然而，法院指出，判断组合信息的秘密性应综合考量整体的创新性和不可轻易获得性，而非简单地将各部分割裂分析。这一认定强调了检索过程中需要对技术方案的整体性和具体应用场景进行深入研究，而非仅比对单一技术点。

本案中，赛某公司还通过专利申请的形式公开了案涉技术秘密，使得春某公司的竞争优势受损。可见，企业在确定某项商业秘密是否具有价值时，需要提前检索，关注技术信息的公知性（如可以检索专利数据库及相关公开记录），全面检索可能泄露或冲突的技术内容。

知识归档

一、商业秘密的概念与特性

商业秘密，是指不为公众所知悉、具有商业价值并经权利人采取相应保密措施的技术信息、经营信息等商业信息。检索商业秘密信息主要检索以下两大类内容：一是技术信息，即与技术有关的结构、原料、组分、配方、材料、样品、样式、植物新品种繁殖材料、工艺、方法或其步骤、算法、数据、计算机程序及其有关文档等信息；二是经营信息，主要包括与经营活动有关的创意、管理、销售、财务、计划、样本、招投标材料、客户信息、数据等信息。值得注意的是，这里的客户信息，包括客户的名称、地址、联系方式以及交易习惯、意向、内容等信息。

商业秘密主要有三种特征：一是秘密性。秘密性是商业秘密与专利技术、公知技术相区别的最显著特征，它是企业不为公众所知的特性。一个企业要长足发展，就需要有自己的核心竞争力，该竞争力可以表现为创新技术、独特配方、特殊工艺等。企业如将该竞争力加以商业秘密的保护，就意味着该信息是不能从公开渠道直接获取的。二是价值性。价值性是指该项技术信息或经营信息具有可确定的应用性，能够为权利人带来现实的或潜在的经济利益或者竞争优势。一项秘密只有具备经济价值，才有获得保护的必要，否则权利保护就无从谈起。三是保密性。世界各国法律和有关的国际公约均要求商业秘密权利人对其所拥有的商业秘密采取必要的或合理的保密措施，并以此作为是否对其给予法律救济的一个重要考虑因素。

二、检索商业秘密的方法

检索商业秘密的场景有很多，在企业内部的研发过程中，企业需要检索和分析竞争对手的技术信息，了解行业动态和技术发展趋势，避免重复研发和侵权；在企业对外合作过程中，需要对拟合作企业的商业秘密进行尽职调查，评估拟合作企业的商业秘密价值和潜在风险等。只有确定了目标对象的技术信息的新颖性与非公知性，才可以认定是否构成商业秘密，进而决定是否采取下一步措施。因此，掌握检索商业秘密的方法，对于企业的技术研发、未来的决策都有着重要的影响。

商业秘密案中的技术查新，主要是围绕新颖性展开的。在进行技术查新时，可以参考专利文献或非专利文献。专利文献可以从专利公开渠道获取，如中国国家知识产权局（CNIPA）、欧洲专利局（EPO）、世界知识产权组织（WIPO），也可以通过智慧牙全球专利数据库（Patsnap）等商业专利查询工具查询。非专利文献可以通过中国知网、Web of Knowledge、维普科技期刊数据库等平台进行检索。在检索到相关技术文献后，可以对其技术点进行分析。如果本企业即将研发的技术成果已被现有公开资料所披露或属于该领域的常识性知识，则企业研发出的技术成果就不构成商业秘密。反之，如果未能在以上公开技术平台上查找到类似的技术信息，则企业拟研发的技术信息具备"非公知性"，可能构成商业秘密。

三、反向工程中的商业秘密检索

在商业秘密检索中，如果相关技术信息或经营信息是通过行为人自主研发或合法的反向工程手段获取的，通常不会被认定为侵犯《反不正当竞争法》所规定的商业秘密。

根据《最高人民法院关于审理侵犯商业秘密民事案件适用法律若干问题的规定》，反向工程主要是指通过技术手段对从公开渠道取得的产品进行拆卸、测绘、分析等而获得该产品的有关技术信息。由于获取的渠道公开合法，因此反向工程本身并不违法。然而，如果行为人先行通过不正当手段获取商业秘密后，后声称是通过反向工程获得信息的，依旧会被法院认定为侵犯商业秘密。

因此，在商业秘密检索中，明确信息来源的合法性至关重要，尤其是在涉及技术信息的获取方式时，应严格区分合法反向工程与不正当手段获取商业秘密的界限。企业在进行商业信息检索的时候，应当做好"留痕"，及时记录检索到的商业信息，以备不时之需。

📖 **技能达标** ▶

知识目标

1. 辨别商业秘密的概念、范围及法律保护依据；
2. 理解检索商业秘密信息的基本方法和技术手段。

能力目标

1. 能准确识别商业秘密信息；
2. 能掌握商业秘密信息的检索方法，包括数据来源、分析方法和工具应用。

素养目标

1. 树立依法合规检索商业秘密信息的意识；
2. 增强商业秘密保护的责任感，避免违法获取或使用商业秘密信息。

法律法规

岗位职责

岗位名称	职责描述
企业法务/知识产权律师	1. 评估商业秘密检索方法的合法性与合规性。 2. 区分合法的反向工程与商业秘密侵权行为。 3. 提供法律咨询。
技术部门	1. 通过专利数据库、行业会议、技术期刊等平台检索技术信息。 2. 牢守职业规范，不使用非法获取或未经授权的信息。
企业信息安全负责人	1. 规划和实施商业秘密信息的安全检索策略。 2. 采用加密、访问控制等技术措施，确保商业秘密的安全存储和传输。

知言知语

探索加强对商业秘密、保密商务信息及其源代码等的有效保护。加强刑事司法保护，推进刑事法律和司法解释的修订完善。

——中共中央办公厅、国务院办公厅印发《关于强化知识产权保护的意见》

服务创新驱动发展。加强知识产权司法保护，促进人工智能、生物医药等新兴产业培育壮大，助力传统产业改造升级，护航因地制宜发展新质生产力。起诉侵犯商标权、专利权、著作权和商业秘密等犯罪2.1万人……办理知识产权民事、行政、公益诉讼案件4219件，依法保护科技创新主体合法权益，服务高水平科技自立自强。

——《最高人民检察院工作报告——2025年3月8日在第十四届全国人民代表大会第三次会议上》

知权演练

细化构成要素准确认定商业秘密。

任务二 判定商业秘密归属

任务描述

本节任务旨在让学生掌握判定商业秘密归属的基本方法，构建一个在企业内部、商业合作以及雇佣关系等不同场景下的权利归属判定标准体系，设计一套探讨商业秘密归属的法律依据及实践标准，使学生增强对商业秘密权利归属的直观认知，提高分析问题、解决问题的能力，为未来从事知识产权法律研究及商业秘密诉讼实践奠定坚实基础。

经典案例

嘉兴市中某化工有限责任公司、上海欣某新技术
有限公司侵害技术秘密纠纷案[1]

一、基本案情

原告嘉兴市中某化工有限责任公司（以下简称嘉兴中某公司）与上海欣某新技术有限公司（以下简称上海欣某公司）共同研发了乙醛酸法制备香兰素的新工艺。两公司先后采用了文件控制程序、质量和环境管理手册、设置设备/设施管理程序、签订合同、员工制度文件等形式，保护其商业秘密。2010年，傅某作为嘉兴中某公司的员工，将涉案技术秘密披露给王某集团公司，并允许其使用。傅某作为嘉兴中某公司的员工，未经授权将存有设备图和工艺流程图的U盘交予第三方，上述资料最终被王某集团及其关联公司非法获取。随后，王某集团公司、宁波王某科技股份公司、喜孚狮王某公司等利用这些技术秘密生产香兰素产品，并在市场上销售，给嘉兴中某公司和上海欣

---

〔1〕 （2020）最高法知民终1667号。

某公司造成了重大经济损失。

二、裁判结果

一审法院认定，被告非法获取的技术秘密包括 185 张设备图和 15 张工艺流程图，并实际使用了其中关键内容。法院判令被诉侵权人停止侵害，王某集团公司、宁波某科技股份公司、傅某连带赔偿经济损失 300 万元、维权合理开支 50 万元，共计 350 万元；喜孚狮王某公司对其中 7%，即 24.5 万元承担连带赔偿责任。除王某外，本案各方当事人均不服，向最高人民法院提起上诉。最高人民法院撤销原判，要求被诉侵权人停止侵害，王某集团公司、宁波王某科技股份公司、傅某、王某连带赔偿经济损失和维权合理开支共计 1.59 亿元，喜孚狮王某公司对其中 7%，即 1115 万元承担连带赔偿责任。王某集团公司、宁波王某科技股份公司、喜孚狮王某公司、傅某、王某不服二审判决，向最高人民法院申请再审，后再审申请被驳回。

三、典型意义

本案中，法院最终判决侵权方连带赔偿 1.59 亿元，赔偿数额巨大。实践中，对商业秘密权利人的确定有极大意义，意味着权利人可以享有商业秘密的使用权，可以通过转让、许可等形式进而享有经济收益，也可以享受提起诉讼等权利。本案对上海欣某公司是否有权提起诉讼作了判决，明确了如果数个民事主体共有民事权利，该共有民事权利被侵害时，该数个民事主体可以作为共同原告提起民事诉讼。

思维导图

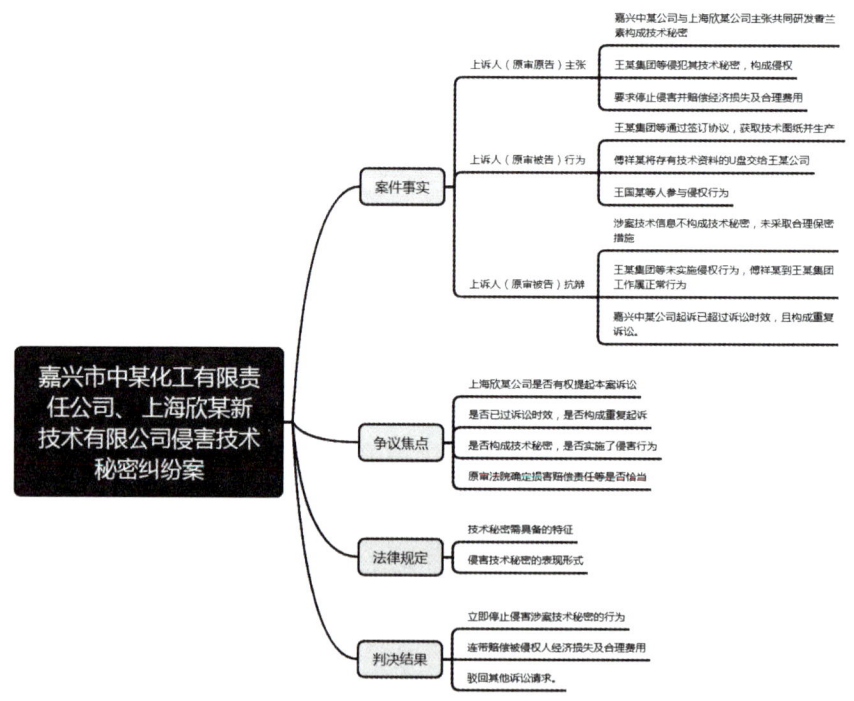

案例评析

一、侵权行为的判定

本案中，嘉兴中某公司和上海欣某公司共同研发的乙醛酸法制备香兰素新工艺属于技术秘密，其采取了保密措施，符合技术秘密的构成要件。傅某作为嘉兴中某公司员工，违反保密义务将技术秘密披露给王某集团公司，并允许其使用，而王某集团公司等利用该技术秘密生产销售香兰素产品，获取了不正当利益，给嘉兴中某公司和上海欣某公司造成了重大经济损失，其行为构成对商业秘密的侵犯，且属于共同侵权行为，应当承担连带赔偿责任。在司法实践中，如果权利方能够提供证据，证明被诉侵权人不正当获取了完整的产品工艺流程、全套生产设备资料等技术秘密，并已实际生产出相同产品的，除非被告有相反证据，否则法院可以判定被诉侵权人侵权。

二、赔偿数额的确定

原告提出了三种赔偿计算方法：按营业利润计算、按销售利润计算及按价格侵蚀计算，并针对每种方法都提供了相应的证据。三种方法相互印证，证明力强，具有极大的说服力。最高人民法院在确定赔偿数额时，综合考虑了侵权人的主观恶意、侵权行为的持续时间、侵权获利以及对权利人造成的损失等因素，最终判决侵权方连带赔偿1.59亿元。只不过由于法律适用问题，该案并没有受到《反不正当竞争法》下惩罚性赔偿的规制的影响。

三、合作开发商业秘密的权属

由于该技术的研发是两家公司共同完成的，故两家公司共同拥有该技术秘密的所有权。任何一方在未经对方同意的情况下，不得擅自披露、使用或允许他人使用该技术秘密。傅某作为嘉兴中某公司的员工，违反保密义务，将涉案技术秘密披露给王某集团公司，进而造成损害，该行为同时侵犯了两家公司的权利。

从裁判结果来看，一审法院和最高人民法院均认定侵权方需承担相应的法律责任，并对嘉兴中某公司和上海欣某公司进行赔偿。这一判决体现了对商业秘密共有权利的保护，明确了在共有权利被侵害时，共有权利人可以作为共同原告提起民事诉讼。

知识归档

一、商业秘密归属的判定原则

商业秘密归属的判定是确保权利人合法权益、激励创新和促进技术成果转化的重要法律问题。在我国法律体系和司法实践中，商业秘密归属的确定通常遵循三大核心原则：创造性原则、资源贡献原则和契约自由原则。

1. 创造性原则。商业秘密一定程度上与专利、著作权等相类似，是智力成果外化的体现，更加体现了权利人的创造性劳动。因此，其权利理应优先归属于对其开发、完成或经营信息的收集整理并作出实质性贡献的一方。一直以来，我国鼓励研发创新，通过将权利赋予实际作出创造性贡献的人，激发企业和科研机构的创新活力，推动技术进步和社会发展。值得注意的是，非职务相关的商业秘密开发成果一般归属于独立完成研发的个人，但仅从事辅助性工作的人员不享有权利。创造性贡献需涉及技术成果的核心内容，而非仅提供资金或协助工作。

2. 资源贡献原则。与《著作权法》中的职务作品、《专利法》中的职务发明创造相类似，单位通过提供资金、设备、场地等资源支持研发活动，其投入对成果形成具有重要作用时，商业秘密应归属于单位。按照我国《民法典》关于技术合同的相关规定，职务发明和商业秘密的权利通常归单位所有，研发者则享有署名权和取得荣誉证书、奖励的权利。这种方式既鼓励了个人创造力，也很好地盘活了企业、社会的资源，将技术成果投入生产环节，促进科学技术成果的研发、转化、应用和推广，有利于社会经济的长远发展。

3. 契约自由原则。作为一项民事权利，商业秘密的归属可以通过当事人之间的协议进行约定。用人单位与劳动者、委托人与受托人等主体可在平等协商的基础上签订协议，明确权利归属及利益分配。

二、权利人的确定

商业秘密的权利主体主要包括原始权利人（即商业秘密的开发者）和继受权利人（通过转让、许可等方式取得商业秘密权益的主体）。《民法典》第 123 条将商业秘密纳入知识产权范畴，并在"技术合同"部分对职务技术成果、委托开发及合作开发的商业秘密归属作出明确规定。根据《刑法》第 219 条第 3 款，商业秘密的"权利人"包括商业秘密的所有人以及经所有人许可的使用人。

司法实践中，一般认定商业秘密的开发者及权益继受者为商业秘密的权利人。例如，《江苏省高级人民法院侵犯商业秘密民事纠纷案件审理指南（2021 年修订）》第 1.4 节规定，权利人包括技术秘密和经营秘密的开发者、受让人、继承人、权利义务的承继者等，而利害关系人则主要指商业秘密的被许可人。

三、特殊情形的著作权归属

1. 职务技术成果的归属。员工可以与单位约定职务技术成果和非职务技术成果的权利归属。如无约定或约定不明，可参照法律和司法解释中对职务技术成果的确权方法。职务技术成果的归属关键在于技术成果的完成是否属于执行单位任务或主要利用单位的物质技术条件。当然，根据《民法典》的相关规定，完成技术成果的个人享有在有关技术成果文件上写明自己是技术成果完成者的权利和取得荣誉证书、奖励的权利。职务技术成果的使用权、转让权属于法人或者非法人组织的，法人或者非法人组织可以就该项职务技术成果订立技术合同。在转让职务技术成果时，职务技术成果的完成人享有以同等条件优先受让的权利。

2. 委托开发或者合作开发完成的技术秘密成果。《民法典》规定，委托开发或者合作开发完成的技术秘密成果的使用权、转让权以及收益的分配办法可以由当事人约定；没有约定或者约定不明确，且依据《民法典》第510条的规定仍不能确定的，在没有相同技术方案被授予专利权前，当事人均有使用和转让的权利。但是，委托开发的研究开发人不得在向委托人交付研究开发成果之前，将研究开发成果转让给第三人。

3. 委托开发技术成果的商业秘密归属。合作开发的商业秘密归属以约定优先，无约定或约定不明时，合作双方对商业秘密形成共有关系。在共有关系下，任何一方均可自行使用或普通许可他人使用。

 技能达标 ▶

知识目标

1. 理解商业秘密的权属认定规则，了解权利人类型；

2. 识别商业秘密权利归属，包括职务技术成果、非职务技术成果、合作开发成果等情形。

能力目标

1. 掌握不同场景下商业秘密的归属规则；

2. 运用法律条文与案例分析商业秘密侵权争议的归属认定。

素养目标

1. 树立商业秘密保护意识，理解商业秘密作为企业核心竞争力的重要性；

2. 掌握商业秘密管理与维权策略，增强依法保护商业秘密的能力。

 **法律法规**

岗位职责

岗位名称	职责描述
法务人员	1. 审查商业秘密归属条款。 2. 参与商业秘密确权纠纷，界定职务与非职务技术成果归属。
人力资源人员	1. 在员工入职、离职时签订保密协议和竞业限制协议。 2. 设立商业秘密保护考核机制。

续表

岗位名称	职责描述
研发人员	1. 负责技术成果研发，明确职务与非职务技术成果范围。 2. 识别研发成果的商业秘密属性，提交归属认定申请。
内部审计与风控人员	1. 负责商业秘密保护体系的定期审查和风险评估。 2. 监督各部门对商业秘密管理的执行情况，处理商业秘密确权纠纷的调查和应对措施。
知识产权律师	1. 为企业提供商业秘密归属相关法律意见。 2. 代表企业或个人谈判涉及商业秘密的合同。 3. 代理当事人提起商业秘密侵权诉讼或进行抗辩。 4. 参与行政投诉、刑事报案，协助执法机关办理商业秘密侵权案件。

 知言知语

　　牢牢把握加强知识产权保护是完善产权保护制度最重要的内容和提高国家经济竞争力最大的激励，打通知识产权创造、运用、保护、管理和服务全链条，更大力度加强知识产权保护国际合作，建设制度完善、保护严格、运行高效、服务便捷、文化自觉、开放共赢的知识产权强国，为建设创新型国家和社会主义现代化强国提供坚实保障。

——《知识产权强国建设纲要（2021-2035 年）》

知权演练

延伸思考

《人工智能时代的隐形战：商业秘密的保护》。

任务三　办理商业秘密登记

任务描述

本节任务旨在通过构建一套使用内部备案、合同约定等方式确认商业秘密的权属方案，使学生了解商业秘密登记的技巧，掌握处理商业秘密登记的基本方法与流程，学会设计一套系统的商业秘密登记流程。

经典案例

深圳花某公司、浙江某兴公司等侵害技术秘密纠纷[1]

一、基本案情

深圳花某公司（以下简称花某公司）是"有客多"小程序源代码的技术秘密权利人。花某公司与浙江某兴公司（以下简称某兴公司）签订了《花某源代码使用许可合同》，某兴公司依约获取了涉案软件源代码。某石公司是某兴公司的唯一股东，用户"A"是某兴公司的员工，其公开披露"有客多"小程序源代码至 Github，继而导致涉案源代码不断被 Github 共享平台多个注册会员复制。花某公司一审诉请如下：①某兴公司、某石公司连带赔偿花某公司经济损失及维权合理费用共计 5076.916 万元。②某兴公司、某石公司在《法制日报》刊登声明消除影响。③诉讼费由某兴公司、某石公司承担。二审期间，花某公司主张根据技术秘密的商业价值确定损害赔偿数额，并适用惩罚性赔偿。

二、裁判结果

一审法院根据涉案产品的研发与销售情况、花某公司年度报告、侵权行为的性质、侵权情节、主观过错、侵权持续的时间、反漏洞费用以及花某公司为制止侵权行为所支付的合理费用等因素，酌情确定某兴公司承担的赔偿数额为 500 万元。某石公司是某兴公司的唯一股东，但其未能证明某兴公司的财产独立于某石公司的财产。因此，某石公司应当对某兴公司的前述债务承担连带责任。一审法院驳回了花某公司的其他诉讼请求。案件受理费为 295 645.8 元，由花某公司负担 245 645.8 元，由某兴公司、某石公司共同负担 50 000 元。二审法院驳回上诉，维持原判。

三、典型意义

本案明确了技术秘密的认定标准，强调了保密措施的重要性。花某公司通过与员工签订保密协议、VPN 和 SVN 账号密码加密授权等措施，对涉案源代码进行了有效保

---

〔1〕　（2020）最高法知民辖终 323 号。

护。法院的判决也表明了企业在技术秘密保护中采取的保密措施是否合理、有效，将直接影响其在侵权诉讼中的胜诉可能性。

思维导图

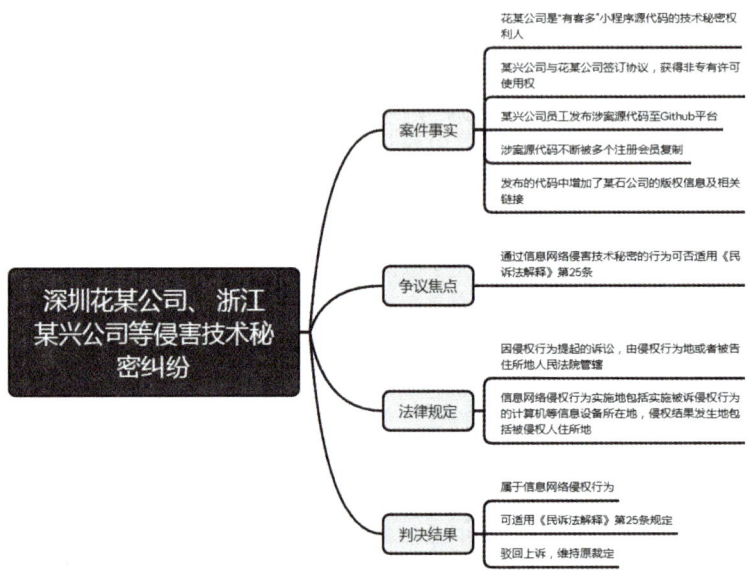

案例评析

该案件属于商业合作过程中的商业秘密泄露，花某公司及时对代码进行了涉密处理，并将开发软件成果"有客多"软件进行了著作权登记备案。该案中，有如下几点值得注意：

一、软件著作权登记与技术秘密的保护

技术秘密属于商业秘密的一种，往往在企业内部以非公开的方式加以保护。对于本案而言，该软件的技术逻辑、算法等核心内容属于技术秘密。与此相对，软件著作权登记则主要保护软件的外在表达形式。通过软件著作权登记，花某公司软件名称为"有客多"的软件获得了法律的保护。

在本案中，花某公司同时采用了技术秘密保护和软件著作权登记两种方式，这种结合使用的方式为其软件提供了更全面的保护。技术秘密保护确保了软件核心技术的保密性，而软件著作权登记则为软件的表达形式提供了法律保障。这种双重保护策略不仅能够有效防止竞争对手获取和使用该软件的核心技术，还能够防止他人未经授权复制和传播该软件。

二、合同与侵权的竞合

某兴公司通过《花某源代码使用许可合同》合法获取源代码，同时需要承担保密

义务。因此，其员工"A"未经授权将代码公开披露至 GitHub，既构成《反不正当竞争法》关于商业秘密保护下的侵权，同时也导致某兴公司构成合同违约。原告花某公司采取何种诉讼请求，需结合案件实际、证据情况、赔偿数额等确定。

三、员工泄露商业秘密

实践中，需要特别注意员工商业秘密泄露的情形，这可能发生在员工离职跳槽后，也可能发生在员工就职期间。企业在与涉及机密信息的劳动者签订保密合同时，应当明确保密内容和范围、双方的权利与义务、协议期限、违约责任。在竞业限制协议中，应当注意经济补偿条款。此外，企业还需要加强对商业秘密的日常管理、对员工的普法宣传力度等，以保护企业的核心竞争力。

四、某石公司的连带责任认定

法院认为，某石公司未能证明其财产独立于某兴公司，因此适用了《中华人民共和国公司法》中的"法人人格否认"原则（揭开公司的面纱），判令其承担连带责任。

◤ 知识归档

一、商业秘密的登记及意义

商业秘密不同于专利、商标或著作权，商业秘密往往不需要向官方机构注册申请或备案即可享有保护。目前没有全国统一的官方登记机构，但企业可以对内部的商业秘密自行登记备案，并采取相应密级的保护。对企业来说，商业秘密登记主要是指商业秘密管理责任人员对使用情况进行登记、备案。企业商业秘密的登记不仅包括新增商业秘密、修改商业秘密、使用和接触商业秘密的登记，还包括已采取保密措施的登记。

在实践中，商业秘密登记具有重要意义：其一，商业秘密登记有助于明确商业秘密的保护范围，将商业秘密的内容予以固定，明确哪些技术信息、经营信息应当纳入保护范围，避免因商业秘密信息范围不清而引发争议。此外，通过明确的商业秘密登记制度，企业既能够在内部管理中明确核心商业秘密的范围，又能在与合作伙伴签订保密协议时获得保护依据。其二，及时有效完备的商业秘密的登记制度有利于未来应对可能发生的维权处理。特别是在涉及商业秘密侵权的民事纠纷中，权利人需要举证相关材料，以证明商业秘密的存在及其权属，包括是否采取了合理的保密措施。如果企业已经在日常工作中建立了完备的商业秘密登记制度，可以将历史登记记录本作为初步证据。其三，商业秘密登记有助于提升企业的内部管理水平。通过对商业秘密进行分类和加密，能够明确保护的优先级，对企业核心机密应当予以重点保护，减小企业的泄密风险。

二、商业秘密的登记流程

1. 企业应当对内部的技术信息与经营信息进行全面梳理和识别，明确该信息是否符合了商业秘密的三个特征。在梳理过程中，着重从"不为公众所知悉"、"具有经济价值"和"采取合理的保密措施"三个方面予以考虑。企业应当详细罗列本公司的各类信息，并根据其重要性和保密需求进行分级处理，以此确保核心信息不被遗漏。

2. 企业具体负责部门应提前制定商业秘密登记表。商业秘密登记表需要技术部门、内控部门、法务部门及其他有关人员的参与。企业进行商业秘密登记时，应当指定专门人员专门负责登记工作，在登记过程中要与法务部门做好对接协调工作，以确保登记流程的专业性和合法性。在登记表格中，需要载明的内容包括商业秘密的名称、类别、内容描述、保密措施、接触人员清单以及登记日期和有效期等。在登记的过程中，尤其应当注重签名管理，对于任何接触并使用商业秘密的人员均需要进行签名确认。除了登记商业秘密的内容、期限、使用记录等常规信息之外，企业还需要对各类合同中的竞业禁止条款一并予以登记备案。

在生产经营活动中新产生的商业秘密信息，有关业务部门应当及时报送企业内部的商业秘密管理组织登记，定期更新商业秘密信息清单，以便后续进行密级评定及分级管理工作。与此同时，企业需要特别关注权限管理，对能够接触商业秘密的人员进行备案，并确保所有接触人员签署保密协议，明确其法律责任。对于离职员工或合作方终止合作的情况，企业应及时更新登记信息，撤销相关人员的访问权限，并收回涉及商业秘密的资料。

在日常涉密商业信息的管理中，企业应当对任何涉密信息，应有密级、保护期限等标识，实行登记管理、归档存放。企业需明确商业秘密分类与保护措施，如限制接触人员、设置保密区域等，对涉密信息采用加密、加锁、反编译等预防措施。接触到商业秘密的人员需要按权限进行查阅、借阅、续借的，应履行登记手续。所有对外公开的材料（如宣传文案、技术报告等），需要经过严格的审批和备案管理，确保商业秘密的接触与使用全过程留痕。

3. 商业秘密的登记信息需要及时进行备案与存档。实践中，企业可以采取电子备案和纸质存档的方式，并采取相应的加密存储或限制访问权限等措施以确保信息安全。

💻 **技能达标** ▶

知识目标

1. 掌握商业秘密的企业内部登记制度；
2. 熟悉商业秘密保护的法律措施。

能力目标

1. 掌握商业秘密登记与管理的方法；
2. 知晓商业秘密保护的具体步骤；
3. 能够明确不同岗位对于商业秘密保护的职责。

素养目标

1. 严格树立对于商业秘密的保护意识；
2. 准确理解商业秘密保护对企业保持竞争力和创新性的重要程度。

法律法规

岗位职责

岗位名称	职责描述
知识产权经理	1. 具体制定商业秘密登记管理制度。 2. 负责商业秘密的备案、内容更新和注销等相关工作。
IT 与信息安全人员	1. 加密相关敏感部分内容，设置访问权限控制。 2. 定期检查和升级企业信息系统，防止商业秘密外泄。
人力资源管理人员	1. 对接触商业秘密的员工进行备案。 2. 与涉密员工分别签署保密协议，签订竞业限制协议。
内控部门工作人员	1. 对商业秘密登记的范围和内容进行独立审核，确保其符合企业的内部管理制度和相应法律要求。 2. 定期对商业秘密的保护措施进行检查，包括登记内容的更新、登记系统权限管理的执行及保密措施的实际效果等。

知言知语

　　加强技术和经营信息司法保护，健全完善商业秘密保护制度。结合商业秘密所处领域、载体形态、信息特点等，准确确定商业秘密范围，在多份技术文件中记载的不为公众所知悉的技术信息的基础上，加以合理总结、概括、提炼的技术方案，或者整套图纸记载的信息集合等，一般可以构成商业秘密。

　　　　　　　　　　——《最高人民法院关于以高质量审判服务保障科技创新的意见》

知权演练

延伸思考 ··

1. 全国人大代表马一德：建议加快商业秘密专门立法 | 两会观察。
2. 市场监管总局部署 2025 年度重点立法任务。

任务四   策划商业秘密保护方案

任务描述 ··

　　本节任务旨在培养学生策划商业秘密保护方案的能力，学会设计一套针对企业发展需求的商业秘密保护方案，能够独立完成一份商业秘密保护案例的模拟策划。通过理论分析与实践案例，掌握商业秘密的范围、商业秘密使用场景，学会根据企业的生产经营方向，制订适合的商业秘密保护方案，并学会管理商业秘密的应用。

经典案例 ··

芜湖某特数控科技有限公司与窦某侵害技术秘密纠纷[1]

一、基本案情

　　芜湖某特数控科技有限公司（原告）诉窦某（被告）商业秘密侵权纠纷一案，起因于被告在原告公司从事机械设计及制图工作期间，签订了《公司商业秘密保密合同》，承诺对原告的技术秘密承担保密义务。2018 年 2 月，被告离职后，原告发现嘉兴某公司销售的产品涉嫌侵犯其"夹头座"专利权。原告通过诉讼证据发现，被告曾以6500 元的价格将原告的技术图纸出售给嘉兴某公司。原告认为，被告的行为违反了保密合同约定，构成商业秘密侵权，导致其经济损失，因此诉请法院判令被告停止侵权行为并赔偿 10 万元。被告辩称，其设计的产品为自主研发，且原告的"夹头座"技术信息已公开，不构成商业秘密。同时，被告指出原告未支付保密费和竞业补偿金，因

----

〔1〕 （2019）皖 01 民初 909 号。

此保密合同无效。

二、裁判结果

法院审理认为，商业秘密需满足"不为公众所知悉""能带来经济利益""采取保密措施"等条件。原告虽提交了劳动合同、保密协议及嘉兴某公司提供的图纸、微信记录等证据，但未能证明被告在职期间掌握的具体技术内容及其秘密性。关键证据（图纸）无法直接证明被告利用原告的技术秘密进行侵权，且涉案"夹头座"技术信息部分已公开，不完全符合商业秘密的定义。同时，原告未能提供充分证据证明被告存在侵害其商业秘密的行为。法院认定原告证据不足，判决驳回其全部诉讼请求，并由原告承担案件受理费 2900 元。

三、典型意义

本案属于员工跳槽离职后泄露商业秘密的典型案件。本案在商业秘密的认定上，遵照"不为公众所知悉""能带来经济利益""采取保密措施"三大构成要件进行认定。法院的判决也直接说明，企业在主张其商业秘密受到侵害时需证明其已清晰界定了技术信息的范围，采取了合理有效的保密措施，否则可能会因为举证不充分而败诉。

思维导图

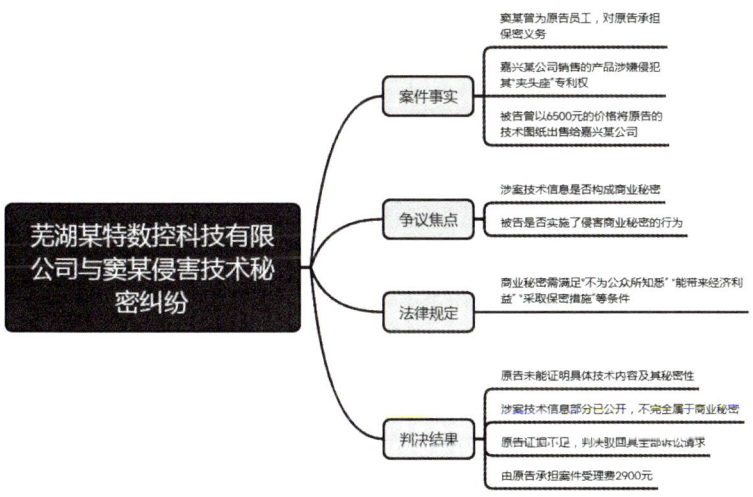

案例评析

本案原告并未充分举证证明被告在与原告存在劳动关系期间获得或知悉的技术秘密内容或载体，原告也未能证明存在劳动关系期间的何时、何地或以何种方式知悉或掌握了含有何种技术内容、工艺或数据信息的图纸、文件或数码载体，最终法院判定侵犯商业秘密行为不成立。

本案给广大企业敲响了警钟，对拥有商业秘密的企业来说，仅仅签订保密协议并不能具有足够的证明力证明其商业秘密的存在。在日常的生产经营管理中，企业应当树立留痕思想，明确商业秘密的保护范围，加强日常管理制度，包括但不限于制定详细的保密政策、规定保密信息的分类和标识、设置访问权限和控制措施等。同时，企业还应当保留员工接触商业秘密的证据，如员工登录系统记录、文件访问记录、会议记录等。

知识归档

一、评估商业秘密泄露的风险

商业秘密的范围主要包括技术信息和经营信息。在企业的经营过程中，商业秘密泄露的风险来源主要包括内部员工、外部竞争对手、供应链上下游企业等。

在劳动关系中，劳动者如有接触到公司的核心商业秘密的机会，但对《反不正当竞争法》《劳动合同法》等相关法律法规缺乏了解，或未能意识到泄密行为的法律后果，又或是对于商业秘密保护意识薄弱无意泄露、离职前后出于报复心态主动泄露等，都会发生侵犯企业商业秘密的情形。因此，企业需要做好劳动关系中的商业秘密评估风险。首先，许多企业未建立完善的商业秘密保护制度，导致员工对商业秘密的保护意识薄弱，甚至不清楚哪些信息属于商业秘密。其次，应当注意排查新入职员工的先前就业信息。例如，向其了解是否在具有竞争的同类企业就职的经历，是否签订过竞业限制的协议与保密条款。如在原单位按照约定支付了补偿金的情况下，该员工尚在竞业限制期内，则会产生违约责任的风险。最后，注重防范新员工发明创造的商业秘密风险。《专利法实施细则》第13条第1款第3项规定，"退休、调离原单位后或者劳动、人事关系终止后1年内作出的，与其在原单位承担的本职工作或者原单位分配的任务有关的发明创造"属于职务发明。如果新入职员工可能使用了原单位的数据资料、技术，甚至基于前单位的阶段性成果，在新单位进行发明创造，则该发明创造可能会被认定为原单位的职务发明。

在与上下游企业的合作过程中，企业需谨慎评估商业秘密泄露的风险。特别是在横纵向的业务往来中，合作企业可能接触到本企业的核心技术、生产流程、客户信息等商业秘密。因此，企业在合作前需要对合作方进行背景调查，评估合作方信誉状况及商业秘密保护能力，包括其历史上是否有泄露商业秘密的不良记录、是否建立了完善的保密制度、是否签订了保密协议、是否能够采取足够的技术防护措施等。

除了合作企业与员工泄露外，竞争企业也是商业秘密侵权的常见主体。例如，对手企业会通过高薪或职位诱惑挖走企业核心技术员工，导致公司的技术信息泄露；对手企业也可能雇佣商业间谍，通过非法手段获取企业的技术信息与经营信息；对手企业还可能借助爬虫等大数据软件，抓取企业各类公开信息（如专利、财报、招聘信息等），进而推测商业秘密的主要内容。

二、设计商业秘密架构

(一) 信息分类与分级

在设计商业秘密架构的时候，首先企业需要对商业秘密进行分类（如技术信息、经营信息等）。根据《最高人民法院关于审理侵犯商业秘密民事案件适用法律若干问题的规定》，技术信息是指与技术有关的结构、原料、组分、配方、材料、样品、样式、植物新品种繁殖材料、工艺、方法或其步骤、算法、数据、计算机程序及其有关文档等信息。经营信息是指与经营活动有关的创意、管理、销售、财务、计划、样本、招投标材料、客户信息、数据等信息。

在对商业秘密做好分类后，企业应根据商业秘密的重要性进行分级评定，可以将其分为核心商业秘密、普通商业秘密。例如，高新技术企业的核心竞争力有赖于技术信息，依赖于独特的技术工艺、研发数据、产品设计图纸、计算机程序代码等技术信息，因此，应当将其作为最高等级来保护。销售导向型企业、服务型企业以及零售企业等，通常会将经营信息作为重要的商业秘密加以保护。

(二) 采取保护措施

商业秘密的保护措施包括物理保护措施、技术保护措施与管理保护措施。物理保护措施主要是指限制访问区域、加密存储、安装监控设备和报警系统等。技术保护措施主要包括数据加密、访问控制、日志记录等措施。管理保护措施，主要是指签订保密协议、建立内部审查机制等方式，例如，可以定期组织员工进行保密培训，提高保密意识和操作规范性，或通过前置存证机制，确保商业秘密接触的全过程留痕。

按照《最高人民法院关于审理侵犯商业秘密民事案件适用法律若干问题的规定》，以下措施往往可以被认定为权利人采取了保护措施：其一，与相关人员签订保密协议或在合同中约定保密义务；其二，借助章程、培训、规章制度、书面通知等途径，向能够接触到商业秘密的员工、离职员工、供应商、客户、访客等明确提出保密要求；其三，对涉及机密的厂房、车间等生产运营场所，实施来访者限制或进行区域划分管理；其四，运用标记、分类、隔离、加密、封存等方法，对商业秘密及其载体进行有效区分与管理；其五，针对能够接触商业秘密的计算机、电子设备、网络设备、存储设备、软件等设施，设置使用、访问、存储、复制等方面的禁令或限制；其六，要求离职员工对接触或获取的商业秘密及其载体进行登记、返还、清除、销毁，并持续履行保密义务；其七，采取其他合理有效的保密措施。

企业可以自行设定商业秘密的保密期限，建议预见时限的以年、月、日来计，不建议用模棱两可的表述（如"长期"或者"公布前"）。一旦确定了商业秘密的密级和保密期限，就需要在承载商业秘密信息的载体上做出醒目的标识。标识包括：权属（即单位的标准简称或特定标识等）、密级以及保密期限。

三、策划商业秘密应用

商业秘密的应用是企业保持市场竞争力的价值所在。企业的商业秘密不可能束之高阁，永远不投入生产、研发等环节。因此，合理地布局商业秘密应用场景，规范商业秘密的合理使用至关重要。

首先，企业需要制定明确的授权使用规则，明确商业秘密的使用范围、条件和期限。例如，企业可以列举商业秘密使用场景，梳理所有会接触到商业秘密的生产线（流水线）、部门与相关人员，开通使用权限。其次，在对外技术合作的过程中，企业提前与合作企业签署保密协议，明确保密范围、保密期限和违约责任。最后，企业需要定期管理和维护商业秘密的使用。例如，风控部门可以定期审阅商业秘密保护的情况。企业也需要按照市场动态与未来发展方向，定期评估现有商业秘密的价值。对于长期具有商业价值的经营信息与技术信息，企业应当重点保护，及时更新内容。对于不再具有商业价值的信息，企业应当及时销毁或予以解密。

 技能达标 ▶

知识目标

1. 掌握权利人采取了相应保密措施的主要形式；

2. 掌握劳动合同或者保密协议关于保密义务的约定。

能力目标

1. 能够制定有效的商业秘密保护策略；

2. 学会保密条款的撰写与制定；

3. 具备评估并选择适当的技术和物理防护措施以保护商业秘密的能力。

素养目标

1. 建立强烈的商业秘密保护意识；

2. 提升对企业内部商业秘密管理体系的理解与执行能力；

3. 培养预见性思维，规划应对可能发生的商业秘密泄露风险，提高危机处理能力。

法律法规 ┈┈┈┈┈┈┈┈┈┈┈┈┈┈┈┈┈┈┈┈┈┈┈┈┈┈┈┈┈┈┈

岗位职责

岗位名称	职责描述
法务人员	1. 制定全面的商业秘密保护政策和操作流程。 2. 处理商业秘密的确权与侵权纠纷。
人力资源人员	1. 员工保密协议的管理。 2. 设计员工保密制度。
研发人员	实施必要的物理和技术防护措施。
内部审计与风控人员	1. 定期对商业秘密保护体系进行审查与评估。 2. 监控商业秘密保护的风险点。 3. 制定商业秘密泄露事件的应急预案。
知识产权律师	1. 帮助策划有效的商业秘密保护方案。 2. 参与涉及商业秘密的所有合同谈判。

 知言知语

中国将着力营造尊重知识价值的营商环境，全面完善知识产权保护法律体系，大力强化执法，加强对外国知识产权人合法权益的保护，杜绝强制技术转让，完善商业秘密保护，依法严厉打击知识产权侵权行为。

——习近平总书记在第二届"一带一路"国际合作高峰论坛开幕式上的主旨演讲

知权演练

延伸思考

浦东发布三部商业秘密保护特别指南。

任务五　处理商业秘密侵权

任务描述

本节任务旨在让学生掌握处理商业秘密侵权案件的基本方法，熟知商业秘密侵权纠纷处理流程，设计一套商业秘密侵权案件分析与应对方案。学生需要熟练掌握应对商业秘密侵权行为的法律依据，综合运用《民法典》《反不正当竞争法》《刑法》等多学科知识，对实践案例加以判断。

经典案例

娄某犯侵犯商业秘密罪[1]

一、基本案情

西安奥某电热设备工程有限责任公司（以下简称奥某公司）成立于 2002 年 3 月，主要经营电热设备、工业炉窑的设计、制造、销售等业务，并对经营信息和技术信息采取了保密措施。2002 年，娄某入职奥某公司，先后担任销售部经理、生产厂长、总经理助理等职务，并与公司签订了《保密与风险责任协议书》。2012 年 8 月，娄某从奥某公司辞职后，挂靠在陕西伟某机电有限公司（以下简称伟某公司），利用在奥某公司工作期间获取的网带式保护气氛连续钎焊炉及备件的生产图纸和客户名册、信息等资料，生产相关产品，并以伟某公司的名义向奥某公司的客户及其他买家进行销售。经鉴定，娄某的行为给奥某公司造成直接经济损失 1 707 140.88 元。

二、裁判结果

一审法院判决被告人娄某犯侵犯商业秘密罪，判处有期徒刑 2 年，并处罚金人民币 86 万元；责令被告人娄某停止侵权行为；被告人娄某赔偿附带民事诉讼原告人奥某公司人民币 1 707 140.88 元。二审法院裁定驳回上诉，维持原判。

三、典型意义

本案是人民法院严格保护电热设备领域商业秘密的典型案例。该案对不正当获取他人商业秘密，并利用该秘密制造、销售同类产品，给权利人造成重大直接损失的被告人予以刑事制裁，同时支持受害公司提起的刑事附带民事诉讼，对被告人予以惩罚性赔偿，有力保护了权利人先进的电热设备技术，维护了企业的合法权益，为相关行业的健康发展提供了司法保障。

---

[1] （2017）陕刑终 29 号。

思维导图

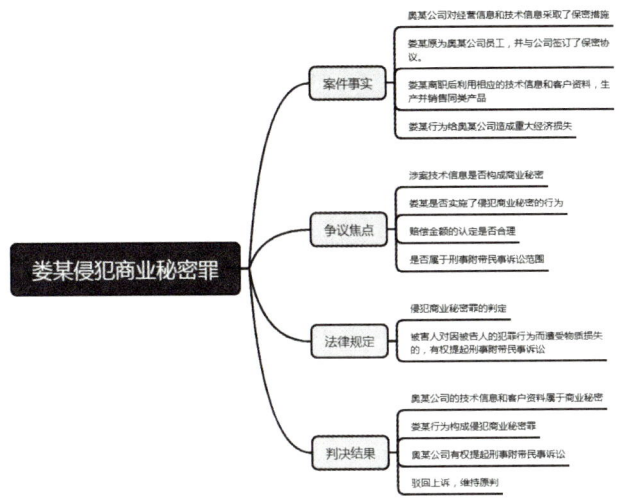

案例评析

一、商业秘密的认定

娄某作为奥某公司的前员工，违反与公司签订的保密协议，利用在公司工作期间获取的商业秘密，生产销售同类产品，给奥某公司造成重大损失。其行为不仅违反了《反不正当竞争法》第 10 条的规定，即禁止经营者侵犯商业秘密，还符合《刑法》第 219 条规定的侵犯商业秘密罪的构成要件。奥某公司为保护商业秘密采取了合理的保密措施，其主张的技术及客户信息被鉴定为符合商业秘密的构成要件，且有充分证据证明娄某的侵权行为及给公司造成的损失。因此，奥某公司的主张有充分的事实和法律依据。娄某及其辩护人提出的观点（如认为其不负有保密责任、鉴定意见不正确等），均未提供有力证据予以支持。

二、责任承担方式

本案通过刑事附带民事诉讼的方式，实现了商业秘密案件中刑事责任与民事责任的有机衔接，既实现了对侵权人进行了刑事制裁，又为权利人提供了民事赔偿。刑事附带民事的诉讼方式，有利于提高司法效率，减少了当事人的诉累，同时也增强了对侵权行为的威慑力，有利于营造尊重知识产权、保护创新的良好社会氛围。

知识归档

一、侵犯商业秘密的责任形式

（一）民事责任

侵权行为人应当依法承担的民事责任，包括但不限于停止侵权、赔偿损失、销毁或返还侵权载体等。权利人可以向人民法院提起诉讼，要求侵权人停止侵权行为、赔偿损失等。

根据《最高人民法院关于审理侵犯商业秘密民事案件适用法律若干问题的规定》（法释〔2020〕7 号）第 19 条、第 20 条，赔偿数额的确定，应根据权利人因侵权行为所遭受的实际损失来计算，这可能包括因市场份额被侵占、客户流失、利润减少等直接经济损失，以及因商誉受损、竞争优势丧失等造成间接损失。一般来说，法院在判定赔偿金额时，会综合考量商业秘密的特性、价值、研发成本、创新性、带来的竞争优势，以及侵权者的主观恶意、侵权行为的类型、严重程度和造成的后果等多方面因素。如果实际损失难以准确计算，那么可以依据侵权人因侵权行为所获得的利益来确定赔偿数额。根据《反不正当竞争法》第 22 条的相关规定，在侵权人恶意侵犯商业秘密且情节严重的情况下，法院可以在按照上述方法确定的赔偿数额基础上，进一步提高赔偿额度，可达 1 倍以上 5 倍以下，以体现对恶意侵权行为的惩罚性赔偿。此外，赔偿数额还应当涵盖权利人为制止侵权行为所支付的合理开支，如律师费、调查取证费用、公证费等。

（二）刑事责任

侵犯商业秘密的行为也可能会被追究刑事责任，《刑法》第 219 条规定了侵犯商业秘密罪。侵犯商业秘密罪的行为主要包括：通过盗窃、胁迫或者其他不正当的手段来获取权利人的商业秘密；对上述不正当手段获取的商业秘密进行披露、使用或者允许他人使用；违反事先的约定或者违背权利人关于保守商业秘密的要求，擅自披露、使用或者允许他人使用自己所掌握的商业秘密。若行为人明知或者应当知道上述这些侵犯商业秘密的行为，却仍然获取、使用或者披露他人的商业秘密，则该行为也会被认定为侵犯商业秘密罪。

（三）行政责任

由于侵犯商业秘密行为严重侵害了市场秩序，被侵权人还可以主张侵权人承担行政责任。按照《反不正当竞争法》的相关规定，经营者或其他自然人、法人以及非法人组织侵犯他人的商业秘密，监督检查部门将责令其停止违法行为，并没收违法所得。同时，根据情节的严重程度处以罚款。一般情况下，罚款金额在 10 万元至 100 万元之间；若情节严重，则罚款金额提高到 100 万元至 500 万元。

二、救济途径

当企业发现自身的商业秘密遭到侵犯时，可以通过民事、行政和刑事途径来维护自身的合法权益：

（一）协商、调解

权利人与侵权人双方本着真实自愿的原则进行协商，也可以委托双方共同认可的第三方，如行业协会、商会、专业调解机构等进行调解。作为典型的争议解决方式，协商、调解能以较低的成本维护权利人的合法权利，特别是在情节轻微的商业秘密侵权案件中，使受到侵害的权利尽可能快速地恢复到圆满状态，避免因诉讼或仲裁程序可能引起的较高费用以及漫长的等待时间。

（二）申请仲裁或提起民事诉讼

如无法通过协商、调解等途径达成一致，权利人可以选择通过仲裁或诉讼的方式来维护自身权益。若劳动合同里规定了劳动者所需承担的保守商业秘密的义务，而劳动者未能遵守约定导致商业秘密泄露的，当事人可以向劳动争议仲裁委员会申请仲裁的，仲裁委员会应当受理并依据有关规定和劳动合同的约定作出裁决。企业之间的商业合作中也可能导致商业秘密泄露，如企业之间签订了仲裁条款，则可以按照生效的仲裁条款提起诉讼。

除了仲裁之外，企业还可以向有管辖权的人民法院提起民事诉讼。在民事诉讼中，被侵权人是原告，侵权人是被告。如果多个企业对商业秘密享有权利，可以共同作为原告。相应的，如果案件中有多个侵权人，可以一并作为被告起诉。

在诉讼过程中，企业需要提供充分的证据来证明侵权行为的存在以及自身所遭受的损失，如商业秘密被侵权前后的市场销售数据对比、利润损失计算、商誉受损的证据等。法院在审理案件时，会依据相关法律法规和证据，判决侵权人停止侵权行为，并赔偿企业的经济损失。《反不正当竞争法》设置了举证责任倒置的条款，即商业秘密权利人只需要提供初步证据并合理表明其商业秘密存在被侵犯的可能，举证责任将转移至涉嫌侵权人，由涉嫌侵权人证明其不存在侵犯商业秘密的行为。原告需要主张的初步证据主要包括：①涉嫌侵权人获取商业秘密的可能途径，证实其实际运用的信息与该商业秘密在实质上具有一致性；②提供证据表明商业秘密已被侵权人使用或面临泄露风险；③其他可以证明商业秘密侵权的证据。需要注意，在此阶段原告的举证要求并非达到最终证明的标准，仅需履行合理的初步说明义务。

（三）向行政监督监察部门举报

在发现商业秘密被侵犯后，企业应及时向有关监督检查部门（市场监管部门）进行举报。相关部门在接到举报后，会启动调查程序，对侵权行为进行全面、细致的调查。一旦调查确认侵权行为成立，市场监管部门将依据相关法律法规，对侵权人进行认定并作出相应的行政处罚决定，如责令侵权人停止侵权行为、没收违法所得、处以罚款等。相对而言，行政查处方式能很好地制止侵权行为，保护企业的商业秘密不受持续侵害，以行政处罚的威慑力，防止其他潜在侵权人产生侵权意图。

（四）向公安机关报案

如果企业认为侵权行为情节严重，已构成犯罪，可向公安机关报案，要求依法追究侵权人的刑事责任。公安机关接到报案后，会依法对案件进行立案侦查。在移送检察机关审查起诉后，检察机关会根据案件事实和证据，决定是否向人民法院提起公诉。通过刑事诉讼程序，侵权人若被认定构成侵犯商业秘密罪，将面临刑事处罚。

当然，在刑事案件的审理中，被侵权人有权在刑事诉讼过程中提起附带民事诉讼。按照《中华人民共和国刑事诉讼法》的相关规定，附带民事诉讼原告人或者人民检察院可以申请人民法院采取保全措施。人民法院采取保全措施，适用《中华人民共和国民事诉讼法》的有关规定。

三、涉及国家秘密的处理

对于军工、航天、芯片等涉及国家核心技术的重要产业，企业的经营信息与商业信息可能会涉及国家秘密。一旦发生秘密泄露，企业应及时采取补救措施，将不利影响控制在最小范围内。企业同时应立即向国家安全部门、国家保密行政管理部门或其他相关主管部门报告。除了《民法典》《反不正当竞争法》等法律之外，企业还应遵从《中华人民共和国保守国家秘密法》的规定，积极配合相关部门的调查工作，搜集好相关证据，必要时提供协助。

 技能达标 ▶

知识目标

1. 了解商业秘密侵权行为类型；
2. 掌握侵犯商业秘密行为的法律责任及救济途径。

能力目标

1. 能够准确识别商业秘密侵权行为，区分不同的侵权情形；
2. 掌握民事、行政、刑事的方法和手段来维护合法权益。

素养目标

1. 树立尊重知识产权和遵守法律法规的职业道德观念；
2. 提高依法解决商业秘密纠纷的能力；
3. 树立诚信意识与权利保护意识。

 **法律法规** --

 **岗位职责** --

岗位名称	职责描述
法务人员	1. 审查与准备法律文件，参与商业秘密确权纠纷。 2. 负责审查所有涉及商业秘密的法律文件，整理证据清单。

续表

岗位名称	职责描述
人力资源管理人员	1. 对涉嫌侵权的员工进行调查，了解其在公司期间的行为和接触的商业秘密。 2. 协助法务部门，提供员工管理方面的证据和信息。
研发人员	1. 对技术系统进行调查，确定商业秘密被泄露的途径和方式。 2. 协助收集技术证据，如访问记录、数据流向等。
知识产权律师	1. 进行法律咨询与代理，为企业和个人提供关于商业秘密归属的法律咨询。 2. 参与权益保护的相关诉讼。代表企业或个人提起商业秘密侵权诉讼或进行抗辩；参与行政投诉、刑事报案，协助执法机关办理商业秘密侵权案件。

知言知语

知识产权检察履职特点可以概括为"四个聚焦"。一是聚焦高质效办案，加大知识产权司法保护力度；二是聚焦知识产权综合司法保护，服务保障经济社会高质量发展；三是聚焦协同保护，推动构建知识产权大保护格局；四是聚焦专业化建设，深化知识产权检察综合履职。

——2024 年 4 月 25 日，最高检"深化知识产权检察综合履职 促进新质生产力发展"新闻发布会

知权演练

延伸思考

论系统提示词与提示词注入攻击的商业秘密之争 —— 以 OpenEvidence 诉 Pathway Medical 案为切入。

项目六   海外知识产权保护实践

任务一   搜集海外知识产权信息

任务描述

本节任务是让学生掌握搜集海外知识产权信息的基本途径、方法与流程，构建一个清晰的信息检索的思维框架，设计一个有效的信息搜集的解决策略，完成一个具体的搜集海外知识产权信息的模拟处理案例，提高分析问题、解决问题的能力。

经典案例

Versa 公司与乐歌公司美国"337"调查案

一、基本案情

Versa Products Inc.（以下简称 Versa 公司）是位于美国洛杉矶的一家公司，该公司向美国国际贸易委员会（United States International Trade Commission，以下简称 ITC）提出将两款"电动升降桌台"进口或销售至美国的 Amazon import Inc 等 4 家美国电商公司和乐歌人体工学科技股份有限公司（以下简称乐歌公司）等 3 家中国公司的行为侵犯其 US10485336 号专利，要求 ITC 对上述产品开展"337"调查，请求签发针对该产品的排除令（exclusion order，禁止侵权产品进入美国市场）及禁止令（cease and desist order，禁止已入境产品的销售行为）。

搜集涉案专利信息的步骤包括：

1. 选择中文界面的数据库智慧芽（patsnap）快速高效搜集 Versa 公司的涉案美国专利——US10485336 信息，如有同族专利一并搜集相关信息，确定涉案专利的优先权日。

图 6-1 涉案专利公告信息和同族专利

2. 核实涉案美国专利并进行专利无效检索。登录美国专利商标局网站（https：//patentcenter. uspto. gov），搜集 Versa 公司的涉案美国专利——US10485336B1 的原始公告文件和审查文件进行核实，以及按照之前章节学过的检索要素“关键词+分类号”检索专利优先权日之前的最接近的现有技术信息。

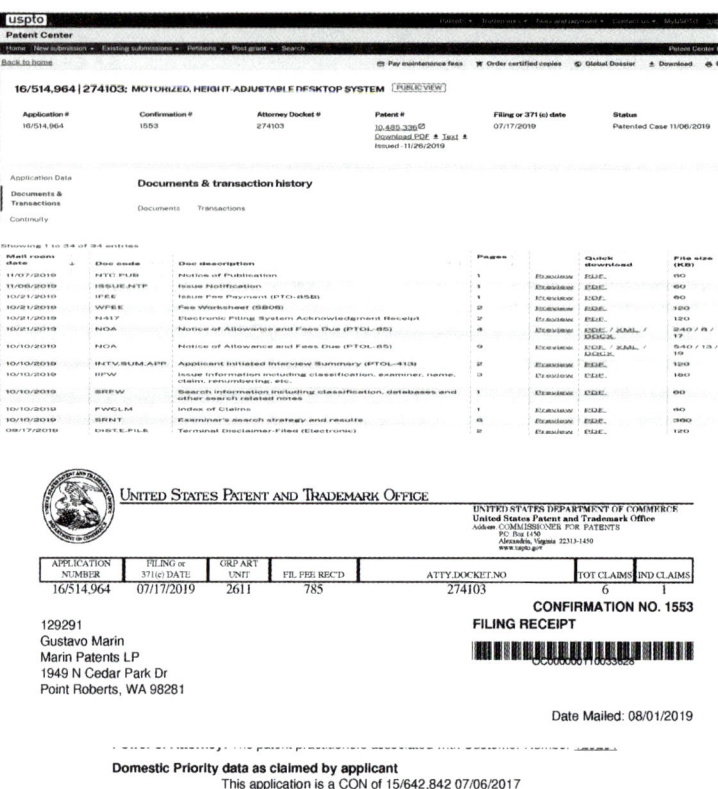

图6-2　美国专利商标局网站涉案专利审查过程文件信息

3. 搜集申请人以往发起"337"调查的记录及案件走向，以此预测申请人可能采取的措施。登录美国国际贸易委员会网站（https：//www. usitc. gov），搜集 Versa 公司以往申请的"337"调查的案例，查看相关的文件和处理结果。

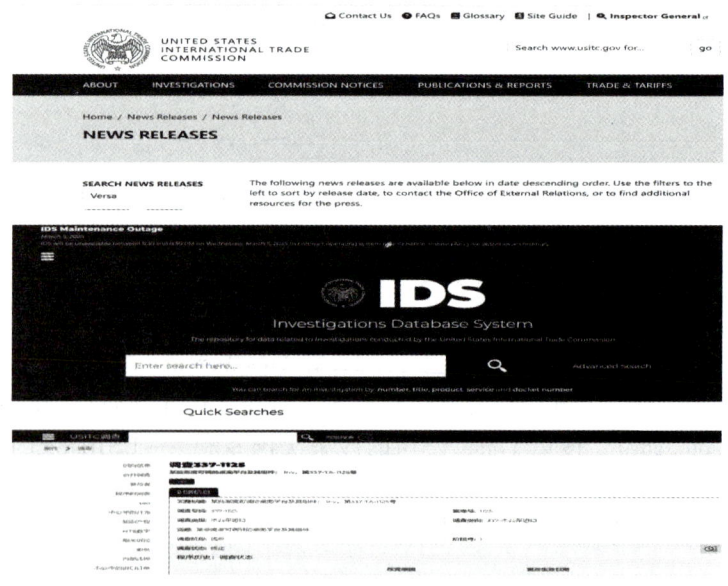

图6-3　美国国际贸易委员会网站申请人提起的过往案例

二、裁判结果

最终，Versa 公司撤回起诉，ITC 终止调查。

三、典型意义

本案是中国企业在美国遭遇专利侵权"337"调查后迅速解决的实例，由此可见全面检索涉案专利信息进行比对分析的重要性。经过比对，涉案产品大概率不落入涉案专利的保护范围。为了快速解决纠纷，专利无效检索的准备与策略给对方以压力，让 Versa 公司最终撤回请求。

这个案例展示了搜集知识产权权利信息的重要性，它为侵权比对，进而制定诉讼策略起到了基础性的作用，能够最大限度地维护自身的合法权益。

思维导图

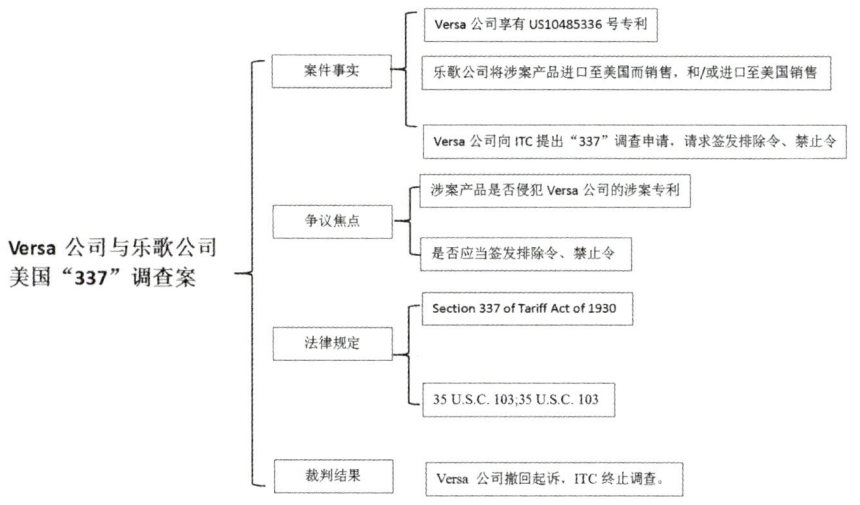

案例评析

根据 Versa 公司与乐歌公司案，Versa 公司就电动、高度可调节的桌面系统（Motorized, height-adjustable desktop system）的发明通过临时申请、延续申请陆续在美国专利商标局形成了 6 个申请、13 个同族专利文献、5 个专利权，可见该公司对此技术方案的重视。在本案中，乐歌公司在涉案产品设计和制造前进行了防侵权检索，在竞争对手专利授权后进行了无效检索，这些措施都为其本次应对紧迫的"337"调查增加了成功的概率。

知识归档

海外知识产权信息对我国企业防范海外知识产权风险、应对海外知识产权纠纷具有重要意义。以下是海外知识产权信息的一些核心知识点：

一、海外知识产权信息的概念

海外知识产权信息有广狭之分。广义来说，包括国际条约、法律法规和政策、权利信息、案件信息、市场信息等；从狭义方面来说，海外知识产权信息主要指知识产权权利信息。

二、海外知识产权信息的特点

1. 多样性。从信息所涉权利种类，抑或是信息内容而言，都是多种多样的。

2. 地域性。从信息来源而言，呈现明显的地域性特点，这与知识产权的地域性密切相关。

3. 易变性。从搜索结果来看，信息总是处于持续不断的变化之中，需要不断监测、实时更新。

三、海外知识产权信息检索基础知识

专利文献中的号码及作用。专利文献是指专利局在官网中发布的公开文本、公告文本等诸多文本。

1. 专利申请号（Application Number）。专利申请号是指各知识产权局/专利局/工业产权局在受理专利申请时编制的序号，如下图中的"PCT/EP2015/062808"。从该申请号可以看出，该专利是申请人 2015 年向欧洲专利局提交的 PCT 国际专利申请，具体的申请日见"Filling Date"，为 2015 年 6 月 9 日。申请日是计算专利期限的起始时间点。

2. 专利公开/公告号（Publication Number）。专利公开/公告号，又称专利文献号，指各知识产权局/专利局/工业产权局在公布专利文献时编制的序号，如下图中的"WO2016/198095A1"。从中可以看出，该专利申请是由世界知识产权组织国际局（International Bureau）2016 年公布的专利申请（A 一级公布，未授权），具体公布日期见"Publication Date"，为 2016 年 12 月 15 日。

图 6-4　世界知识产权组织网站专利文献

3. IPC 分类号（International patent Classification）。IPC 分类号，又称国际专利分

类，是用特定的符号系统表示发明、实用新型相应技术主题的分类体系，如图 6-4 中的"H04L 5/00"，通过查阅专利检索与分析导航检索可知其具体含义是"为传输通道提供多用途的装置"。

4. 同族专利（Patent Family）。同族专利是指至少有一项优先权相同的，在不同国家或国际组织多次申请、多次公布的内容相同或者基本相同的一组专利文献。以下是EP1485280B1 的同族专利（优先权号为 EP10212441.8），专利申请人是德国公司（VA-LEO SYSTEMES D'ESSUYAGE）。从同族专利中我们可以获得同一发明的中文译本，如图 6-4 中的 CN 开头的文献，相比较日本和美国而言更便于阅读和理解。通过查看同族专利的数量和分布特点可以看出竞争对手的核心专利和布局，图中专利文献号前的两位字母称为国别代码，可以在专利检索与分析数据库中对应查找。

AT453551T	DE20321490U1	KR1020050007446A
ATE453551T1	DE50312287D1	MXPA04009085A
AU2003222766A1	EP1485280A1	MX252669B
CN1642795A	EP1485280B1	WO2003080409A1
CN100548758C	ES2337036T3	US20050177970A1
DE10212441A1	JP2005520736A	US7716780B2

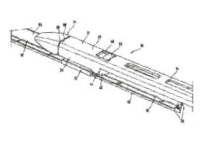 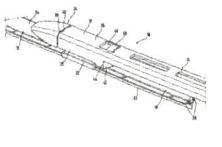

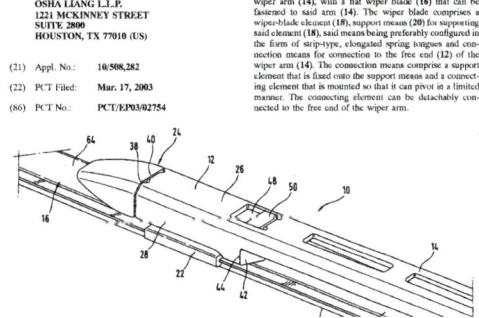

图 6-5　智慧芽网站 EP1485280B1 同族专利信息

四、检索海外知识产权信息

1. 检索目的。检索海外知识产权信息的目的包括但不限于进行科研前，了解研究现状、汇总现有技术、规避潜在风险；申请专利前，知悉领域现状、评估获权机会；应对纠纷前，比对技术方案、明确诉讼策略。

2. 专利检索系统。专利检索系统包括官方专利检索系统和非官方的检索系统。官方检索系统覆盖本国知识产权局公布的所有专利文献，数据权威。国家知识产权局的专利检索与分析系统（https：//pss-system. cponline. cnipa. gov. cn）收集了 105 个国家、地区和组织的专利数据，中国专利数据每周更新 2 次，国外专利数据每周更新 1 次。非官方检索系统界面友好，有附加功能，如智慧芽、incopat 除了提供完整的同族专利，还会附加文本比对、诉讼信息、专利价值、相似专利等。

图 6-6　国家知识产权局官网国别代码信息

表 6-1　海外专利局及官方检索系统

海外专利局	专利检索系统	专利检索界面
世界知识产权组织（WIPO）	1. PATENTSCOPE 数据库免费提供包含已公布的 PCT 国际申请，以及国家和地区参与专利局的专利文献，每周更新。 网址：https：//patentscope2. wipo. int/search/zh/search. jsf 2. GlobalBrand Database 数据库免费提供访问以下数据集：马德里体系下的国际商标、里斯本体系下的原产地名称和地理标志、参与国家局和地区局的商标。 网址：https：//www. wipo. int/web/global-brand-database/	

续表

海外专利局	专利检索系统	专利检索界面
欧洲专利局（EPO）	Espacenet 数据库免费提供覆盖 100 多个国家的专利文献，最早追溯到 1782 年的发明和技术信息。它包含全球超过 1.5 亿份专利文件的数据，每天更新。 网址：https：//worldwide. espacenet. com	
欧盟知识产权局（EUIPO）	eSearch plus 可检索注册欧盟商标和注册欧共体外观设计。 网址：https：//euipo. europa. eu/eSearch/	
美国专利商标局（USPTO）	美国专利数据库免费提供美国专利文献，从 1976 年到现在的所有美国专利均以文本以及图像格式获得。1976 年以前的专利仅以图像格式获得。 网址：https：//ppubs. uspto. gov/pubwebapp/	
日本特许厅（JPO）	免费提供检索专利/实用新型出版物、外国文件和非专利文件。 网址：https：//www. j-platpat. inpit. go. jp	

　　3. 专利检索方式。专利检索方式在前文已经有所介绍，不再赘述。在此列出检索入口的中英文对照信息：发明名称（Title）；摘要（Abstract）；权利要求（Claims）；说明书（Description）；IPC 分类号（International Patent Classification，简写 Int. Cl.）；申请日（Filling Date）；国际申请日（International Filling Date）；申请号/国际申请号（Application Number/International Application Number），各国差异较大，检索时注意查看输入格式；公开号/公告号（Publication Number，简称 Pub. No.），各国专利文献号差

别不大，检索时注意查看输入格式；申请人（Applicants）；发明人（Inventors）。

五、我国对获得海外知识产权保护的重视

我国对海外知识产权保护的重视体现在以下几个方面：

1. 战略规划方面。《知识产权强国建设纲要（2021-2035年）》和《"十四五"国家知识产权保护和运用规划》强调建设海外知识产权风险预警和应急机制，建设知识产权涉外风险防控体系。

2. 公共服务方面。截至目前，我国现有的国家、省、市三级知识产权公共服务机构已覆盖全国，并专门成立了国家海外知识产权纠纷应对指导中心。

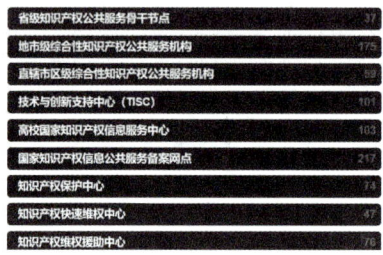

图6-7　国家知识产权局官网：我国三级知识产权公共服务

六、知识产权保护的国际协调

1. 主要区域性知识产权国际条约。

表6-2　主要区域性知识产权国际条约

条约名称	条约内容主办机构	通过日期	成员总数
《欧洲专利公约》（*European Patent Convention*，简称EPC）	一项欧洲专利申请，可以指定多国获得保护。 主办机构：欧洲专利组织EPO。	1973年通过（现行文本日期：1973年10月5日）	39
《欧亚专利条约》（*Eurasian Patent Convention*，简称EAPC）	一项发明专利申请统一受理、审查和授权。 主办机构：欧亚专利局（EAPO）。	1994年通过（现行文本日期：1994年9月9日）	8
《建立非洲知识产权组织的班吉协议》（*Bangui Agreement Instituting an African Intellectual Property Organization*）	一件向非洲知识产权组织提交的专利、商标等申请会在全部列出的国家领土上同时生效。 主办机构：非洲知识产权组织（OAPI）。	1977年通过（现行文本日期：2015年12月14日）	17

条约名称	条约内容主办机构	通过日期	成员总数
《建立非洲地区知识产权组织卢萨卡协定》（Lusaka Agreement on the Creation of the African Regional Industrial Property Organization）	一项专利、商标等申请可以在协定多国获得保护。 主办机构：非洲地区知识产权组织（ARIPO）。	1976 年通过（现行文本日期：2016 年 3 月 1 日）	22
《欧盟商标条例》〔Regulation（EU）2015/2424〕	一项商标申请经核准注册后，保护将延伸至成员国。 主办机构：欧盟知识产权局（EUIPO）。	2016 年生效	27

＊数据主要来源于世界知识产权组织官方网站（https：//www.wipo.int）。

2. 国际条约确立的主要基本原则和制度。

（1）国民待遇原则（National Treatment for Nationals of Countries of the Union）。在保护知识产权方面，每一成员方应给予其他成员方的待遇不得少于它给予自己国民的优惠。

（2）独立保护原则（Independence of intellectual Property）。某成员方国民就同一智力成果在其他缔约国所获得的法律保护是相互独立的。

（3）优先权原则（Right of Priority）。一件发明、实用新型、外观设计、商标在《巴黎公约》成员国提出申请后，一定时期内（其中，发明、实用新型为 12 个月；外观设计、商标为 6 个月）又向其他成员国提出相同申请的，可以保留在先的申请日。

📖 **技能达标** ▶

知识目标

1. 了解知识产权保护国际协调的基本原则和制度；
2. 熟悉海外知识产权信息的官方数据库；
3. 理解搜集知识产权信息的方法。

能力目标

1. 能识别英文专利文献的基本术语；
2. 能找到和使用同族专利；
3. 能按照要求搜集海外知识产权信息。

素养目标

1. 理解知识产权保护国际协调的意义；
2. 明确搜集海外知识产权信息的意义。

法律法规

岗位职责

岗位名称	职责描述
律师	1. 搜集海外知识产权信息（必备且基础的工作）。 2. 了解国内外知识产权数据库和其他网络资源。 3. 具备一定的英文阅读水平。 4. 熟悉国际和国外知识产权相关法律规定。
代理师	1. 了解需求，提出专业建议。 2. 熟悉法规政策，解读传达。 3. 维护合法权益，解决纠纷。 4. 具备上述律师所具备的职能。
审查员	1. 审查企业内部信息，识别符合商业秘密要件。 2. 按照核心机密、普通机密等分级管理。 3. 定期检查系统日志、员工行为及外部市场动态。
知识产权顾问	1. 为企业提供知识产权相关的咨询服务，涵盖专利、商标、著作权等方面的法律咨询。 2. 对企业的技术创新和产品研发进行知识产权检索和分析。 3. 协助企业处理知识产权纠纷（包括专利侵权诉讼、商标抢注诉讼、著作权侵权诉讼等）维护企业的合法权益。

知言知语

　　鼓励律师事务所、知识产权服务机构等提高涉外知识产权服务能力，通过设立分支机构、联合经营等方式在国外设立执业机构，为公民、组织提供优质高效的涉外知识产权相关服务。

　　鼓励商会、行业协会、跨境电商平台等组织搭建涉外知识产权维权援助平台，开通服务热线，提供咨询、培训等公益服务。

　　——2025 年 5 月 1 日施行的《国务院关于涉外知识产权纠纷处理的规定》

知权演练

延伸思考

在全球经济一体化不断深入的当下，海外知识产权保护正站在新的变革十字路口。从国际规则演变看，区域经贸协定崛起，如《全面与进步跨太平洋伙伴关系协定》（CPTPP）等，拓展了保护范围，涵盖声音、气味等非传统商标，延长了保护期限，强化了执法，这给我国企业"走出去"带来规则适配挑战。

技术创新浪潮也深刻影响着海外知产保护。以人工智能为例，其生成物的版权归属、算法专利界定模糊不清，企业海外布局时易陷入权利界定困境。与此同时，各国数字化转型加速，数据知识产权保护标准差异大，我国企业在跨境数据流动、存储过程中，面临数据权益被侵犯的风险。

新兴市场的崛起同样带来新课题。这些市场知识产权法律体系尚不完善，执法力度参差不齐，企业既要抓住市场机遇，又需应对维权难问题。在此情形下，企业应深入研究新兴市场法律政策，提前布局专利、商标，利用多元化纠纷解决机制，结合调解、仲裁等，降低维权成本。政府与行业协会也应发挥更大作用，完善海外知识产权保护公共服务，提供法律信息、案例借鉴，助力企业提升应对复杂国际环境中知识产权挑战的能力。

任务二　确认海外知识产权权属

任务描述

本节任务是让学生掌握确认海外知识产权权属的基本方法与流程，构建清晰的确认海外知识产权权属的思维框架，设计一个有效的解决策略，完成一个具体的确认海外知识产权权属案例，培养团队协作能力。

 **经典案例** --------------------------------

查询欧洲专利信息

一、基本案情

中国甲公司在德国参加展会期间发现乙公司的产品涉嫌侵犯自己的专利权，准备聘请律师给乙公司发送警告函，为了进展顺利，在聘请律师前甲公司需要对该专利权属信息进行确认。

1 查看专利证书

图 6-8 甲公司涉案欧洲专利证书

二、确认流程

1. 查看专利证书。通过查看公司的专利证书，可知该产品的欧洲专利号（European patent No.）为 EP3284177，专利权人（proprietor of the patent）是 Huawei Technologies Co.，Ltd。接下来通过熟悉的专利检索与分析系统快速定位该专利文献。

图 6-9 中国专利检索与分析系统涉案专利文献

从上面信息可以看出，该欧洲专利文献号（publication number）为 EP3284177B1，名称为"A communication receiver and method"是以欧洲专利局作为受理局提交的 PCT 申请，之后进入国家阶段，并于 2019 年 7 月 31 日取得欧洲专利（European patent），权利人（proprietor）显示（如图 6-9 所示），与证书的名称、地址一致（要与后续提供的身份证明文件一致）；该欧洲专利指定国（designated contracting states）为 38 个。

2. 核查权属信息，确定权利效力范围。该专利在获得欧洲专利时，权利人是华为科技有限公司，具体的权属信息需要登录欧洲专利局网站的欧洲专利登记簿（European Patent Register）进行核查。

（1）地域效力范围。从图 6-10 的信息可以看出，除了在德国（DE）、法国（FR）和英国（GB）专利仍然有效（Status 项下显示"Patent in force"）外，其他国家的专利由于未提交翻译文本或者未缴费已经失效。此外，此处显示的权利人名称与证书以及专利文献中的地址一致。

图 6-10　欧洲专利局网站涉案专利登记簿信息

（2）时间效力范围。因为案件发生在德国，德国缴纳专利维持费的情况是：接下来需要在 2025 年 5 月 31 日（Due date）之前缴纳第 11 年的年费（Annual fee）。

图 6-11　德国专利商标局网站涉案专利缴纳专利维持费情况

我们再查看在英国缴纳年费的情况，根据英国知识产权局网站显示，上一个续展年（Last renewal year）是第十年，接下来需要在 2025 年 5 月 5 日（Next renewal date）前缴纳下一年度的年费。

图 6-12　英国知识产权局网站涉案专利缴纳专利维持费情况

思维导图

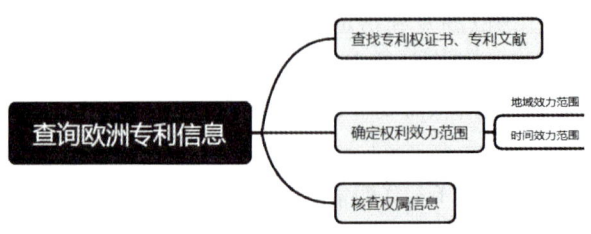

案例评析

　　由于传统的欧洲专利并不是当然立即在各条约成员国生效，而是需要履行一定的手续，如果在指定的时间没有完成相应的手续（如提交翻译文本、缴纳费用），该欧洲专利在该国就会失效（lapse）。另外，欧洲专利授权后专利维持费是在各指定国缴纳，如果权利人没有按期缴纳维持费，也会导致专利权终止。所以在确认欧洲专利的效力范围时，需要去欧洲专利局网站的 registers 上查找准确信息。

知识归档

一、世界主要国家、区域性组织的知识产权

表 6-3　世界主要国家、区域性组织的知识产权种类与效力范围

国家、区域性组织知识产权管理机构名称	主要知识产权种类	主要法律规定	效力范围
越南国家知识产权局（Vietnam Intellectual Property Office，VIO）http：//www. ipvietnam. gov. vn	发明专利 实用新型专利 外观设计 商标	《知识产权法》	发明专利保护期自申请之日起 20 年；实用新型专利保护期自申请日起 10 年；外观设计自申请之日起 5 年，可续展 2 次。

续表

国家、区域性组织知识产权管理机构名称	主要知识产权种类	主要法律规定	效力范围
马来西亚知识产权公司 Intellectual Property Corporation of Malaysia（MyIPO）http：//www. myipo. gov. my	发明专利 实用革新专利 商标 工业品外观设计	《专利法》 《商标法》 《工业设计法》	发明专利的保护期为自申请之日起 20 年；实用新型专利首次保护期 10 年，可续展 2 次。马来西亚外观专利有效期为申请日起 5 年，可续展 4 次，保护期限最长 25 年。 一旦专利获得授予，任何受损害的第三方都有资格向高等法院提出请求，要求宣告专利的无效。
印度专利、外观设计及商标管理总局（Office of the Controller General of Patents, Designs and Trademarks，CGPDTM）https：//ipindia. gov. in	专利 设计 商标	《专利法》 《外观设计法》 《商标法》	专利的保护期最长为 20 年，自申请日起算；设计保护期为自注册之日起 10 年，到期后可续展 1 次，续展期为权利期满之日起 5 年；商标保护期为自注册之日起 10 年，每 10 年可续展 1 次。
新加坡知识产权局（Intellectual Property Office of Singapore，IPOS）https：//www. ipos. gov. sg	专利 外观设计 商标	《专利法》 《注册外观设计法》 《商标法》	专利的保护期最长为 20 年，自申请日起算；外观设计一旦被注册，IPOS 将向申请人发出证书，权利人可获得从申请日起 5 年的外观设计保护期；注册商标的保护期为 10 年，从申请之日起算。在注册期满后进行续展。

续表

国家、区域性组织知识产权管理机构名称	主要知识产权种类	主要法律规定	效力范围
欧洲专利局（EPO，代码 EP） https：//www.epo.org	欧洲专利 欧盟的统一专利	《欧洲专利公约》	欧洲专利自申请日起 20 年内有效。EP 在 39 个成员国+1 个延伸国+4 个生效国指定生效；UP 在 25 个欧盟成员国直接生效。 权利终止：在公布后的 9 个月内，任何人可提异议。 与国家专利关系：平行不冲突。
欧洲知识产权局（European Union Intellectual Property Office EUIPO，代码 EM，原名：欧盟内部市场协调局，OHIM） https：//www.euipo.eu	注册欧共体外观设计 未注册欧共体外观设计 注：在欧盟，未注册的外观设计也可获得相当程度的保护。 欧共体商标：与欧盟各国国内商标平行运行	《欧盟商标条例》	RCD 保护期限自申请日起 5 年，但每 5 年可进行续展，最长可续展至 25 年；UCD 自公开日起 3 年，不能续展；EUTM 有效期为 10 年，可以无限续展。 地域范围：欧盟成员国 权利终止：任何人认为 RCD 不符合授权条件的，可请求宣告无效。 与国家外观设计、商标关系：平行不冲突。
美国专利商标局（United States Patent and Trademark Office，USPTO） https：//www.uspto.gov	发明专利（实用专利） 外观设计专利 植物专利 商标	《专利法》35. U. S. C.	时间效力：发明专利（实用专利）的保护期为自申请之日起 20 年；外观设计专利的保护期为自授权之日起 15 年；植物专利保护期为自申请之日起 20 年。

续表

国家、区域性组织知识产权管理机构名称	主要知识产权种类	主要法律规定	效力范围
日本特许厅（Japan Patent Office, JPO） https：//www.jpo.go.jp	专利（特许） 实用新型（实用新案） 外观设计（意匠） 商标	《特许法》 《实用新案法》《意匠法》	专利（特许）的保护期最长为 20 年，自申请日起算；实用新型（实用新案）保护期最长为 10 年，自申请日起算；外观设计（意匠）的最长保护期为 25 年，自申请日起算。自授权之日起 6 个月内，任何人均可向日本专利局复审部门提出异议。
韩国知识产权局（Korean Intellectual Property Office, KIPO） http：//www.kipo.go.kr	专利 实用新型 外观设计 商标	《专利法》《实用新型法案》《工业设计保护法》《商标法》	专利自申请日起 20 年，关于农药或医药的专利，在一定条件下可最多延长 5 年；商标有效期为 10 年，从核准注册之日起计算。
欧亚专利局（Eurasia Patent Office, EAPO） http：//www.eapo.org	欧亚专利	《欧亚专利公约》《欧亚专利公约工业品外观设计保护议定书》	欧亚发明专利的保护期为自申请日起最长 20 年；欧亚外观设计专利的有效期为自申请日起 5 年，可应权利人的要求进行续展，每次延长 5 年，但最长不超过 25 年。

二、认识海外知识产权证书

1. 认识海外专利证书。

图 6-13　海外专利证书示例

2. 认识海外商标证书。

图 6-14　海外商标证书示例

3. 认识海外外观设计证书。

图 6-15　海外外观设计证书示例

三、专业英语词汇

Design number（外观设计号）

Legal Status（法律状态）

Locarno classification（洛迦诺分类）

Indication of the product（产品名称）

Owners and Representatives（权利人和代理人）

Expiry date（到期日）

Registration date（注册日）

Priority date（优先权日）

技能达标 ▶

知识目标
1. 了解各国知识产权主要种类；
2. 熟悉主要国家知识产权证书；
3. 理解确认知识产权权属的方法。

能力目标
1. 能识别英文确认专利权属的基本术语；
2. 能找到和使用欧洲专利登记簿；
3. 能阅读主要国家知识产权证书。

素养目标
理解获得知识产权权利的意义。

法律法规

岗位职责

岗位名称	职责描述
专利代理师	1. 检索现有技术（Prior Art），评估新颖性/创造性，预判授权可能性。 2. 排查相同/近似商标（如通过中国商标网、欧盟 EUIPO 数据库）。 3. 熟悉各国专利/商标局审查规则（如中国 CNIPA、美国 USPTO）。
专利审查员	1. 熟练阅读外文文献（如英文专利、论文）。 2. 发出审查意见通知书。 3. 作出授权或驳回决定。
知识产权顾问	1. 协助建立《商业秘密管理制度》《发明人奖励办法》等内部规范。 2. 沟通能力，向非专业人士清晰解释 IP 问题（如向工程师说明专利侵权判定标准）。 3. 分析侵权证据（如产品技术比对），并出具法律意见书。

知言知语

加强知识产权保护，不仅是维护内外资企业合法权益的需要，更是推进创新型国家建设、推动高质量发展的内在要求。

——习近平在第二届"一带一路"国际合作高峰论坛开幕式上的主旨演讲

知权演练

延伸思考

在全球经济一体化背景下，海外知识产权权属确认出现了诸多前沿问题：

第一，国际规则复杂难统一。各国知识产权法律体系不同，如专利审查标准，美国、欧洲就有差异。同时，区域贸易协定不断更新规则，如《全面与进步跨太平洋伙伴关系协定》拓展了保护范围，但各国对国际协定解读和执行有别，跨境纠纷中法律适用和管辖权确定困难，影响权属确认。

第二，新兴技术带来界定困境。人工智能生成内容的版权归属、算法专利界定模糊；基因编辑技术涉及伦理和法律争议，数据知识产权保护标准在各国也不一样，这都增加了海外市场知识产权权属确认的复杂性。

第三，跨境交易暗藏权属风险。企业海外并购时，对目标企业知识产权权属调查可能有疏漏，比如存在隐藏纠纷、未披露许可限制等。贴牌加工企业若未审核委托方知识产权权属，也容易卷入侵权纠纷，且不同国家对贴牌加工侵权责任认定不同。

任务三　获取海外知识产权权利

任务描述

本节任务是让学生掌握获取海外知识产权权利的基本方法与流程，构建一个清晰的取得海外知识产权权利的布局框架，设计一个有效的获得权利的解决策略，完成一个具体的海外知识产权获权模拟案例，提高学生分析问题、解决问题和团队协作能力。

经典案例

获得海外专利权案例

一、基本案情

深圳迈瑞生物医疗电子股份有限公司（以下简称迈瑞公司）是一家中国医疗器械企业。医疗器械行业网站（Medical Design & Outsourcing）发布 2024 年全球医疗器械公司百强榜（2024 Medtech Big 100）中排名 27 位。公司主营产品包括监护仪、麻醉机、呼吸机、除颤仪、超声影像等，公司着眼海外市场，在全球布局了若干研发中心和子公司。公司准备将研发的创新技术——"一种超声成像方法及其诊断报告的生成方法"在海外申请专利。

二、申请流程

（一）布局海外专利

1. 时间布局。该发明通过人机交互装置获取选定超声图像的附加信息，生成原始诊断报告并输出，医务人员只需要在原始诊断报告上进行编辑即可，提高了医务人员工作效率。该技术经过检索不属于现有技术，且容易被破解和突破，基于先申请原则，还是尽快申请专利。

2. 技术布局。迈瑞公司三大业务领域：监护、检验、超声，在超声成像方面积累了众多海外专利，重点布局该领域多种情境下的超声成像方法和设备，形成了比较完备的专利技术群。本次发明创造属于超声诊断报告生成子领域改进产品和方法的技术，建议申请的类型为发明。

3. 地域布局。迈瑞公司 2024 年营业收入 42.89 亿美元，海外营业收入约占比38%，最大的海外市场和竞争对手在美国和欧洲，德国拥有在全球仅次于美国的医疗器械产业规模，且美欧具有完备的专利保护制度和措施。本次申请的主要目的地域是美国、欧洲等（重点考虑德国）。

（二）专利申请途径

申请主要目的国为两个以上的，考虑通过《专利合作条约》（以下简称 PCT）途径进行专利申请，且中国、美国、德国都是《巴黎公约》、PCT 的成员国，有权采用 PCT途径。

（三）PCT 专利申请流程

1. PCT 国际申请阶段（International Phase）流程。

（1）向国家知识产权局提交 PCT 国际专利申请（PCT application）。迈瑞公司作为申请人以中文作为申请语言向国家知识产权局专利局（此阶段称为受理局–Receiving Office，简称 RO）通过（Secure Applications Filed Electronically，是 WIPO 的电子申请软件，用于准备并提交完全电子形式的国际专利申请）提交 PCT 请求书（Request Form，PCT/RO/101 表），同时上传申请文件：说明书（DESCRIPTION）、权利要求书（CLAIMS）、说明书摘要（ABSTRACT，非必须）、说明书附图（DRAWINGS），以及附件：委托书（Power of Attorney）、费用计算和支付方式等。在提交申请时可以选择国家知识产权局或者欧洲专利局作为国际检索单位（International Searching Authority，简称ISA，如果选择欧洲专利局，申请文件需采用英文）。

注意时限：为了有效地要求优先权，一件国际申请应总是在优先权期限内提交，否则该权利将丧失。本案提交国际专利申请的时间是2021年9月28日。

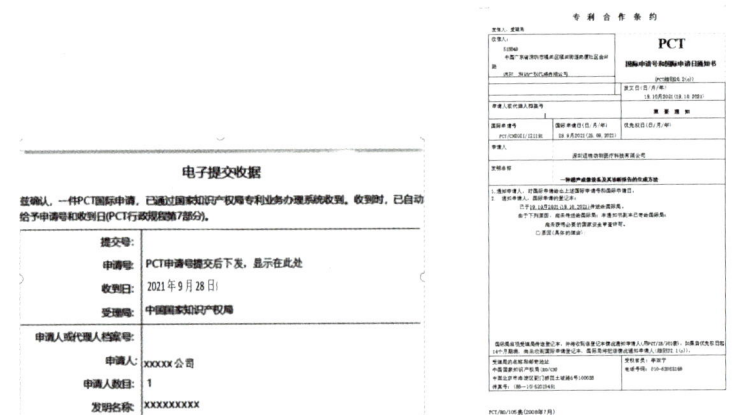

图6-16　PCT请求书第1页和第4页接收收据，接收申请日（international filing date）和申请号（international filing number）通知

图6-17　国家知识产权局电子提交收据、世界知识产权组织网站国际申请日和申请号通知书

本案收到电子提交收据的时间是电子提交日当天，即2021年9月28日。国家知识产权局向申请人告知申请日（2021年9月28日）和申请号，以及向世界知识产权组织国际局传送的时间是2021年10月19日。

（2）缴费。申请人应当自国际申请被收到之日起1个月内向RO/CN（作为受理局的中国国家知识产权局）缴纳国际申请费和检索费，具体的费用信息按照附表来交。

不缴费的，申请被视为撤回。为了避免因误期导致严重后果，或者付出额外费用，在此处应当监控缴费时限。下时限的确定方法如下：

第一，缴纳申请费官方绝限日＝国际申请被收到之日2021年9月28日＋1个月＝

2021 年 10 月 28 日，经查绝限日不是节假日。

第二，确定内部完成期限。绝限日往前推一周，2021 年 10 月 21 日作为内部缴纳申请费的时限。

第三，下时限——2021 年 10 月 28 日，在此之前报告申请人已经缴费完毕并开具账单。

1/1

PCT (附件-费用计算页)

打印件(原件为电子形式)
(本页不是国际申请的组成部分，也不计作国际申请的一页)

0	由受理局填写			
0-1	国际申请号			
0-2	受理局日期章			
0-4	PCT/RO/101表(附件) PCT费用计算页			
0-4-1	软件版本		i-system Version 1.1.2 20250109 MT/FOP 20140331/0.20.5.21	
0-9	申请人或代理人的档案号			
2	申请人		XXXX公司	
12	计算应缴费用		费用数额/数目	总数 (CNY)
12-1	传送费	T	⇨	
12-2-1	检索费	S	⇨	2100.0
12-2-2	进行国际检索的单位		CN	
12-3	国际费 (前30页)	i1	10990.0 CNY	
12-4	超过30页的页数			
12-5	附加费数额	(X)		
12-6	附加费总额	i2		
12-7	i1 + i2 =	i		
12-13	国际申请费总额(i-R)	I	⇨	9340.0
12-14	优先权文件费 要求提供的优先权文件数			
12-15	每份文件应缴费用	(X)		
12-16	优先权文件费总额	P		
12-17	恢复优先权请求费 恢复优先权请求的数量	RP		
	恢复优先权请求费的总额			
12-19	应缴费用总额 (T+S+I+P+RP)		⇨	11440.0
12-21	缴费方式		其他：网上支付	

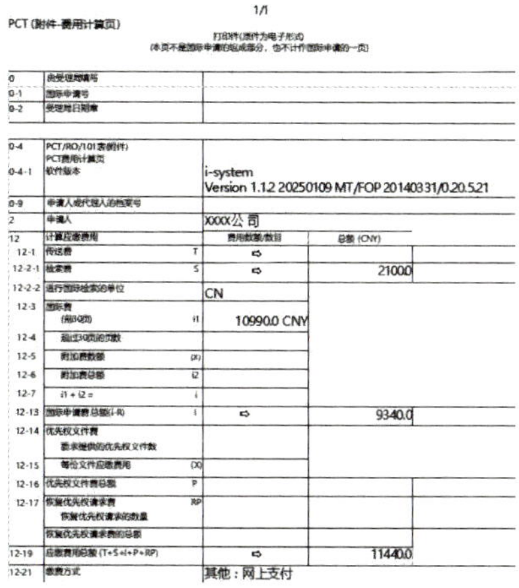

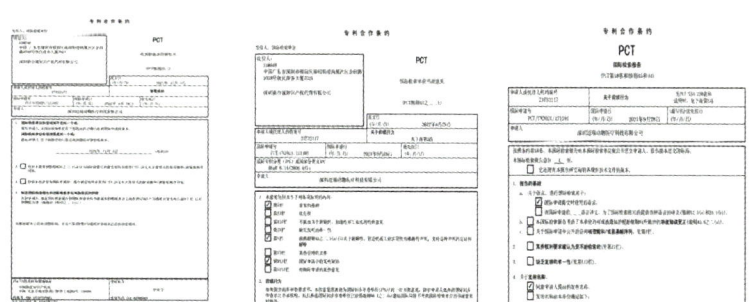

图 6-18　国家知识产权局收取的 PCT 国际申请费
（代世界知识产权组织国际局收）和检索费

（3）接收 PCT 检索报告和初步意见。国际检索是 PCT 国际阶段的必经程序。国家知识产权局作为国际检索单位通知国际局和申请人已收到检索本，并告知作出国际检索报告和书面意见的期限。本案通知书（Notification of Receipt of Search Copy）和国际检索报告（International Search Report）、书面意见（Written Opinion of the International Searching Authority）见图 6-19：

国际检索单位承诺作出检索报告和初步意见的期限：收到检索本之日起 3 个月内，或者自优先权日起 9 个月内。本案收到检索本的日期是 2021 年 11 月 5 日，发送检索报告给申请人的日期是 2022 年 6 月 29 日。

申请人向世界知识产权组织国际局提出修改的期限：自国际检索单位将检索报告传送给申请人之日起 2 个月，或者自优先权日起 16 个月内，以后到为准。

图 6-19　世界知识产权局网站收到检索本通知书、国际检索报告、书面意见

（4）PCT 国际申请公布（International Publication）。PCT 国际申请自最早优先权日

起 18 个月届满即公布，本案国际申请公布日为 2023 年 4 月 6 日。

公布机关：世界知识产权组织国际局（International Bureau）。

公布语言：提出申请时使用的语言。

公布内容：著录项目信息、摘要、说明书、权利要求书、附图（如有）。

公布的阻止：可以在公布技术准备完成之前书面申请撤回国际申请以阻止公布。

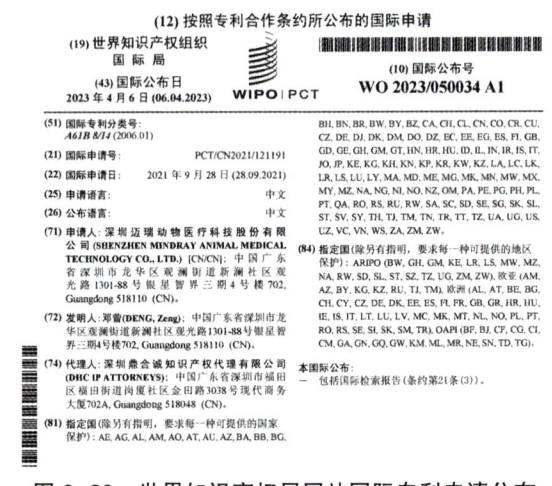

图 6-20　世界知识产权局网站国际专利申请公布

2. PCT 国家阶段（National Phase）流程。申请人应在不迟于自优先权日起 30 个月届满之日（各国国内法或者区域法规定有差异），向每个指定局（Designated Office）提供国际申请的副本及其译本（按照规定）各一份，并缴纳国家费用（如果有这种费用的话），主动办理进入国家阶段的手续。最终专利授权由各国主管专利的机关根据国内法决定。

注意：非洲地区知识产权组织（ARIPO）和欧洲专利局的部分成员关闭了 PCT 直接进入该国国家阶段的途径，只能通过区域组织授予专利权。

本案进入美国国家阶段的情况：提交发明专利（Utility Patent）申请，转达受理通知书。

申请人迈瑞公司办理进入美国手续须向美国专利商标局（USPTO）提交专利申请，通常由与国内事务所（以下简称内所）有业务关联的美国当地事务所（以下简称外所）进行。内所根据客户的指示准备申请文件，在规定的期限内发给外所，由外所向美国专利商标局提交，内所需要建立时限监控，尤其注意不能超过官方绝限（自优先权日起 30 个月内提交美国专利申请）。

在美国专利商标局受理后，内所需要及时关注外所发来的邮件并将发来的受理通知书和账单转给申请人。

注意：美国律师事务所按小时收费，费用高且有时差，时限尤其需要注意且要尽量避免出错。

以下是进入美国国家的部分文件示例：

PTO/SB/14 (07-07)
Approved for use through 09/30/2010. OMB 0651-0032
U.S. Patent and Trademark Office; U.S. DEPARTMENT OF COMMERCE
Under the Paperwork Reduction Act of 1995, no persons are required to respond to a collection of information unless it contains a valid OMB control number.

Application Data Sheet 37 CFR 1.76	Attorney Docket Number	38739/150
	Application Number	
Title of Invention	FRAME AVERAGING CIRCUIT FOR USE IN AN ULTRASOUND IMAGING SYSTEM	

The application data sheet is part of the provisional or nonprovisional application for which it is being submitted. The following form contains the bibliographic data arranged in a format specified by the United States Patent and Trademark Office as outlined in 37 CFR 1.76.
This document may be completed electronically and submitted to the Office in electronic format using the Electronic Filing System (EFS) or the document may be printed and included in a paper filed application.

Secrecy Order 37 CFR 5.2

☐ Portions or all of the application associated with this Application Data Sheet may fall under a Secrecy Order pursuant to 37 CFR 5.2 (Paper filers only. Applications that fall under Secrecy Order may not be filed electronically.)

Applicant Information:

Applicant 1　Remove

Applicant Authority ◉Inventor　○Legal Representative under 35 U.S.C. 117　○Party of Interest under 35 U.S.C. 118

Prefix	Given Name	Middle Name	Family Name	Suffix
	Wei		XIONG	

Residence Information (Select One) ○ US Residency　◉ Non US Residency　○ Active US Military Service

Utility under 35 USC 111(a) Filing Fees

Description	Fee Code	Quantity	Amount	Sub-Total in USD($)
Basic Filing:				
Utility application filing	1011	1	330	330
Utility Search Fee	1111	1	540	540
Utility Examination Fee	1311	1	220	220

UNITED STATES PATENT AND TRADEMARK OFFICE

UNITED STATES DEPARTMENT OF COMMERCE
United States Patent and Trademark Office
Address: COMMISSIONER FOR PATENTS
P.O. Box 1450
Alexandria, Virginia 22313-1450
www.uspto.gov

APPLICATION NUMBER	FILING or 371(c) DATE	GRP ART UNIT	FIL FEE REC'D	ATTY.DOCKET.NO	TOT CLAIMS	IND CLAIMS
12/255,570	10/21/2008	3737	1090	38739/150	16	2

CONFIRMATION NO. 3567

75262
MINDRAY C/O STOEL RIVES LLP
201 S. MAIN STREET
SUITE 1100
SALT LAKE CITY, UT 84111

FILING RECEIPT

OC000000032923152

Date Mailed: 11/04/2008

图 6-21　美国专利商标局网站申请表（Application Data Sheet）、费用清单（Fee Worksheet）、受理通知书（Filing Receipt）

（1）答复官方审查意见。美国专利商标局认为专利申请存在缺陷会发出审查意见通知书（Non-Final Rejection，需在发文日起 3 个月内答复），外所收到通知书后会将函和文件转给内所，内所建立期间监控并将函和官文转给申请人，明确答复官方的方案，之后反馈外所提交美国专利商标局。提交答复意见后，外所通过内所函报附账单，由内所转给申请人。

Office Action Summary	Application No.	Applicant(s)
	12/255,570	XIONG ET AL.
	Examiner	Art Unit
	MICHAEL N. FISHER	3737

-- The MAILING DATE of this communication appears on the cover sheet with the correspondence address --

Period for Reply

A SHORTENED STATUTORY PERIOD FOR REPLY IS SET TO EXPIRE 3 MONTH(S) OR THIRTY (30) DAYS, WHICHEVER IS LONGER, FROM THE MAILING DATE OF THIS COMMUNICATION.

- Extensions of time may be available under the provisions of 37 CFR 1.136(a). In no event, however, may a reply be timely filed after SIX (6) MONTHS from the mailing date of this communication.
- If NO period for reply is specified above, the maximum statutory period will apply and will expire SIX (6) MONTHS from the mailing date of this communication.
- Failure to reply within the set or extended period for reply will, by statute, cause the application to become ABANDONED (35 U.S.C. § 133). Any reply received by the Office later than three months after the mailing date of this communication, even if timely filed, may reduce any earned patent term adjustment. See 37 CFR 1.704(b).

Status

1)☐ Responsive to communication(s) filed on _____.

2a)☐ This action is **FINAL**.　　2b)☒ This action is non-final.

3)☐ Since this application is in condition for allowance except for formal matters, prosecution as to the merits is closed in accordance with the practice under *Ex parte Quayle*, 1935 C.D. 11, 453 O.G. 213.

Disposition of Claims

4)☒ Claim(s) 1-16 is/are pending in the application.

4a) Of the above claim(s) _____ is/are withdrawn from consideration.

5)☐ Claim(s) _____ is/are allowed.

6)☒ Claim(s) 1-16 is/are rejected.

图 6-22　美国专利商标局网站审查意见（Non-Final Rejection）

（2）专利授权。外所将美国专利商标局授权通知函报内所，内所建立期限转客户请申请人指示。外所发出美国专利商标局专利证书，函报内所并附账单，内所核验后转申请人。

图6-23 美国专利商标局网站专利公告（Patent publication）、授权通知（Issue Notification）、缴纳授权费（Issue Fee Payment）

思维导图

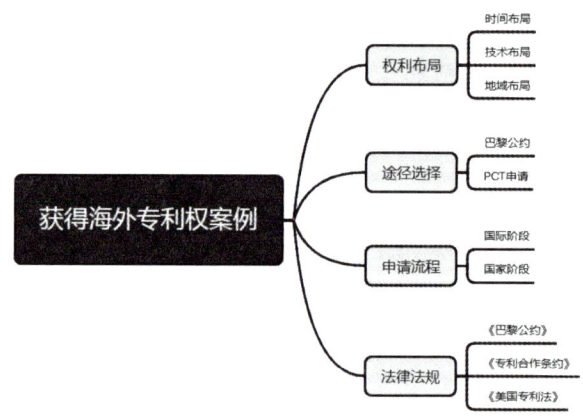

案例评析

通过模拟迈瑞公司获得海外专利权的案例可以看出：首先，要进行专利布局，明确该专利技术在企业专利族群中的作用，专利之间形成合力；其次，专利申请的时间和地域范围也需要考虑，这些考量涉及竞争对手、市场销售、展会维权、海关保护等方面。

知识归档

一、PCT 简介

PCT 是在专利领域进行合作的国际性条约，参加该条约的国家对保护发明的申请、检索和审查进行合作，其目的在于就同一发明向多个国家申请专利时，能够减少申请人，并减少在各国或者地区专利局的重复劳动。

1. PCT 的组织包括：

世界知识产权组织（WIPO）：条约主管局。

PCT 国际局（IB）：可以受理 PCT 国际申请，也是国际专利申请的公布机关。

PCT 受理局（RO）：受理 PCT 申请的国家或者区域专利局。

PCT 国际检索单位（ISA）：检索国际专利申请的国家或者区域专利局。

PCT 国际初步审查单位（IPEA）：对国际专利申请进行初步审查的国家或者区域专利局。

PCT 指定局（DO）：在国际阶段没有请求初步审查的 PCT 申请，进入的国家或者区域专利局。

PCT 选定局（EO）：在国际阶段请求初步审查的 PCT 申请，进入的国家或者区域专利局。

2. PCT 优点：

（1）有更宽裕的时间来考虑是否去其他国家申请专利，同时也推迟了翻译等费用的支出。

（2）可以初步了解发明的可专利性。

（3）使一份专利申请进入所有成员国成为可能。

（4）可以使用母语进行海外专利申请。

（5）PCT 国际阶段的结果可以作为 PPH（Patent Prosecution Highway，专利审查高速路，是一种由专利审查机构之间开展的审查结果共享的业务合作机制）基础加快授权。

二、PCT 基本流程

图 6-24　世界知识产权组织网站 PCT 流程图

三、PCT 国际申请费用

PCT 国际申请费用标准一览表（国际阶段）

金额单位：人民币元

国际阶段（中国国家知识产权局作为受理局、国际检索单位、国际初步审查单位）		
费用种类	金额	缴纳期限及要求
必要费用		
检索费	2100	申请人应自国际申请收到之日起一个月内缴纳检索费或欧专局国际检索费、国际申请费（适用时，缴纳国际申请附加费）
欧专局国际检索费（代欧洲专利局收取）	14310（2024年12月1日起适用标准）*	
国际申请费（代国际局收取）	10990（2025年1月1日起适用标准）*	
适用情况下增加的费用		
国际申请附加费（代国际局收取）从第31页起每页	120（2025年1月1日起适用标准）*	
优先权文件费	150	自优先权日起16个月内
单一性异议费	200	自相关通知书发文日起一个月内
副本复制费（每页）	2	
初步审查费	1500	自提交初步审查要求书之日起一个月内或自优先权日起22个月内，以后到期的为准
手续费（代国际局收取）	1650（2025年1月1日起适用标准）*	
附加检索费	2100	自相关通知书发文日起

PCT 国际申请费用标准一览表（国家阶段）

(CNY: 人民币/元)

国家阶段（中国国家知识产权局作为指定局、选定局）		
费用种类	金额	缴纳期限及要求
申请费		应当自优先权日起三十个月内办理进入中国国家阶段的手续，未在该期限办理的，在缴纳宽限费后，可以自优先权日起三十二个月内办理进入。即提交进入中国国家阶段的手续，申请进入中国国家阶段手续费，公告印刷费、宽限费（适用时）、公布费、进入国家阶段手续费的国家阶段的宽限费，应当在该宽限费相应的缴纳期限内缴纳。
① 发明专利	CNY 900	
② 实用新型	CNY 500	
申请附加费		
①（权利要求附加费从第11项起每项）	CNY150	
②（说明书附加费从第301页起每页）从第301页起每页	CNY50 / CNY100	
公布印刷费	CNY50	
宽限费	CNY 1000	
优先权要求费（每项）	CNY80	自进入日起2个月内
发明专利申请实质审查费	CNY2500	自优先权日起三年内
译文改正费		
初审阶段	CNY 300	自发文日起二个月内
实审阶段	CNY 1200	
单一性恢复费	CNY 900	指定期限内
优先权恢复费	CNY1000	自进入日起2个月内

注：进入国家阶段其他收费按照国内标准执行。

图 6-25　PCT 国际申请费用标准

四、PCT 国际申请期限

PCT 专利申请中的期限包括官方期限、申请人指定期限、内部期限。

下面是 PCT 国际申请国际阶段的一些法定期限：

1. 如果提出国际申请时所使用的语言不为进行国际检索的国际检索单位所接受，申请人应自受理局收到国际申请之日起 1 个月内，向该局提交一份该国际申请的译文。

2. 应当自受理局收到国际申请之日起 1 个月内向受理局缴纳国际申请费。

3. 申请人应将经原受理机构证明的在先申请文件副本（优先权文件），在自优先权日起 16 个月内，向世界知识产权组织国际局或者受理局提交。

4. 受理局应当把国际申请的收到日记为国际申请日。

5. 申请人可以通过向受理局或世界知识产权组织国际局递交一份通知而在请求书中改正或增加一项优先权要求，期限是自优先权日起 16 个月内。

6. 该通知书应要求申请人在自通知之日起 1 个月内缴纳附加费，并说明应缴纳的费用数额。

7. 送交国际初步审查单位的，手续费应在自该单位收到之日起 1 个月内或自优先权生效之日起 22 个月内缴纳，以后到期的为准。

8. 制定国际检索报告的期限应为自国际检索单位收到检索本起 3 个月，或者自优先权日起 9 个月，以后到期者为准。

 技能达标 ▶

> **知识目标**
>
> 1. 了解 PCT 的基本概念；
> 2. 熟悉 PCT 申请的流程；
> 3. 理解海外专利权的两种途径。

能力目标

1. 能基本理解英文专利审查过程文件；
2. 能掌握获取海外知识产权的基本流程；
3. 能掌握时限监控的基本方法。

素养目标

理解 PCT 专利申请中遵守期限的重要性。

法律法规

岗位职责

岗位名称	职责描述
知识产权师	1. 制定 IP 战略，根据企业技术领域和商业模式，规划专利、商标、版权、商业秘密的组合保护策略。 2. 风险预警与规避，监控行业技术动态和竞品 IP 状态，提前识别侵权风险（如通过 FTO 分析）。 3. 具备一定的英文阅读水平，掌握基本的英文专业词汇。
审查员	1. 联合法务、IT、人力资源部门完善保密制度，并对员工开展保密意识培训。 2. 构建全员参与的商业秘密保护体系，降低人为泄密风险。 3. 了解 PCT，以及国外知识产权保护的法律规定、时限监控方法。
知识产权顾问	1. 知识产权战略咨询。 2. 知识产权申请与确权指导。 3. 知识产权商业化与运营。 4. 侵权纠纷解决与维权。 5. 跨领域协同服务、精通知识产权法律。

知言知语

外国国家违反国际法和国际关系基本准则，以知识产权纠纷为借口对我国进行遏制、打压，对我国公民、组织采取歧视性限制措施，干涉我国内政的，国务院有关部门可以依照《中华人民共和国对外关系法》、《中华人民共和国反外国制裁法》等法律将直接或者间接参与制定、决定、实施歧视性限制措施的组织、个人列入反制清单，采取相应反制和限制措施。

——2025 年 5 月 1 日《国务院关于涉外知识产权纠纷处理的规定》

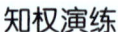

知权演练 --

延伸思考 --

获取海外知识产权面临多重前沿挑战。国际规则不断变化，《全面与进步跨太平洋伙伴关系协定》等区域贸易协定拓展保护范围、强化执法，企业需快速适应规则差异，精准把握申请标准。跨境交易中，企业海外并购时对目标企业知识产权尽职调查不足，贴牌加工若未严格审核委托方权属，易陷入侵权纠纷，不仅阻碍权利获取，还影响企业信誉与资格。

任务四 解决海外知识产权纠纷

任务描述 --

本节任务是让学生掌握处理海外知识产权纠纷的基本方法与流程，构建一个清晰的海外知识产权纠纷处理思维框架，设计一个有效的纠纷解决策略，完成一个具体的海外知识产权纠纷模拟处理案例，提高学生分析问题、解决问题和团队协作能力。

经典案例

甲公司与乙公司德国反不正当竞争纠纷案

一、基本案情

甲公司为在德国经营的中国电器经营企业；乙公司 Dyson Technology Limited 也在德国经营。2020 年 7 月，甲公司收到了乙公司的侵权警告函，称甲公司在德国亚马逊平台销售的吸尘器侵犯其欧洲专利（专利号：EP2043493B1），同时乙公司向平台举报，导致甲公司的产品被下架。

图 6-26　被控侵权产品

二、解决流程

1. 确认乙公司涉案专利法律状态和权属。案件发生在德国，首先需要确认涉案专利的法律状态和权属。根据任务二学习的内容，到欧洲专利局 Patent Register 检索涉案专利，进入欧洲专利局网站查询得出结论是：该欧洲专利在德国有效，且权利人是乙公司。

EP Legal status: EP2043493

HANDHELD CLEANING APPLIANCE		
Application No.	Publication No.	Applicant
EP07733484	EP2043493	Dyson Technology Limited
	European patent granted	20.02.2013
Opposition procedure	21.11.2013	No opposition filed within time limit

EP Federated register: EP2043493

	Status	Application No.	Publication No.	Proprietor
DE	Patent in force	EP07733484	EP2043493	Dyson Technology Limited, Malmesbur...

图 6-27　欧洲专利局网站涉案专利登记信息

2. 技术侵权比对。在 ESPACENET 数据库查找涉案专利权利要求的最新版本（英文和中英文对照）与被控侵权产品进行技术比对，查看是否落入专利权保护范围。

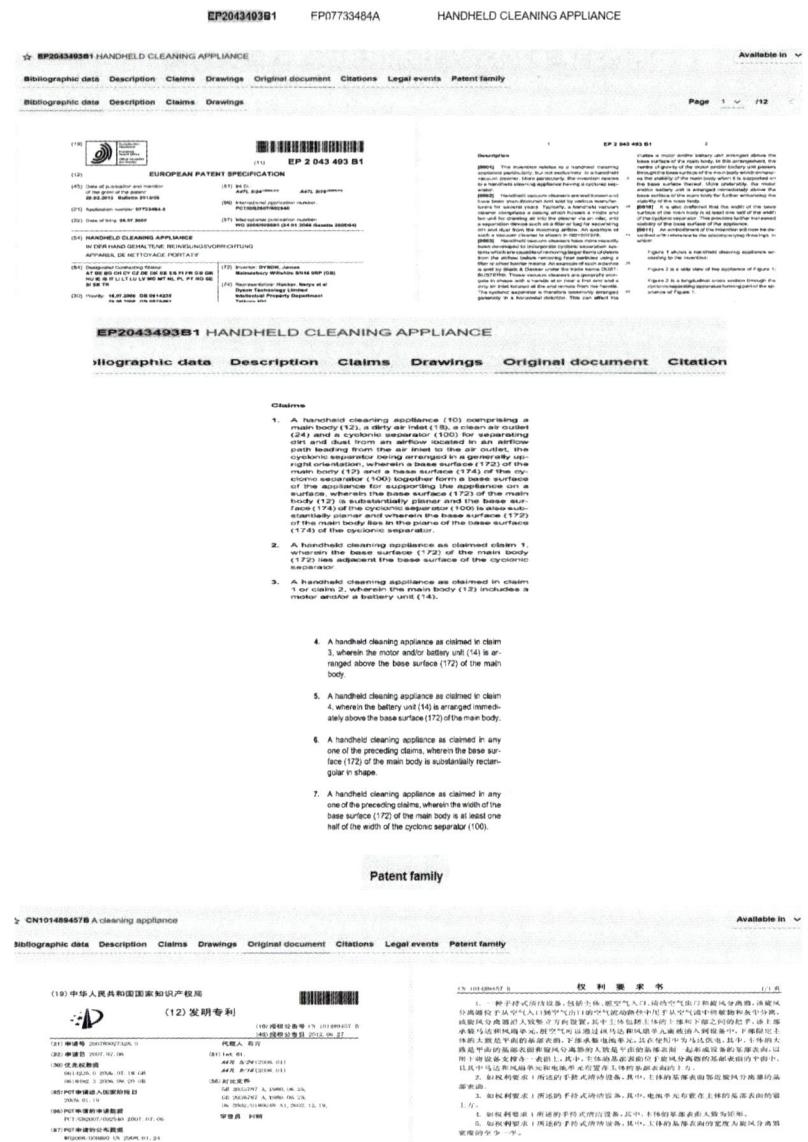

图6-28 欧洲专利局网站 ESPACENATE 数据库涉案专利及同族文献信息

经过初步比对和判断，被控侵权手持式吸尘器不落入专利权的保护范围，对此，甲公司聘请专家出具书面意见。

3. 解决纠纷法律途径分析比较。

（1）明确已方目标并迅速试探和解的可能性。已方目标：迅速解决纠纷并上架商品以应对与日俱增的销量和商誉损失。试探和解：核对并分析警告函（具体核对信息见图6-29），2周内向乙公司回应警告函，向平台提出申诉。

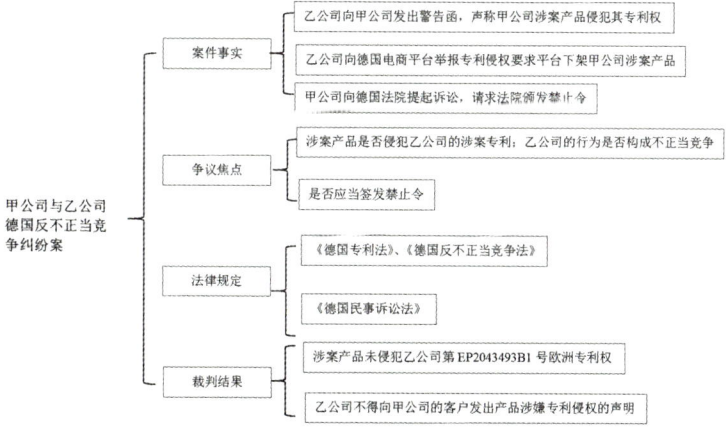

图 6-29 警告函示例

（2）为纠纷解决做准备。获取指导：在信息和经验缺乏的情况下获取维权指导尤其重要，如在智南针提交申请可以获得指导意见；代理委托：聘请专业的律师和技术专家提供专业代理服务和出具专家意见；确定方案：为达成己方目标选择纠纷解决方案（以和解、调解为主，还是以诉讼为主）、诉讼方案（管辖法院、诉求和法律依据）。

在本案中，最终选定以诉讼为主的纠纷解决方案，甲公司依据《德国反不正当竞争法》主动向德国布伦瑞克地区法院提起禁令申请：禁止乙公司再向甲公司经销商和亚马逊平台声称甲公司产品侵犯其专利权。

最终，德国一审和二审法院判决均认定：被控侵权的吸尘器未侵犯乙公司第EP2043493B1 号欧洲专利权，乙公司不得向甲公司的客户发出产品涉嫌专利侵权的警告函，随后乙公司撤回上诉并承认法院的判决内容。

思维导图

甲公司与乙公司德国反不正当竞争纠纷案
- 案件事实
  - 乙公司向甲公司发出警告函，声称甲公司涉案产品侵犯其专利权
  - 乙公司向德国电商平台举报专利侵权要求平台下架甲公司涉案产品
  - 甲公司向德国法院提起诉讼，请求法院颁发禁止令
- 争议焦点
  - 涉案产品是否侵犯乙公司的涉案专利；乙公司的行为是否构成不正当竞争
  - 是否应当签发禁止令
- 法律规定
  - 《德国专利法》、《德国反不正当竞争法》
  - 《德国民事诉讼法》
- 裁判结果
  - 涉案产品未侵犯乙公司第 EP2043493B1 号欧洲专利权
  - 乙公司不得向甲公司的客户发出产品涉嫌专利侵权的声明

案例评析

通过解决海外知识产权纠纷的案例，我们可以看出，若想解决纠纷，首要且关键的一点在于，快速确定被控侵权产品是否侵犯涉案专利权。在这方面，双方通常会聘请专家出具专家意见并向法院提交。本案甲公司之所以选择依据《德国反不正当竞争法》申请诉前临时禁令，也是着眼于快速解决纠纷并上架商品的目标。正因为其产品不侵权才使得申请临时禁令成为可能。

知识归档

一、世界主要国家知识产权保护措施

表 6-4   世界主要国家知识产权保护措施

国家、区域性组织的名称	主要知识产权种类	司法保护措施	行政保护措施
美国	实用专利 外观设计专利 植物专利 商标	民事诉讼通常情况下联邦地区法院是初审法院。对于故意侵权有惩罚性赔偿（最高 3 倍+律师费） 刑事诉讼（罪名：假冒专利）由美国司法部调查和起诉。	美国国际贸易委员会（ITC）调查进口商品涉嫌侵犯知识产权的案件（依据：《美国关税法 1930》337 条款）。 ITC 裁决由美国海关执行。
德国	实用新型专利 外观设计专利 商标	德国专利法院管辖不服德国专利商标局（DPMA）作出决定的案件。 专利民事案件主要由地区法院（可颁发诉前临时禁令）、州法院、联邦法院管辖。 对故意侵权可追究刑事责任。	德国海关有权查扣、没收涉嫌侵权的产品。（执法依据：欧盟条例、国内法；查扣 2 周内物主没有提出争辩会没收物品） 法院发出的临时禁令由警察执行。

续表

国家、区域性组织的名称	主要知识产权种类	司法保护措施	行政保护措施
英国	外观设计专利 商标 版权	英格兰和威尔士的法院系统审理知识产权民事案件实行三审终审制度，高等法院（知识产权企业法庭、专利法庭）、上诉法院民事庭和英国最高法院。会追究侵权者刑事责任。	英国知识产权局（UKIPO）可以审理有关权利归属、权利有效性等纠纷，不服可以上诉至英国高等法院专利法庭或大法官庭。 拥有英国知识产权的权利人，以及启动司法程序以保护其权利的各方，可向英国税务海关总署提出申请，要求边境部队扣留涉嫌侵权的货物。
欧洲	欧洲专利 欧盟统一专利	欧洲统一专利法院用于处理欧洲统一专利和欧洲专利的侵权和有效性问题。欧洲的知识产权保护由欧盟各国依据欧盟的法规和指令来执行。	欧盟关于海关打击知识产权侵权产品的指令也由各国海关依照执行。
欧盟	注册欧共体外观设计 未注册欧共体外观设计 欧共体商标	权利人可以向欧盟任何一个成员国提起民事诉讼，任何一个法院发出的命令在全部欧盟成员国内都具有强制执行力。 欧盟各成员国则负责根据其国内法，采取商标刑事犯罪调查起诉。 对欧盟知识产权局复审（上诉）委员会的决定不服可以向欧盟普通法院请求一审、向欧洲法院请求二审。	欧盟各成员国负责根据其国内法采取海关执法措施保护产权人。 欧盟商标注册后5年内必须投入使用，否则任何人均可对其提出不使用撤销注册申请。任何人还可以向欧盟知识产权局申请撤销注册商标或宣告注册商标无效。不服欧盟知识产权局最终决定的，也可以向欧盟知识产权局复审（上诉）委员会请求复审。

续表

国家、区域性组织的名称	主要知识产权种类	司法保护措施	行政保护措施
日本	专利： 实用新型 外观设计 商标	知识产权民事案件实行专属管辖，地方法院—知识产权高等法院（受理不服JPO的决定案件）—最高法院，三审终审制。 知识产权犯罪刑罚重。	海关可以依知识产权权利人请求不予放行和没收侵权商品。 警察部门调查专利侵权的刑事责任。

二、海外知识产权纠纷应对

1. 接到律师函（警告函 Warning Letter）。在知识产权侵权案件中接到的律师函，是律师接受知识产权权利人或者其被许可人的委托发出的，告知对方侵犯其委托人的知识产权并要求立即停止侵权的文件。接到律师函后，应认真核对信息并在限定的期限内分不同情况回复。

2. 遭遇临时禁令。此项命令是法院应申请人的申请在诉前或者诉中作出的，要求被告做或者不做某种行为，能够及时阻止竞争对手的生产和销售行为。对于该禁令，可以不具有显而易见的侵权，以及缺乏紧迫性的理由提出申诉。

3. 面临侵权诉讼。面临侵权诉讼通常是从接到法院传票，或者被诉通知开始，明确知悉自己被诉的事实。在有些国家，如果在规定时间不答辩法院将会作出缺席判决。

4. 面对海关执法。根据各国法律，绝大部分海关均有权查扣涉嫌侵权商品。面对海关执法，应当配合海关调查并积极提出异议、申诉，以免造成货物被没收的更大损失。

5. 遭到贸易调查。知识产权贸易调查最常见的是美国的"337"调查。该调查时限紧，应对不及时的话将导致严重后果。面对贸易调查，应积极组建内外团队，利用当地法律政策最大限度地维护自身利益并降低损失。

三、海外知识产权纠纷解决途径

1. 和解。和解是指双方当事人以及聘请的律师在没有第三方参与的情况下，通过谈判解决纠纷。和解可以存在于诉讼过程中，调查报告显示，2023 年，我国企业在美国的诉讼结果中有 65.7%的专利诉讼是以和解撤案的。

2. 调解。调解是双方当事人以及聘请的律师在中立第三方居中调解下，协助双方达成和解的纠纷解决方式。调解可能存在于诉讼、仲裁、行政处理过程中。

3. 仲裁。双方当事人在纠纷发生前或者发生后同意将纠纷提交中立第三方审查并作出裁决的纠纷解决方式。仲裁解决纠纷的前提是存在仲裁条款或者仲裁协议。与诉讼相比，仲裁更加快捷、灵活、高效。

4. 行政处理。有些国家的行政执法机关，如美国的 ITC、中国的国家知识产权局、日本的特许厅等具有管辖当事人提出的专利无效申请案件的权力。

5. 诉讼。虽然各国的知识产权法律制度不同，但司法最终的原则是相通的。法院对知识产权纠纷案件具有广泛且最终的管辖权。

 **技能达标** ▶

知识目标

1. 了解主要国家知识产权保护的救济制度；
2. 熟悉海外知识产权纠纷解决途径；
3. 理解警告函的基本格式。

能力目标

1. 能核对警告函的基本内容；
2. 能掌握处理海外知识产权纠纷的基本流程；
3. 能掌握应对海外知识产权纠纷的基本方法。

素养目标

理解快速处理海外知识产权纠纷的重要性。

法律法规

岗位职责

岗位名称	职责描述
律师	1. 了解国外知识产权保护的法律规定、警告函的内容。 2. 具备一定的英文阅读水平，掌握基本的英文专业词汇。 3. 协调多国律师处理平行诉讼（如中、美、欧专利侵权案）。
知识产权师	1. 解决海外知识产权纠纷。 2. 监控行业技术动态。 3. 精通各国知识产权法律（如中国、美国）。

续表

岗位名称	职责描述
知识产权顾问	1. 最大化知识产权价值，同时规避法律与商业风险。 2. 协助完成 IP 许可、转让、质押融资等交易。 3. 合作中核查第三方 IP 权属（如专利是否有效、商标是否被许可）。

 知言知语

　　任何组织和个人均不得执行或者协助执行外国国家以知识产权纠纷为借口对我国公民、组织采取的歧视性限制措施。任何组织和个人违反前款规定，侵害我国公民、组织合法权益的，我国公民、组织可以依法向人民法院提起诉讼，要求其停止侵害、赔偿损失。

——2025 年 5 月 1 日《国务院关于涉外知识产权纠纷处理的规定》

知权演练

延伸思考

　　在全球化浪潮下，企业在拓展海外市场时，难免会面临知识产权纠纷方面的诸多前沿问题。在国际规则层面，各国知识产权法律差异显著，新兴区域贸易协定不断更新，如《全面与进步跨太平洋伙伴关系协定》（CPTPP）对商标、专利等保护范围和标准作出新规定，企业需精准理解并适应，否则易陷入纠纷。

　　新兴技术领域问题丛生。人工智能生成物的知识产权归属尚无定论，企业在海外使用相关成果易引发权属争议。基因编辑技术因伦理和法律界限模糊，不同国家监管与保护态度不一，企业涉足该领域面临复杂法律环境。物联网数据量爆发，数据知识产权权属界定不明，企业跨境数据使用、交易时纠纷风险大增。

　　跨境交易场景中，企业海外并购对目标企业知识产权尽职调查常存漏洞，隐藏的知识产权纠纷可能在交割后爆发，冲击企业权益。贴牌加工企业若未严格审核委托方知识产权权属，可能卷入侵权纠纷，且各国对贴牌加工侵权责任认定不同，增加企业维权难度与不确定性。

项目七 其他知识产权

任务一 布局地理标志知识产权保护

任务描述

本节任务是让学生掌握地理标志保护的理论知识和布局地理标志保护的基本方法与流程，构建一个清晰、系统的地理标志保护布局思维框架，形成一个有效的地理标志保护布局策略，完成一项具体的地理标志产品申报操作，处理一个典型的地理标志侵权纠纷模拟案例，增强理论认识和实践技能，提高分析问题、解决问题和团队协作能力。

经典案例

无锡市某水蜜桃桃农协会与陈某侵害商标权及不正当竞争纠纷案

一、基本案情（案件人物名称略有改动）

无锡市某水蜜桃桃农协会（以下简称某桃农协会）是"阳山"证明商标的权利人，其发现陈某在拼多多电商购物平台开设的店铺内销售桃子时，使用的商品名称中含有"阳山"，认为陈某构成商标侵权，故诉至法院，请求判令陈某赔偿经济损失及合理费用15万元。陈某认为，阳山地理标志是该区域历代人民智慧的结晶，该区域符合生产条件的生产者享有集体权和共有权，其销售的水蜜桃系来自阳山镇丰成水蜜桃专业合作社，使用阳山地理标志符合诚实信用原则。

二、裁判结果

一审法院认为，涉案商标为证明商标，根据《集体商标、证明商标注册和管理办法》的相关规定，证明商标是用以证明商品本身出自某原产地，或者具有某种特定品质的标识。某桃农协会享有涉案注册商标专用权，对于不符合产地、特定品质要求的商品上标注该商标的，某桃农协会有权禁止，并依法追究其侵权责任。故判决陈某赔偿某桃农协会经济损失 4.8 万元及合理开支 1500 元。陈某不服，提起上诉。

上海知识产权法院二审认为，地理标志可以通过申请证明商标或者集体商标获得商标权的保护，但其保护范围受到限制，区域内的商家即使没有加入协会也有权使用该地理标志。经查，陈某于 2020 年 7 月、8 月销售的水蜜桃来自无锡市阳山镇，陈某在销售时有权正当使用"阳山"字样以说明水蜜桃的产地。但是，对于其他时间段销售的水蜜桃，陈某并无充分证据证明其产地来自阳山地理标志核定的地域范围，故其使用"阳山水蜜桃"字样的行为，容易导致消费者的混淆误认，构成商标侵权。综上，上海知识产权法院二审改判陈某赔偿某桃农协会经济损失 2 万元及合理开支 1500 元。

三、典型意义

地理标志是重要的知识产权客体，是促进区域特色经济发展的有效载体，是推进乡村振兴的有力支撑。近年来，地理标志的知识产权保护问题成为社会广泛关注的热点问题，但对于地理标志商标的权利范围、侵权判断标准以及举证责任分配等问题尚未形成统一认识。

本案裁判明确地理标志可以通过申请证明商标或者集体商标获得商标权的保护，商品符合使用地理标志条件的自然人、法人或者其他组织，即使未向证明商标权人申请使用该证明商标，或者未申请加入以该地理标志作为集体商标注册的团体、协会或者其他组织，也有权正当使用该证明商标或者集体商标所包含的地理标志。如果特定商品的确产自地理标志核定的地域范围，除非存在相反证据证明该商品不具备地理标志要求的特定品质，否则，应当推定该商品符合使用地理标志的条件，该商品的生产者、销售者等有权正当使用地理标志。本案裁判有利于地理标志知识产权司法保护和法律适用的统一。

思维导图

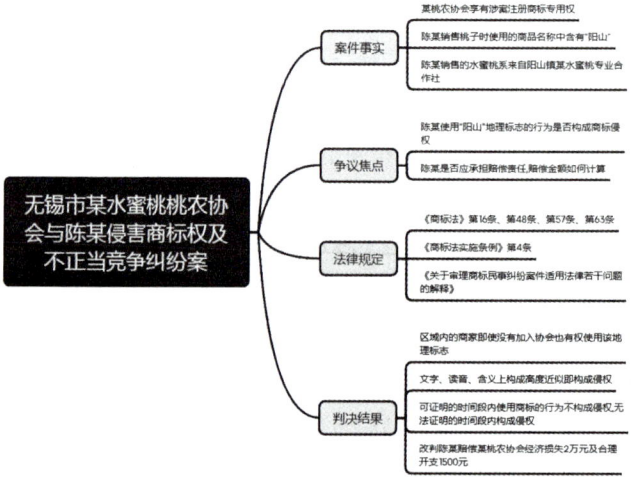

案例评析

根据某桃农协会与陈某侵害商标权及不正当竞争纠纷案的判决书，本案评议点如下：

1. 地理标志证明商标的特殊性。法院在判决书中明确地理标志证明商标的核心功能在于标示商品的地理来源及特定品质，其保护范围不仅涵盖商标的标识功能，还涉及对产地和品质的管控。本案中，被告虽主张"阳山"系描述性使用，但法院强调，"正当使用"需同时满足"商品来自核定地域"和"符合特定品质"两个要件，仅提供产地证明不足以豁免侵权责任。这一标准严格遵循了《商标法》及《商标法实施条例》的规定，体现了对公共品牌信誉的维护。

2. 地理标志证明商标混淆可能性的精细化判断。法院认定，被告在商品标题中使用"阳山水蜜桃"字样，与原告的"阳山"商标在文字、读音、含义上构成高度近似，且"水蜜桃"作为通用名称未弱化"阳山"的显著性。这一判断紧扣《商标法》第57条关于"容易导致混淆"的侵权要件，既未过度扩大地理标志的保护范围，又有效防止了"搭便车"行为对消费者认知的误导。

3. 基于证据链的完整性来决定责任划分。法院对被告销售行为进行分阶段审查，被告提供了2020年7~8月给合作社供货的协议、快递单据等证据，形成完整证据链，证明商品来自阳山镇，故允许被告正当使用"阳山"字样。其他时间段内，被告仅提交单方制作的销售统计表，无法证明商品来源，故推定构成侵权。法院在确定赔偿金额时，扣除合法销售部分的赔偿责任，充分贯彻了过罚相当的司法理念。

4. 司法裁判的社会价值。本案判决对地理标志商标的权利范围、侵权判断标准以及举证责任分配等问题作出了准确界定，有利于地理标志知识产权的司法保护和法律适用相统一，既防止公共品牌被不当垄断，又遏制假冒伪劣产品侵蚀市场，为"阳山水蜜桃"等区域特色产业的长期发展提供了法治保障。

知识归档

地理标志权是有别于著作权、专利权等传统的知识产权的一种独特而重要的知识产权类型。以下是地理标志保护的一些核心知识点：

一、地理标志的概念与类型

地理标志是我国《民法典》明确规定的知识产权客体。地理标志（Geographical Indications）是指标示某商品来源于某地区，该商品的特定质量、信誉或者其他特征，主要由该地区的自然因素或者人文因素所决定的标志。世界贸易组织将其定义为："鉴别原产于一成员国领土或其地区或地点的产品的标志，其质量、声誉等特性主要取决于原产地。"与发明专利等传统知识产权不同，地理标志具有地域性、集体性、不可转让性等特征。

地理标志作为一种重要的知识产权类型，旨在保护与特定地域紧密关联的商品标识，是保护和传承传统优秀文化的鲜活载体，也是企业参与市场竞争的重要资源，具有产地标示、来源识别、产品特色品质保障和商誉承载等功能，对于提升商品经济价值、吸引投资和促进产业发展、传承保护传统知识与文化遗产、提升国际影响力和竞争力等方面具有重要意义。因此，各国家和地区普遍通过制定专门的法律法规，规范地理标志的申请、审查认定、使用、变更、撤销等事项，以充分保护地理标志使用者的合法权益，严厉打击欺诈、不正当竞争等违法违规行为。

地理标志通常以"地理名称+商品名称"的形式体现。根据保护的对象划分，地理标志主要包括以下种类：

（一）农产品地理标志

强调自然生态和人文因素对品质的影响，主要关注来源于特定地域的农产品，其产品品质特征主要取决于该地域的自然生态环境（如土壤、气候）、历史人文因素（如文化背景、历史传承），并以地域名称冠名。该类地理标志的适用范围较为有限，仅限农业初级产品（如粮食、果蔬、畜禽、水产品等），经过工业加工的产物不在认证范围内。典型如种植类：章丘大葱、大埔蜜柚、阳山水蜜桃、张浦黄桃等；畜牧类：高邮鸭蛋、鄂托克阿尔巴斯山羊肉、梁山黑猪、东兰乌鸡等；水产品类：阳澄湖大闸蟹、金州海蛎子、海洋岛海参、大伙房水库鳙鱼等。农产品地理标志如图 7-1 所示。

图 7-1　农产品地理标志

（二）地理标志专用标志

2018 年机构改革后，原地理标志保护产品专用标志和地理标志商标专用标志，现已合二为一，为地理标志专用标志（2019 年 10 月实施），如图 7-2 所示。

图 7-2　地理标志专用标志

地理标志保护产品是指产自特定地域，具有特定的质量、声誉或其他特性，并且这些特性与产地的自然因素和人文因素密切相关的产品。原材料全部来自本地区或者部分来自其他地区，并在本地区按照特定工艺生产和加工的产品，属于地理标志产品。典型如北京烤鸭、法国香槟酒、希腊橄榄油等。

地理标志商标通过商标注册的形式进行保护，主要强调商品或服务的地理来源和与该地域的特定联系。地理标志商标的使用有助于消费者识别商品或服务的来源地，并据此判断其质量和特色。目前，我国正在加快推进建立地理标志统一认定制度，建立统一认定、专门保护、高效协同的地理标志统一认定制度，实现统一受理、审查、认定、标识、监管。国家知识产权局、国家市场监督管理总局相继出台了一系列部门规章及政策文件，如 2024 年 12 月 10 日发布的《地理标志统一认定制度实施方案》等，将对既有实践中区分保护的农产品地理标志、地理标志保护产品、地理标志商标进行统一认定和规范，进一步形成完善的地理标志保护法律法规、配套政策标准和保护管理工作体系，提升地理标志保护水平。

二、地理标志的特征

1. 地域性。地理标志产品必须产自特定地理区域，且其品质或声誉与该地区的自然或人文因素密不可分，如"孝感麻糖"的独特口感源于当地水土和传统工艺，"西湖龙井"的品质与杭州西湖区的气候、土壤及传统炒制工艺密切相关。

地理区域范围可通过行政区划或自然地理特征界定，可能小于或等于行政区划范围，但需明确。同时，只要产地条件与产品质量不变，地理标志保护可永久存续。

2. 特异性。产品具有较明显的质量特色、特定声誉或者其他特性。地理标志产品具有区别于其他地区同类产品的独特品质、特点或声誉，这种独特性是地理标志产品的核心价值所在。如"五常大米"，因其生长在五常地区特定的黑土地上，加上适宜的气候条件，米粒饱满、质地坚硬、色泽清白透明、口感香甜，与其他地区的大米有明显区别。

3. 集体性。集体性也称非独占性。与发明专利等传统知识产权不同，地理标志相关权益由产地内符合标准的生产者共同享有，而非个人或企业独占，如"金华火腿"需由金华地区内符合标准的生产者共同使用，"陕西苹果"可由该省符合条件的果农集体使用。由于集体性的特征，地理标志通常由行业协会、地方政府或公共机构管理。

4. 不可转让性。由于地理标志与特定地理区域绑定，其相关权益无法转让给其他地区、企业或个人，一旦离开相应的特定地理区域，便不再具有地理标志的意义。

三、地理标志的作用与价值

1. 对个人的作用与价值。对个人而言，地理标志是提升经济收入、保护传统技艺和增强文化认同的重要工具。对于生产者，如农民、手工艺人，地理标志认证赋予其产品市场溢价能力。例如，福建安溪茶农凭借"安溪铁观音"地理标志，茶叶售价可比普通茶叶高出 30% 以上，直接改善家庭收入。同时，地理标志要求产品遵循传统工艺，如手工制作、古法发酵，促使生产者主动传承濒临失传的技艺。例如，云南"普洱茶"地理标志规定必须采用晒青毛茶工艺，使得年轻一代茶农重新学习并延续祖辈技术。此外，地理标志还强化了个体的地域文化归属感。例如，景德镇陶瓷工匠因"景德镇瓷器"地理标志的全球认可，不仅获得了经济回报，更以"瓷都传人"身份为荣，形成个人价值与社会价值的统一。

2. 对企业的作用与价值。对企业而言，地理标志是降低市场竞争风险、提升品牌影响力和拓展市场的核心资产。首先，地理标志的集体属性可避免区域内同行恶性竞争。例如，"五常大米"地理标志要求所有授权企业统一质量标准，防止以次充好，维护行业整体利益。其次，地理标志的声誉背书能减少企业品牌建设成本。一家绍兴黄酒企业使用"绍兴酒"地理标志后，无需额外宣传即可获得消费者对"正宗黄酒"的信任，节省营销费用。此外，地理标志还可帮助企业突破国际市场壁垒。欧盟对地理标志产品实行关税优惠和快速准入，中国"郫县豆瓣"凭借地理标志认证，顺利进入欧洲高端调味品市场，年出口额增长超20%。企业通过地理标志实现"借船出海"，形成差异化竞争优势。

3. 对地区发展的作用与价值。对地区发展而言，地理标志是促进区域特色经济发展的有效载体、保护生态环境和推动文旅融合的关键引擎。经济上，地理标志能形成"一标带一链"的产业集群效应。例如，"阳澄湖大闸蟹"地理标志带动苏州当地养殖、物流、电商、旅游等全产业链发展，相关产值超百亿元。生态上，地理标志标准倒逼地区保护独特自然资源。例如，贵州"茅台酒"地理标志要求使用赤水河流域的水源和糯高粱，促使当地政府限制工业污染，维护酿酒生态圈。文化上，地理标志成为地区文旅名片。例如，意大利"帕尔马火腿"地理标志不仅提升产品销量，还催生"火腿主题旅游"，游客可参观传统作坊、参与火腿节庆，使农业产区转型为文化体验目的地，年吸引游客超50万人次，实现"以产促游、以游兴产"的良性循环。

4. 对国家的作用与价值。对国家而言，地理标志是推进乡村振兴的有力支撑，是推动外贸外交的重要领域，是参与全球贸易竞争、保护文化遗产和平衡区域发展的重要战略资源。在国际贸易中，地理标志是国家软实力的体现。例如，中国"安吉白茶"地理标志被纳入中欧地理标志互认清单后，对欧出口单价提升40%，助力打破技术性贸易壁垒。在文化层面，地理标志承载国家非物质遗产。例如，日本"和牛"地理标志不仅代表牛肉品质，更象征其畜牧文化与匠人精神，成为国家文化输出的载体。此外，地理标志还能缩小城乡差距。中国中西部欠发达地区依托"盐池滩羊""库尔勒香梨"等地理标志，将资源优势转化为经济优势，有效推动乡村振兴与共同富裕。

四、地理标志保护的历史沿革

地理标志的历史沿革是一个随着经济、贸易和法律发展而不断演变的过程。19世纪，随着工业革命的兴起，大规模的工业化生产和国际贸易迅速发展，消费者对产品来源和质量的识别需求日益增加。一些具有特色的地方产品为了在市场竞争中脱颖而出，开始更加注重产地标识的使用。1883年，《巴黎公约》签订，首次将地理标志纳入工业产权的保护范围，规定各成员国应对虚假产地标记采取制裁措施，开启了地理标志国际保护的先河。

20世纪以来，各国纷纷建立起自己的地理标志保护法律体系。以法国为例，1919年法国颁布了《原产地名称保护法》，对地理标志的定义、保护范围、申请程序等作出了详细规定，为法国地理标志产品的保护提供了有力的法律保障。美国在1946年制定的《兰哈姆法》中，也将地理标志作为商标的一种特殊形式进行保护。

随着经济全球化的深入发展，地理标志的国际保护日益重要。1958年，《保护原产地名称及其国际注册里斯本协定》（以下简称《里斯本协定》）签订，进一步完善了地理标志的国际保护制度，规定了原产地名称的国际注册程序和保护措施。1994年，世界贸易组织的《TRIPS协定》将地理标志作为一项重要的知识产权加以保护，要求各成员方采取相应措施，防止地理标志的滥用和误导消费者的行为，使地理标志的国际保护更加规范化和标准化。

我国对地理标志实施保护源于20世纪80年代，1984年，我国正式加入《巴黎公约》，开始承担制止虚假表述产品产地商业行为及保护原产地名称的义务。1987年的"丹麦牛油曲奇"行政保护案和1989年的法国"香槟"行政保护案，是我国行使原产地名称行政保护职能的体现。1993年，国务院第二次修订实施《商标法实施细则》，将集体商标、证明商标纳入商标法律保护范围。1994年，国家工商行政管理总局发布《集体商标、证明商标注册和管理办法》，商标局正式受理国内、外地理标志证明商标的注册申请。2001年，修正后的《商标法》正式将地理标志概念写进法律。2002年的《商标法实施条例》规定地理标志可以作为证明商标或集体商标申请注册。2003年，国家工商行政管理总局重新发布《集体商标、证明商标注册和管理办法》，对地理标志注册程序与管理作出具体规定。2005年，国家质量监督检验检疫总局（已撤销）颁发《地理标志产品保护规定》。2007年，原农业部发布《农产品地理标志管理办法》。

2018年国务院机构改革，原质量监督局管理的原产地认证并入知识产权局。2020年，国家知识产权局发布《地理标志专用标志使用管理办法（试行）》，将原工商行政管理总局商标局的"地理标志证明商标"专用商标和原质检总局的"地理标志保护产品"专用标志合并。2022年，农业农村部停止了农产品地理标志登记工作。2023年12月29日，国家知识产权局发布《地理标志产品保护办法》，在部门规章层面进一步完善了地理标志产品的认定、管理和保护规则，逐步构建起统一的地理标志保护法律规范体系。同时，我国积极推动《中华人民共和国政府与欧洲联盟地理标志保护与合作协定》（以下简称《中欧地理标志协定》）成功签署，实现550个地理标志产品的整体互认互保，积极落实相关协定，推动中欧等地理标志产品互认互保取得新成效。

五、地理标志申请程序

根据《地理标志产品保护办法》的规定，申请地理标志产品保护应遵循以下程序：

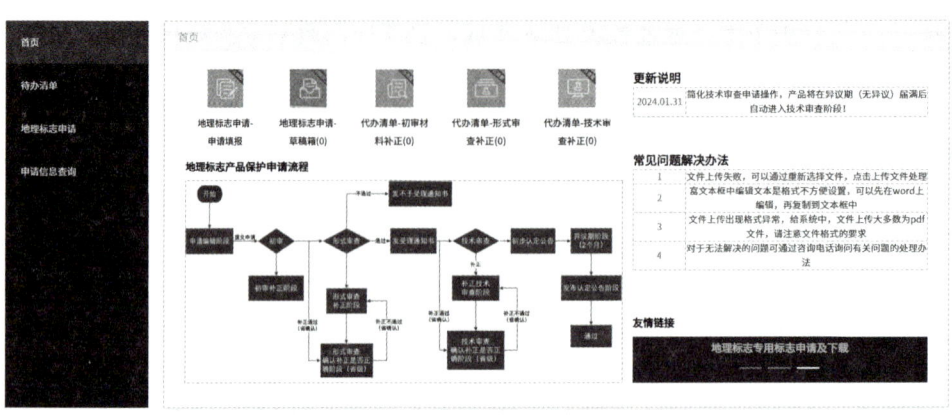

图7-3　地图标志申请流程图

（一）申请主体

地理标志产品保护申请，由提出产地范围的县级以上人民政府或者其指定的具有代表性的社会团体、保护申请机构（以下简称申请人）提出。

申请保护的产品产地在县域范围内的，由县级以上人民政府提出产地范围的建议；跨县域范围的，由共同的上级地方人民政府提出产地范围的建议；跨地市范围的，由有关省级人民政府提出产地范围的建议；跨省域范围的，由有关省级人民政府共同提出产地范围的建议。

（二）申请材料

地理标志产品的保护申请材料应当向省级知识产权管理部门提交。申请材料包括：

1. 有关地方人民政府关于划定地理标志产品产地范围的建议。

2. 有关地方人民政府关于地理标志产品申请、保护机制的文件。

3. 地理标志产品的相关材料，包括：

（1）地理标志产品保护申请书。

（2）地理标志产品保护要求，包括产品名称、产品类别；申请人信息；产地范围；产品描述；产品的理化、感官等质量特色、特定声誉或者其他特性及其与产地的自然因素和人文因素之间关系的说明；作为专用标志使用管理机构的地方知识产权管理部门信息。

（3）产品质量检验检测报告。

（4）拟申请保护的地理标志产品的技术标准。

（5）产品名称长期持续使用的文献记载等材料。

（6）产品的知名度，产品生产、销售情况的说明。

（7）地理标志产品特色质量检验检测机构信息。

4. 其他说明材料或者证明材料。

六、地理标志保护的法律体系

地理标志保护相关制度规范是一个多层次、多维度的法律框架，旨在保护和促进具有特定地理来源、质量或声誉的产品的合法权益。在国际法律制度层面，地理标志法律体系主要由一系列国际条约和协定构成，这些条约旨在协调各国在地理标志保护方面的标准与实践，以实现全球范围内的保护协调。例如，《TRIPS 协定》《里斯本协定》等为地理标志的国际保护提供了基本准则。我国的地理标志法律体系由民法典、专门法、行政法规及司法解释共同构成，形成了从原则性规定到具体操作的全方位保护机制。

（一）国际地理标志法律体系

国际地理标志法律体系以多边条约和区域性协定为核心，旨在通过统一标准减少国际贸易中的地理标志纠纷，保护原产地产品的独特价值。主要的国际条约包括：

1. 《TRIPS 协定》。1994 年签订的《TRIPS 协定》中，第 22～24 条专门规定了地理标志的保护标准，要求成员国为地理标志提供必要的法律手段以防止误导公众或构成不正当竞争。根据《TRIPS 协定》，地理标志的保护范围涵盖所有商品，成员国需采取民事、行政及边境措施打击侵权行为。

2. 《里斯本协定》。1958 年签订的《里斯本协定》建立了原产地名称的国际注册制度，旨在通过单一注册程序实现多国保护。根据该协定，原产地名称需与特定地理区域的质量、声誉或特征直接相关，且成员国不得将已注册名称作为通用名称使用。2020 年修订后的《里斯本协定日内瓦文本》进一步扩展了保护范围，允许将地理标志纳入保护，并简化了注册流程。

3. 《中欧地理标志协定》。2021 年生效的《中欧地理标志协定》是中国与欧盟签署的首个全面保护地理标志的双边协定，双方互认各 275 项地理标志（如中国的普洱茶、欧盟的香槟）。协定规定，列入清单的地理标志在对方境内享有与本国同等的保护，禁止任何未经授权的使用、模仿或翻译。该协定还建立了动态更新机制，可持续新增地理标志。

此外，《北美自由贸易协定》（NAFTA）等区域性协定中也包含地理标志保护条款，强调成员国有义务防止对地理标志的滥用。

（二）我国地理标志保护法律体系

1. 地理标志保护的根本法律制度。我国《宪法》虽未直接就地理标志保护作出规定，但其原则性条款为地理标志保护提供了法律基础和指导原则。《宪法》第 11 条关于保护个体经济、私营经济等非公有制经济合法权利和利益的规定，以及第 13 条关于保护公民合法私有财产不受侵犯的规定，都为保障地理标志相关权利人的合法权益提供了基本遵循。

2. 地理标志保护的基本法律制度。《民法典》第 123 条将地理标志明确列为知识产权客体，规定其作为"法律规定的其他客体"受法律保护，从民事基本法层面明确了地理标志属于知识产权保护的范畴。此外，《民法典》还对地理标志的许可使用、转让及侵权责任作出原则性规定。其中，第 600 条规定，标的物的知识产权归属依约定或法律规定，地理标志产品的销售不得损害其专有权。第 1185 条对侵权责任作出规定，明确故意侵害知识产权的行为可适用惩罚性赔偿，为地理标志恶意侵权提供震慑。

3. 地理标志保护的专门法律规范。除《宪法》和《民法典》以外，我国还通过多部专门法律及行政法规对地理标志保护进一步加以规范。在法律法规层面，《商标法》《反不正当竞争法》《中华人民共和国产品质量法》《中华人民共和国标准化法》中均就地理标志保护进行了规范。其中：

《商标法》规定了地理标志可以作为证明商标或集体商标申请注册，对地理标志商标的注册、使用、保护等作出规范，明确禁止他人不正当使用地理标志商标等行为。针对不正当使用等行为，可依据《商标法》第 57 条追究法律责任。

《反不正当竞争法》禁止经营者实施混淆行为，引导相对方误认为是他人商品或者与他人存在特定联系。地理标志作为具有特定地域指向和商业价值的标识，同样受到相关规定的保护，防止不正当使用地理标志造成市场混淆。

《中华人民共和国产品质量法》对产品质量的监督管理、生产者和销售者的产品质量责任和义务等作出规定，为地理标志产品的质量监督等提供了法律依据。

《中华人民共和国标准化法》为地理标志产品标准的制定、实施和监督提供依据，确保地理标志产品符合相应的质量、技术等标准要求。

在部门规章层面，主要有《地理标志产品保护办法》《地理标志专用标志使用管理办法（试行）》等，建立起了较为完善的地理标志保护制度规则体系。其中：

《地理标志产品保护办法》自 2024 年 2 月 1 日起正式施行，对地理标志产品保护进行了详尽的规定，涵盖地理标志产品的界定、申请、审查认定、地理标志产品保护体系及专用标志使用、变更和撤销等内容。该办法第 30 条明确列举了在产地范围外的相同或者类似产品上使用受保护的地理标志产品名称、将受保护的地理标志产品名称用于产地范围外的相同或者类似产品、在产品上冒用地理标志专用标志的等八类违法违规行为，以保护地理标志权利所有者的合法权益。

《地理标志专用标志使用管理办法（试行）》自 2020 年 4 月 3 日起施行，将原有的"地理标志证明商标"专用商标和"地理标志保护产品"专用标志合并为统一的"地理标志"专用标志，并对其使用管理进行规范。

同时，地方性法规层面关于地理标志保护的规范体系也在逐步健全。例如，2024 年 8 月 1 日起正式施行的《淮安市地理标志促进和保护条例》，是全国首部设区市层面出台的地理标志保护地方性法规，确立了强化地理标志保护、促进地理标志高质量发展的立法目的，明确了地理标志产业促进职能部门及职责等。

目前，我国法院尚未出台专门的地理标志保护司法解释。但作为《民法典》中明确规定的知识产权类型，地理标志相关纠纷可以适用合同纠纷、侵权纠纷、知识产权纠纷等一般性的司法解释。

七、地理标志纠纷处理

地理标志权利纠纷是知识产权纠纷的常见类型，熟练掌握相关纠纷处理的实务操作知识，是地理标志保护相关岗位的核心技能之一。

1. 争议识别与初步评估。争议识别旨在准确把握纠纷类型，评估案件情况及相关影响。一是确认争议类型，结合事实判断相应纠纷属于何种性质，主要包括未经授权使用地理标志、仿冒地理标志产品等侵权纠纷，以及关于地理标志归属权的权属纠纷。

二是法律依据审查，核查《商标法》《反不正当竞争法》《地理标志产品保护办法》等法律法规，以及《TRIPS 协定》等国际条约，确定适用条款。三是评估风险，分析侵权范围、损失金额及对品牌声誉的影响，为确定后续纠纷处理策略打好基础。

2. 证据收集与保全。及时、全面收集并保全纠纷相关证据材料，是有效处理纠纷的重要保障。地理标志侵权纠纷证据材料主要包括侵权产品的包装、销售记录、宣传材料等，权属证据主要包括地理标志注册证书、历史使用记录、产品检测报告等。实践中，可以依托技术手段高效收集和保全证据，如通过区块链存证、公证等方式保全电子证据，确保证据链完整。

3. 争议解决路径选择。结合争议类型、风险评估、证据收集等情况，合理选择争议解决路径。一是协商或调解，可自行协商或通过知识产权调解中心、行业协会等促成和解，降低诉讼成本。二是行政途径，如向市场监管局等行政监管部门投诉，请求监管部门查处仿冒地理标志产品等。三是司法途径，向有管辖权法院提起民事诉讼，请求确认权属或停止侵害，以及损害赔偿等。针对恶意假冒、金额巨大的案件，可向公安机关报案，通过刑事司法途径维护合法权益。同时，在法院作出生效裁判后，需关注实际执行情况，必要时及时申请强制执行。针对因仿冒等侵权行为对地理标志产品市场声誉、品牌价值等带来的负面影响，可积极通过媒体声明宣导、消费者沟通教育等方式，重建市场信任。

💻 技能达标 ▶

知识目标

1. 辨别地理标志的概念、对象、特征、类型及作用；
2. 了解地理标志保护的实务操作；
3. 熟悉地理标志保护的国内外法律体系。

能力目标

1. 能说明地理标志保护制度的历史沿革和发展现状；
2. 能掌握地理标志保护的申请与认定流程；
3. 能处理地理标志纠纷案件。

素养目标

1. 能建立为地方或企业布局地理标志保护的系统思维；
2. 能胜任地理标志保护申请及纠纷处理的岗位要求；
3. 能具备从事地理标志保护实践工作的专业技能和团队素养。

法律法规

岗位职责

岗位名称	职责描述
地理标志产品 法务专员	1. 负责地理标志产品资源的普查、挖掘与评估，筛选具备申报潜力的特色产品，制订详细的申报计划。 2. 收集整理申报材料，包括产品特色、历史渊源、地域环境、生产工艺等内容，撰写高质量的申报文本。 3. 对接市场监管、农业农村等主管部门，跟进申报流程，及时处理审核反馈意见，确保申报工作顺利推进。
地理标志产品 合规专员	1. 建立地理标志产品保护体系，制定保护管理规范和质量标准，监督生产企业执行相关规定。 2. 开展地理标志产品的市场巡查，打击假冒侵权行为，维护地理标志产品的品牌形象和市场秩序。 3. 组织地理标志产品保护相关的普法宣传和培训，提升企业和从业者的知识产权保护意识。

知言知语

　　地理标志是重要的知识产权类型，是促进区域特色经济发展的有效载体，是推进乡村振兴的有力支撑，是推动外贸外交的重要领域，是保护和传承传统优秀文化的鲜活载体，也是企业参与市场竞争的重要资源。

　　——《国家知识产权局、国家市场监督管理总局关于进一步加强地理标志保护的指导意见》

知权演练

延伸思考

人工智能赋能地理标志保护的机遇与挑战

随着 DEEPSEEK 等 AI 技术多点爆发,人工智能与地理标志保护等各领域的深度融合迎来更多可能。针对既有实践中地理标志保护的痛点难点问题,人工智能等数字技术提供了更加高效的解决方案。在精准识别与防伪溯源方面,人工智能通过图像识别(如纹理特征分析)、大数据分析等技术,可对地理标志产品的产地、品质进行精准鉴别,有效打击假冒伪劣行为。例如,蚂蚁集团开发的智能化地理标志产品管理系统,利用 AI 纹理识别功能为天然纹理产品提供数字身份认证,构建防伪溯源矩阵。此外,AI 技术还可整合生产、流通数据,建立全链条追溯体系,保障产品真实性。在质量管理的智能化升级方面,通过融合 AI 与大数据,地理标志产品的生产过程可实现标准化控制,如通过 AI 算法实时分析土壤、气候等生产环境数据,确保产品符合地理标志质量要求。

在提供诸多便利的同时,人工智能技术在地理标志保护中的运用也带来了不少新的挑战。在制度方面,我国现行地理标志保护法律体系仍存在商标、产品保护等多种模式的重叠交叉,有学者提出通过统一立法将地理标志从私法(商标)中剥离,回归公法范畴的产品保护模式,AI 技术的应用也需在此框架下明确数据归属与责任划分。在技术伦理方面,AI 技术构建的地理标志数据库可能包含个人隐私等敏感信息,需建立促进型数据制度,平衡 AI 开发与隐私保护。同时,AI 训练数据若代表性不足,可能导致质量评估偏差,需通过数据融合消除偏见。

任务二　布局植物新品种知识产权保护

任务描述

本节任务是让学生学习植物新品种权的基础知识和了解纠纷处理的方法与流程,构建一个植物新品种权的申请认定的方法路径,设计一个有效的植物审查标准的合理步骤与路径,完成一个具体的植物新品种权纠纷的模拟处理案例,以提高学生的分析问题、解决问题和团队协作的能力。

 经典案例

辽宁某种业诉凌海某种业"丹玉 405 号"品种侵权纠纷

一、基本案情

辽宁某种业公司是"丹玉 405 号"植物新品种的品种权人。该公司发现，凌海某种业公司未经其授权或者许可，涉嫌通过非法渠道获得"丹玉 405 号"玉米品种的亲本，并且为商业目的繁育、生产、销售其拥有品种权的"丹玉 405 号"玉米种子。

此前，凌海某种业公司曾于 2015 年因侵犯"丹玉 405 号"植物新品种权被法院判决立即停止侵权并赔偿经济损失 50 万元。此后，又于 2019 年、2020 年分别以"锦玉 118""安玉 13""丹玉 606 号"名称继续实施套牌生产、销售"丹玉 405 号"品种的侵权行为。

2021 年 7 月，辽宁某种业公司将凌海某种业公司等诉至山东省青岛市中级人民法院，要求判令其立即停止侵权，对被诉侵权种子作消灭活性处理，并主张适用惩罚性赔偿，明确主张赔偿基数为 150 万元，适用 1 倍的惩罚性赔偿，共计索赔 300 万元。

二、搜集涉案专利信息

1. 搜索全国农作物种业统计系统，"中国种业大数据平台"（http：//202.127.42.47：6009/Home/BigDataIndex）。

品种保护查询
中国种业大数据平台

公告类型 全部	作物种类	品种名称/暂定名称
申请号	申请地区	申请人/品种权人
申请日/授权日	至	有效 重置

序号	申请号	作物种类	品种名称/暂定名称	申请日/授权日	公告类型	申请人/品种权人	审定/登记	品种推广	性状描述
1	20241012851	水稻	GR1006	2024-11-28	申请公告	广东省农业科学院水稻研究所	暂无	暂无	暂无
2	20241012799	普通西瓜	金牌冠军89	2024-11-27	申请公告	宁波微萌种业有限公司	暂无	暂无	暂无
3	20241012790	乔莜	乔丰102	2024-11-27	申请公告	厦门市丰溢蓝莓种子有限公司	暂无	暂无	暂无
4	20241012715	水稻	萍R542	2024-11-26	申请公告	萍乡市农业科学研究中心	暂无	暂无	暂无
5	20241012716	甘蓝型油菜	花叶5087	2024-11-26	申请公告	浙江省农业科学院	暂无	暂无	暂无
6	20241012719	甘薯	珍龙243	2024-11-26	申请公告	海南省农业科学院粮食作物研究所	暂无	暂无	暂无
7	20241012720	蝴蝶兰属	恒易佳赏紫红	2024-11-26	申请公告	漳州恒易佳生物科技有限公司	暂无	暂无	暂无
8	20241012721	蝴蝶兰属	恒易佳好印象	2024-11-26	申请公告	漳州恒易佳生物科技有限公司	暂无	暂无	暂无
9	20241012722	玉米	CY344	2024-11-26	申请公告	云南正大种子有限公司	暂无	暂无	暂无
10	20241012723	玉米	CS488	2024-11-26	申请公告	云南正大种子有限公司	暂无	暂无	暂无
11	20241012724	玉米	CG1113	2024-11-26	申请公告	云南正大种子有限公司	暂无	暂无	暂无

图 7-4　中国种业大数据平台——品种保护查询

2. 核实案涉植物新品种"丹玉 405 号"的权利登记信息，以及植物新品种相关品种描述。

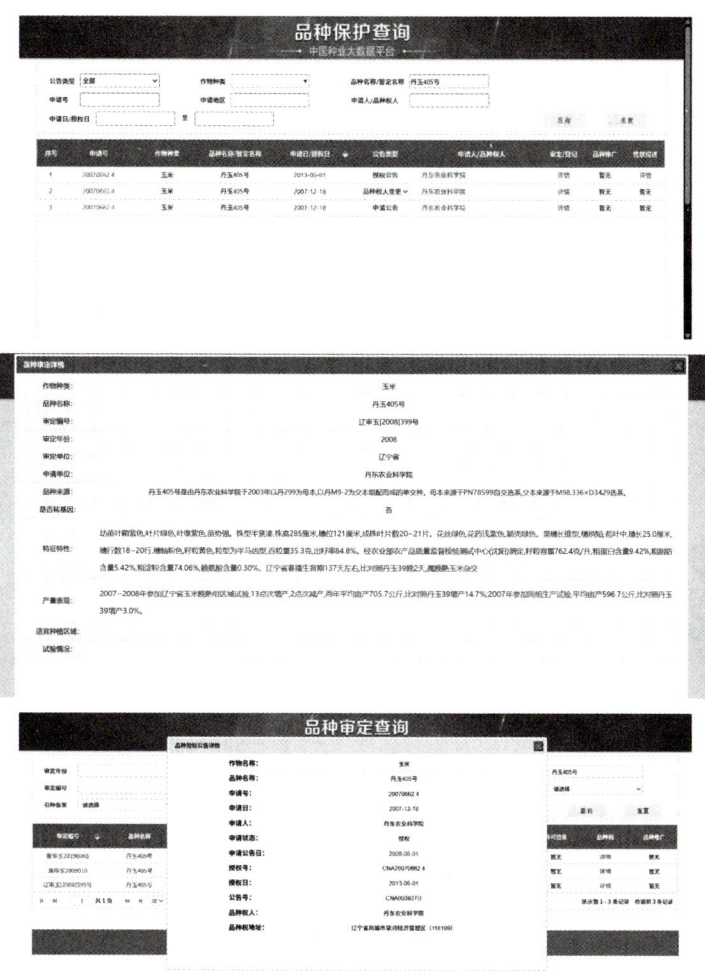

图 7-5 "丹玉 405 号"植物新品种的相关介绍及权利登记信息

三、裁判结果

一审法院认为，现有证据已形成完整的证据链条足以证实凌海某种业公司未经辽宁某种业公司许可实施了生产、繁育、销售"丹玉 405 号"玉米种子的侵权行为。但辽宁某种业公司未提交充分的证据证明其实际损失或者侵权人的侵权获利及许可使用费，未明确惩罚性赔偿基数的计算方式及依据，无法确定惩罚性赔偿的计算基数，酌定凌海某种业公司赔偿辽宁某种业公司经济损失及合理开支 100 万元。一审判决作出后，辽宁某种业公司不服，上诉至最高人民法院。

最高人民法院二审认为，在能够认定凌海某种业公司具有侵权故意且侵权情节严重，辽宁某种业科技公司已提交涉及赔偿数额相关证据且具备裁量确定惩罚性赔偿基数条件的情况下，按照 150 万元的赔偿基数及权利人请求的 1 倍的惩罚性赔偿计算，全额支持辽宁某种业科技公司 300 万元赔偿金额的诉讼请求。

四、典型意义

"丹玉405号"案是我国植物新品种保护领域的标志性判决，其通过惩罚性赔偿的灵活适用、重复侵权的从严打击，以及司法与种业政策的深度联动，为种业知识产权保护树立了标杆。这一案例不仅强化了法律威慑力，也为农业科技创新的可持续发展提供了坚实的司法保障。

思维导图

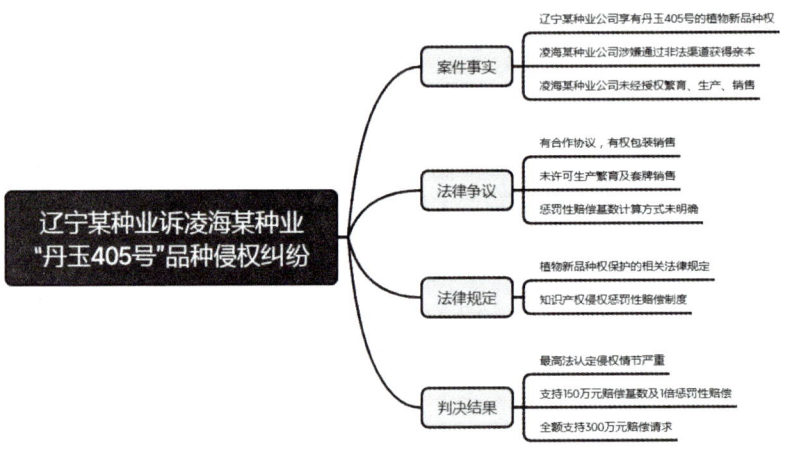

辽宁某种业诉凌海某种业"丹玉405号"品种侵权纠纷

案件事实
- 辽宁某种业公司享有丹玉405号的植物新品种权
- 凌海某种业公司涉嫌通过非法渠道获得亲本
- 凌海某种业公司未经授权繁育、生产、销售

法律争议
- 有合作协议，有权包装销售
- 未许可生产繁育及套牌销售
- 惩罚性赔偿基数计算方式未明确

法律规定
- 植物新品种权保护的相关法律规定
- 知识产权侵权惩罚性赔偿制度

判决结果
- 最高法认定侵权情节严重
- 支持150万元赔偿基数及1倍惩罚性赔偿
- 全额支持300万元赔偿请求

案例评析

"丹玉405号"玉米植物新品种侵权纠纷案是我国种业知识产权司法保护的标志性案件。本案突破传统"填平原则"，创造性确立"裁量性赔偿基数"规则，为类案提供了"基数裁量+倍数浮动"的裁判范式。同时，对于植物新品种侵权案件中，法院将重复侵权、隐蔽性手段（伪造包装、无证生产）纳入"情节严重"的认定标准，凸显对种业市场"劣币驱逐良币"乱象的零容忍态度，明确套牌侵权威胁种源自主可控，需通过司法手段实现源头治理。该案与《中华人民共和国种子法》（以下简称《种子法》）修正精神相呼应，推动种业行政执法与司法保护的协同，为种业振兴营造了法治化创新环境。

知识归档

加强种业知识产权保护，对于农业高质量发展和维护国家粮食安全具有基础性、决定性的战略意义。以下是植物新品种知识产权保护的一些核心知识点：

一、植物新品种的概念

植物新品种，是指经过人工培育的或者对发现的野生植物加以开发，具备新颖性、特异性、一致性和稳定性并有适当命名的植物品种。

二、植物新品种的特征

1. 新颖性（Originality），是指申请植物新品种权的品种在申请日前，经申请权人自行或者同意销售、推广其繁殖材料，在中国境内未超过 1 年；在境外，木本或者藤本植物未超过 6 年，其他植物未超过 4 年。

2. 特异性（Distinctness），又称可区别性，是指一个植物品种有一个以上性状明显区别于该植物属（种）的所有其他品种。简单理解，就是品种必须是"独一无二"的。

3. 一致性（Uniformity），是指一个植物品种除了可预期的变异外，群体内个体间的相关性状足够一致。简单理解，就是品种要长得"整整齐齐"。

4. 稳定性（Stability），是指一个植物品种经过反复繁殖后或者在特定繁殖周期结束时，其主要性状保持不变。简单理解，就是品种需"年年长得一样"。

三、我国植物新品种权的保护范围

我国植物新品种保护工作是由国家林业和草原局和农业农村部两个部门来进行的。根据两部门在植物新品种保护工作上的分工，国家林业和草原局负责林木、竹、木质藤本、木本观赏植物（包括木本花卉）、果树（干果部分）及木本油料、饮料、调料、木本药材等植物新品种保护工作，农业农村部门负责农业植物新品种保护工作。我国对植物品种权的保护还仅限于植物品种的繁殖材料。对植物育种人权利的保护，保护的对象不是植物品种本身，而是植物育种者应当享有的权利。我国先后发布实施了 5 批农业植物新品种保护名录和 4 批林业植物新品种保护名录，使受保护植物属和种的数量达到 119 个，其中，农业植物品种 41 个，林业植物品种 78 个。

同时，在新修订的《中华人民共和国植物新品种保护条例》（以下简称《植物新品种保护条例》）中，还扩大了植物新品种的范围，将保护范围由授权品种的繁殖材料延伸到收获材料，将保护环节由生产、繁殖、销售三个环节扩展到生产、繁殖、为繁殖进行的种子处理、许诺销售、销售、进口、出口、储存等八个环节。

四、植物新品种权的权利归属

新品种权的申请人可以是自然人，也可以是法人。申请被批准后，品种权属于申请人。执行本单位的任务或者主要是利用本单位的物质条件所完成的职务育种，植物新品种的申请权属于该单位；非职务育种，植物新品种的申请权属于完成育种的个人。对于委托育种或者合作育种，由当事人通过合同约定由谁申请新品种权，没有合同约定的，受委托完成或者共同完成育种的单位或者个人可以申请新品种权。

一个植物新品种只能授予一项品种权。两个以上的申请人分别就同一个植物新品种申请品种权的，品种权授予最先申请的人；同时申请的，品种权授予最先完成该植物新品种育种的人。

五、植物新品种权的授权条件

根据《植物新品种保护条例》规定，授予品种权的条件：应当属于国家植物品种保护名录中列举的植物的属或者种；授予品种权的植物新品种应当具备新颖性；授予品种权的植物新品种应当具备特异性、一致性、稳定性〔（特异性 Distinctness）、一致性（Uniformity）和稳定性（Stability）又称 DUS "三性"，是品种的基本属性。〕授予品种权的植物新品种应当具备适当的名称。

在新品种保护中，对 DUS "三性"的审查又称为"实质性审查"，主要以田间种植为主，周期通常为 2~3 年，通过观测种子萌发、开花、成熟等阶段特征进行比对。DUS "三性"作为品种的基本属性，是对一个植物群体能否成为品种的基本要求，因此，已经成为世界通行的品种管理基本技术要求。在我国，申请品种审定、登记和新品种权的品种，均需具备 DUS "三性"。

六、植物新品种权的申请程序

植物新品种权的申请流程包括：申请准备、提交受理、初步审查、实质审查及授权公告五个核心环节。

在申请准备阶段，植物新品种申请品种需列入《中华人民共和国农业植物品种保护名录》，并根据植物类别选择受理部门，其中农业农村部负责粮食、蔬菜、草本药材等 41 类植物；国家林业和草原局：负责林木、木本花卉、干果类等 78 类植物。申请人可以在申请过程中，应当向受理部门提交包括品种权请求书、说明书及品种照片及简要说明。

在提交受理阶段，受理部门在收到材料后，对于申请材料符合要求的予以受理，明确申请日、给予申请号；申请材料不符合要求或者经修改仍不符合要求的不予受理，并通知申请人。

在初步审查阶段，自受理品种权申请之日起 6 个月内完成初步审查。初步审查主要审查申请品种是否属于植物新品种保护名录范围，是否具有新颖性，以及命名是否规范，不具有权利争议等方面。对经初步审查合格的品种权申请予以公告；对经初步审查不合格的品种权申请，通知申请人在 3 个月内陈述意见或者予以修正。逾期未答复或者修正后仍然不合格的，驳回申请。

在实质审查阶段，对申请文件和其他有关书面材料进行实质审查，必要时可以委托指定的测试机构进行测试或者考察业已完成的种植或者其他试验的结果，因审查需要，申请人应当根据要求提供必要的资料和该植物新品种的繁殖材料。对经实质审查符合规定的品种权申请，作出授予品种权的决定并予以登记和公告；对经实质审查不符合规定的品种权申请，予以驳回并告知申请人。如品种权申请遭到驳回，申请人对决定不服的，可以自收到通知之日起 3 个月内提出复审请求。一般 6 个月内会下发复审决定。对复审决定仍不服的，可以自接到通知之日起 15 日内向人民法院提起诉讼。

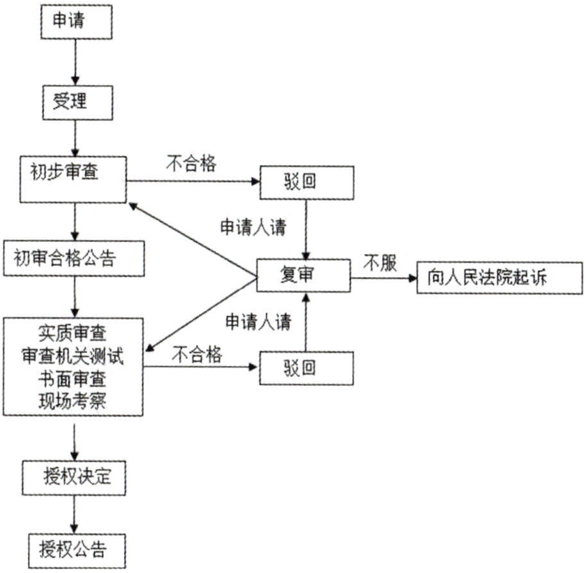

图 7-6　植物新品种权的申请程序

七、植物新品种权的保护周期

根据《植物新品种保护条例》规定，品种权的保护期限，自授权之日起，藤本植物、林木、果树和观赏树木为 25 年，其他植物为 20 年。

八、对植物新品种权的限制

（一）合理使用

植物新品种权的合理使用是指在法定或约定范围内，可不经品种权人许可且无需支付使用费的情形，其边界需结合法律规范与司法实践综合认定。根据《种子法》《植物新品种保护条例》及相关案例，合理使用主要涵盖以下情形：

1. 科研机构可使用授权品种作为亲本培育新杂交种，但不得以商业目的重复使用，若将授权品种繁殖材料（如亲本）用于大规模商业化制种，则超出合理使用范围；不得侵犯其他权利；如使用授权品种名称需与审定名称一致，不得擅自修改。

2. 农民可为自家庭承包地种植需求，自行繁殖授权品种的繁殖材料（如种子、种苗），但不得对外销售或变相经营。例如，某农民种植授权玉米品种后保留种子用于次年播种合法，但将多余种子出售给其他农户则属侵权。农民自用需以家庭承包土地面积为限，超量繁殖可能被推定为商业目的。

（二）强制许可

为了国家利益或者公共利益，审批机关可以作出实施植物新品种强制许可的决定，并予以登记和公告。强制许可仅限被许可人自行使用，且不得再许可第三方使用。

取得实施强制许可的单位或者个人应当付给品种权人合理的使用费，其数额由双方商定；双方不能达成协议的，由审批机关裁决。品种权人对强制许可决定或者强制许可使用费的裁决不服的，可以自收到通知之日起 3 个月内向人民法院提起诉讼。

九、侵犯植物新品种权的表现行为

植物新品种侵权是指行为人未经品种权人许可，生产、繁殖和为繁殖而进行处理、许诺销售、销售、进口、出口以及为实施上述行为储存该授权品种的繁殖材料，或者为商业目的将授权品种的繁殖材料重复使用于生产另一品种的繁殖材料，或者对未经许可使用授权品种的繁殖材料而获得的收获材料实施前述行为。

植物新品种侵权行为构成要件包括以下几点：①被侵犯的植物新品种权合法有效；②行为人实施了侵权行为；③行为人实施前述行为未经品种权人许可；④行为人实施前述行为不存在阻却侵权行为的抗辩事由。

具体而言，行为人的侵权行为主要体现为：①未经植物新品种权所有人许可，生产、繁殖或者销售该授权品种的繁殖材料或为商业目的将该授权品种的繁殖材料重复使用于生产另一品种的繁殖材料；②种植授权品种的繁殖材料的，根据案件具体情况，可以以生产、繁殖行为认定侵权；③以广告、展陈等方式作出销售授权品种的繁殖材料的意思表示的，可以以销售行为认定侵权；④知道或者应当知道他人实施侵害品种权的行为，仍然提供收购、存储、运输、以繁殖为目的的加工处理等服务或者提供相关证明材料等条件的。

十、侵犯植物新品种权的法律责任

侵犯植物新品种权的法律责任主要涉及民事责任、行政责任和刑事责任，具体规则及适用情形如下：

（一）民事责任

侵犯植物新品种权的民事责任以填补权利人损失为核心，同时兼具惩罚性功能。根据《种子法》及司法解释，赔偿数额的确定遵循"实际损失优先"原则，即权利人因侵权行为导致的市场份额减少、许可费损失等直接经济损失可优先主张；若实际损失难以量化，则以侵权人获利为计算依据，如通过侵权种子的销售利润、生产成本差额等核算。若两者均无法确定，法院可参照该品种权许可使用费的倍数合理确定赔偿，或根据侵权情节在 500 万元以下酌定赔偿。对于故意侵权且情节严重者，赔偿额可提升至原计算值的 1~5 倍，如重复使用授权亲本生产杂交种、套牌销售等恶意行为。此外，权利人维权的合理开支（如鉴定费、律师费）也纳入赔偿范围。实践中，法院常结合 DNA 指纹图谱或 DUS 测试结果认定侵权，若被诉繁殖材料与授权品种特征相同或差异仅因非遗传变异所致，则直接推定侵权成立。

（二）行政责任

行政责任侧重于通过行政处罚维护市场秩序，执法主体包括农业农村部、国家林业和草原局及省级以上行政部门。侵权行为一经查实，行政机关可责令立即停止生产销售、没收违法所得及侵权种子，并根据货值金额处以罚款：货值不足 5 万元的，罚款 1 万元至 25 万元；货值 5 万元以上的，按货值 5~10 倍罚款。例如，假冒授权品种或使用伪造品种权证书的行为，除没收非法所得外，还可能面临吊销生产经营许可证的处罚。行政执法程序包括立案调查、听取陈述申辩、作出处罚决定等环节，若发现涉案金额巨大或情节严重，案件将移送司法机关追究刑事责任。值得注意的是，县级农业农村部门虽无直接处罚权，但可协助调查取证并逐级上报，省级部门则主导处罚决定的作出与执行。

（三）刑事责任

刑事追责针对性质恶劣、后果严重的侵权行为，主要涉及《刑法》中的生产销售伪劣种子罪和非法经营罪。例如，套牌假冒授权品种导致农业生产重大损失（如减产30%以上），或非法经营额达5万元以上，可处3年以下有期徒刑；若损失特别重大或涉及跨境侵权，刑期可升至7年以上甚至无期徒刑，并处销售额50%～200%的罚金或没收财产。司法实践中，刑事责任与行政、民事责任并行不悖，侵权人可能同时面临罚金、民事赔偿及监禁。例如，张某某非法繁育向日葵案因货值45万元被移送刑事侦查，最终承担刑事与民事双重责任。刑事立案需满足"主观故意"和"情节严重"要件，如多次侵权、伪造检测报告或抗拒执法等，司法机关可通过田间取证、基因检测等技术手段固定证据。

 技能达标 ▶

知识目标

1. 理解植物新品种权的法律属性与核心概念；
2. 熟悉植物新品种权的制度框架与保护范围。

能力目标

1. 具备植物新品种权的申请与审查操作能力；
2. 掌握侵权识别与维权实务技能。

素养目标

1. 树立知识产权保护意识与法治观念；
2. 培育创新精神与社会责任感。

 **法律法规** -

岗位职责

岗位名称	职责描述
品种权代理师	1. 挖掘可申请品种权的育种材料，制订"品种权+专利+商业秘密"组合保护方案。 2. 独立撰写并递交品种权请求书、说明书、照片等材料，跟踪审查进程并完成补正、答复。 3. 办理优先权、分案、变更、转让、许可备案等后续事务。 4. 建立品种权期限、年费、续展提醒台账，确保权利持续有效。
品种权审查与测试专员	1. 依据最新审查指南，完成田间或温室的 DUS 测试方案设计、性状观测、数据质控。 2. 参与现场审查会议，提出授权/驳回技术意见。 3. 跟踪国际 UPOV 技术文件更新，参与测试指南、国家/行业标准的制订与修订。

知言知语

修订《条例》遵循以下总体思路：一是坚持党对植物新品种保护工作的领导，贯彻落实党中央、国务院关于实施种业振兴行动和加强知识产权法治保障的决策部署，加强植物新品种保护，促进种业创新发展。二是贯彻落实修改后的种子法，进一步细化、完善相关制度。三是与相关国际条约做好衔接。

——司法部、农业农村部负责人就《中华人民共和国植物新品种保护条例》修订答记者问

知权演练

延伸思考

在"丹玉 405 号"案中，如何利用 AI 模型分析侵权数据、市场价值波动等综合因素，动态量化损失金额？这必将对法院的司法裁判提供更多的参考依据。

思考：如何利用 AI 技术辅助人民法院对侵权行为的定性、侵权责任的认定，以及赔偿基础的确定？

任务三　布局集成电路布图设计知识产权保护

任务描述

本节任务是让学生掌握处理集成电路布图设计权的基础知识，构建清晰的集成电路布图设计权纠纷处理思维框架，了解有效的集成电路布图设计权的申请、受理、审查的流程，完成一个具体的集成电路布图设计权纠纷模拟处理案例，以提高学生的分析问题、解决问题和团队协作能力。

经典案例

赛某公司诉裕某公司布图设计专有权纠纷

一、基本案情

苏州赛某电子科技有限公司（以下简称赛某公司）系登记号为 BS. 12500520. 2、名称为"集成控制器与开关管的单芯片负极保护的锂电池保护芯片"的布图设计专有权人。赛某公司发现深圳裕某科技公司（以下简称裕某公司）生产、销售的芯片与其布图设计高度相似，遂提起诉讼，指控裕某公司侵犯其布图设计专有权。

本案争议焦点为：①布图设计保护范围：赛某公司提交的登记图样存在部分模糊，能否通过剖解备案样品确定保护细节？②独创性认定：涉案布图设计是否具备独创性？被诉侵权方是否复制了独创性部分？③侵权责任：裕某公司的行为是否构成侵权？

二、裁判结果

最高人民法院在赛某公司诉裕某公司等侵害集成电路布图设计专有权纠纷案中，终审判决维持一审裁判结果，认定裕某公司未经许可复制了赛某公司登记的"集成控制器与开关管的单芯片负极保护的锂电池保护芯片"布图设计中具有独创性的部分，构成侵权，判令裕某公司赔偿赛某公司经济损失 50 万元，并由相关责任人承担连带责任。

法院明确，布图设计登记的核心在于确定保护对象而非公开设计内容，当登记图样模糊时，可通过剖片备案样品还原三维配置细节以确定保护范围；同时强调独创性举证责任应合理分配，权利人需初步说明独创性，被诉侵权方若无法提供常规设计的有效反证则视为独创性成立，最终认定涉案布图设计符合独创性标准且侵权行为成立。

三、典型意义

本案首次明确集成电路布图设计登记以"确定保护对象"为核心目的，而非强制公开设计内容，解决了半导体行业技术保密与权利保护的矛盾；同时确立"登记材料+样品剖片"的动态保护范围认定方法，允许通过技术手段还原芯片三维配置信息，填补了高度集成化布图设计的举证漏洞。采用"权利人初步说明+被诉方反证推翻"的举证责任分配机制，既降低创新主体的举证难度，又防止权利滥用，强调常规设计组合的整体创新性亦可受保护，为技术实践中的组合创新提供了法律支撑，明确封装企业不承担布图设计侵权责任（除非明知侵权），维护芯片设计、制造、封装环节的分工合理性。通过剖片技术鉴定、电子显微镜分析等专业手段解决法律争议，凸显技术手段在知识产权保护中的关键作用，强化学生"技术+法律"双轨思维。

思维导图

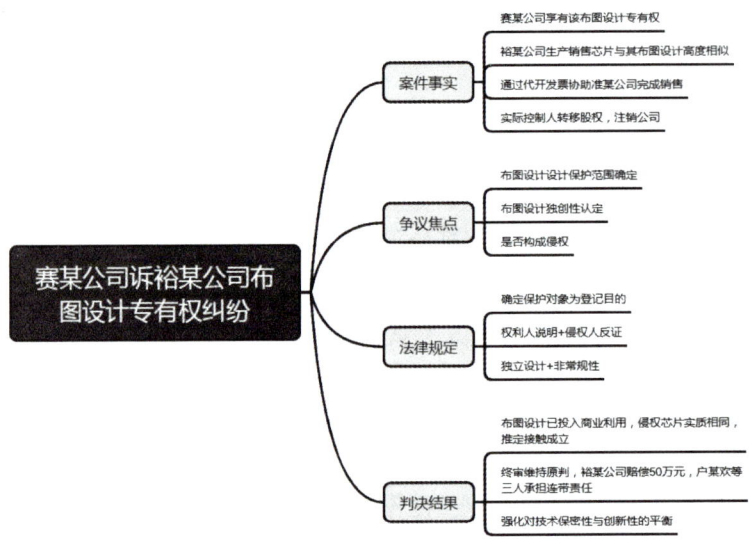

案例评析

根据赛某公司诉裕某公司侵害布图设计专有权纠纷案的判决书，本案评议点如下：

法院明确当登记时提交的布图设计图样因技术限制无法清晰呈现细节时，可通过与登记图样一致的样品剖片提取三维配置信息，补充确定保护范围。这一规则解决了集成电路高度集成化导致的举证难题，体现了司法审判对半导体行业技术特性的适应性。法院明确布图设计登记以"确定保护对象"为目的，不同于专利法的"公开换保护"制度，权利人无需公开全部设计细节即可获得保护。法院确立"权利人初步说明+被诉侵权人反证推翻"的规则：权利人需对独创性部分进行合理解释（如功能实现逻辑、三维配置创新性）；被诉方需提供公开的常规设计证据方可推翻独创性。独创性需满足"独立创作"与"非公认常规设计"两要件，且受保护部分需能独立执行电子功能。法院强调，即使整体设计由常规模块组成，其组合方式若具有创新性亦可受保护。法院明确封装企业不承担布图设计侵权责任（除非明知侵权），维护了芯片制造、封装、销售环节的分工合理性。

判决警示企业不得通过剖片复制他人布图设计，推动行业从"模仿"向"自主创新"转型。

知识归档

一、集成电路布图设计概述

1. 集成电路布图设计的概念。根据《集成电路布图设计保护条例》第 2 条第 2 项规定，集成电路布图设计（Layout Design）是指元件（至少有一个是有源元件）部分或者全部互连的三维配置，或者是为制造集成电路而准备的三维配置。从该定义可以看出，布图设计实质上是一个三维配置。在表现形式上，通常把该三维配置划分为总图和其他图层，其中，总图包含所有层，每一图层则是显示该层分布图中元件的位置、面积、大小以及连接方式等。

2. 集成电路布图设计的特征。

（1）无形性。布图设计是一个三维配置，显示了元件之间的互联关系，是为了制作集成电路而进行理论设计的前期准备环节，一般以复制件或者图样展示，不存在实物形态。

（2）易复制性。一方面，由于布图设计通过总图和其他层图进行展示，而该展示载体容易被复制，从而获得其设计思路和连接关系，间接取得设计者的智力成果。另一方面，含有布图设计的产品投入市场后，该布图设计可以通过反向工程获得，也能被轻易复制。

（3）价值性。布图设计的设计初衷，是为了满足执行某种电子功能的需求，而该电子功能获得市场的认可后，创作者可以从中获得经济价值。另外，含有布图设计的芯片也能实现其功能价值。

二、集成电路布图设计的知识产权属性

集成电路布图设计（Integrated Circuit Layout Design）作为半导体技术的核心成果，其知识产权属性兼具技术秘密与法定专有权的双重特征。以下从法律属性、权利内容维度展开分析：

1. 法律属性：独立的知识产权类型，传统知识产权（如专利、著作权）难以完全覆盖。集成电路布图设计的特性：①技术密集性。布图设计是物理布局与电学功能的高度结合，需同时保护技术方案与图形表达。②快速迭代性。芯片设计周期短（通常 6~18 个月），传统专利审查周期（2~3 年）无法匹配产业节奏。

因此，通过独立立法保护集成电路布图设计知识产权成为国际共识，如中国《集成电路布图设计保护条例》、美国《半导体芯片保护法》。

2. 权利内容：专有权的核心构成，包括复制权〔禁止行为：未经许可复制受保护布图设计的全部或任何具有独创性的部分。例外情形：基于反向工程的分析、教学研

究等非商业用途不视为侵权（需符合《集成电路布图设计保护条例》第 23 条）〕、商业利用权（控制范围：涵盖进口、销售或以其他方式提供含受保护布图设计的集成电路或相关产品。）。

三、权利限制

集成电路布图设计的专有权并非绝对，法律基于公共利益、技术发展及产业平衡的考量，对其权利范围设定了若干限制。这些限制旨在平衡权利人与社会公众、竞争者之间的利益，促进技术创新与合理竞争。以下是集成电路布图设计专有权的主要权利限制类型及其具体内容：

1. 反向工程（Reverse Engineering）。反向工程是指通过技术手段（如剖片、电子显微镜分析）对他人集成电路进行解构，以获取其布图设计信息的行为。仅允许以分析、研究、教学或开发原创设计为目的。直接复制他人布图设计用于商业生产或销售，即使通过反向工程获取，仍构成侵权。

2. 独立创作（Independent Creation）。独立创作是指即使他人布图设计与权利人的设计相同或相似，若该设计系独立创作完成且未接触原设计，则不构成侵权。实务中，若提出独立创作主张，被诉方需提供完整设计日志、研发记录等证据，证明独立创作过程。

3. 权利用尽（Exhaustion of Rights）。权利用尽是指合法购买的含受保护布图设计的集成电路产品，权利人无权禁止其后续转售、进口或使用。但实务中会对这一原则采取地域限制，部分国家采用"国内用尽"（如中国），即仅限本国市场流通；欧盟则采用"区域用尽"。

4. 强制许可（Compulsory Licensing）。强制许可是指国家基于公共利益（如公共卫生、国防安全），可强制许可他人使用受保护布图设计，但需支付合理费用。其启动条件一般为紧急状态、非常情况或防止权利滥用（如垄断行为）。

5. 常规设计的豁免。对行业内普遍使用的常规设计（如标准单元库、通用接口电路），即使被包含在受保护布图设计中，他人使用也不构成侵权。

四、集成电路布图设计登记制度操作流程

（一）申请阶段

所需材料：

表 7-1　集成电路布图设计申请材料

材料名称	内容要求
申请表	一式两份，需填写申请人信息、设计名称、创作日期、商业利用情况等
复制件/图样	至少放大 20 倍，清晰展示三维配置（如 GDSII 文件截图）
样品（如适用）	提交 4 件含设计的芯片样品，封装于专用器具中（存放期≥10 年）
简要说明	描述设计结构、技术特点及功能（如"采用 ABBA 结构降低应力失配"）

续表

材料名称	内容要求
保密信息处理	若含保密信息（如核心算法布局），需单独提交保密文档，比例≤设计总面积50%

提交方式：①线上申请。通过国家知识产权局官网"集成电路布图设计登记系统"提交。②线下提交。邮寄纸质材料至国家知识产权局专利局。

（二）初审阶段

形式审查：检查材料完整性（如申请表是否盖章、图样是否清晰）。

独创性审查：对比行业常规设计数据库，判断设计是否非显而易见。

审查周期：通常1~2个月，复杂设计可能延长至4~6个月。

（三）公告与复审

公告流程：通过国家知识产权局官网公示登记结果（公示期30天）。

复审申请：对驳回决定不服者，需在30天内提交复审请求（附技术对比报告）。

诉讼权利：复审后仍不服，可向法院提起诉讼。

（四）撤销与保护终止

撤销情形：设计被证明为行业常规布局或存在侵权或违反法规情形（如反向工程复制）。

保护终止：自创作完成日起15年后无论是否登记或自首次商业利用日起2年内未申请登记。

（五）注意事项

材料真实性：图样需与实际应用设计一致，避免"纸上设计"与"流片设计"不符。样品需至少保留10年，以备维权使用。

技术保密：申请时若含保密信息，需在图样中标注并单独提交保密文档。

合法性维护：定期检查设计是否符合最新法规。避免使用禁用技术（如通过反向工程复制他人设计）。

国际保护衔接：若需在海外申请保护，可先在国内登记，再依据《国际互联网条约》申请国际互认。

五、国内外集成电路布图设计立法综述

1. 国内立法。我国通过《集成电路布图设计保护条例》（2001年）构建专门保护体系，采用"登记制"赋予专有权，保护期10年。立法特点包括：独创性标准介于专利与著作权之间，需非行业常规设计；允许反向工程，但要求创新优化；立法层级为行政法规，效力低于法律，存在保护力度不足问题。配套措施涵盖行政执法与司法救济，但刑事保护缺失。近年来通过司法解释和案例指导（如2021年最高人民法院驳回天微电子上诉案）细化裁判规则，强化实践操作性。

2. 国外立法。国际保护呈现双轨制：美国、日本、欧盟等采用专门立法模式，如

美国《半导体芯片保护法》（1984 年）结合版权与专利保护要素；部分国家依赖著作权法扩展保护。核心国际条约为《华盛顿条约》和《TRIPS》协定，后者将保护期统一为 10 年并限制善意侵权例外。立法趋势注重技术适应性，如欧盟指令覆盖新型材料芯片，而美国通过反向工程抗辩来平衡创新与竞争。跨国保护中，企业常利用国际互认机制（如《国际互联网条约》）实现多地同步确权。

📖 技能达标 ▶

知识目标

1. 掌握集成电路布图设计的定义、技术特征；
2. 明确布图设计在集成电路产业中的核心地位；
3. 熟悉法律法规体系；
4. 掌握保护模式差异。

能力目标

1. 能够独立分析《集成电路布图设计保护条例》条款，解读"独创性"的技术与法律双重标准；
2. 能够分析集成电路布图设计知识产权纠纷相关案例，并掌握解决相关纠纷以及申请集成电路布图设计的能力；
3. 能够运用《华盛顿条约》评估企业海外布局的合规风险；
4. 能够设计符合《TRIPS 协定》标准的布图设计保护方案，提升国际竞争力。

素养目标

1. 树立"技术—法律"双轮驱动的创新观；
2. 培养前瞻性保护思维，增强跨文化沟通与纠纷应对能力；
3. 激发通过法律保护推动技术创新的使命感。

法律法规

岗位职责

岗位名称	职责描述
知识产权专员	1. 负责布图设计登记、专利申请与维护。 2. 监测侵权行为，协助维权。 3. 制定知识产权保护策略。
法律顾问	1. 提供技术合作与转让的法律支持。 2. 参与合同审查与纠纷诉讼。 3. 分析国际条约对企业的影响。
技术审查员	1. 审查布图设计的独创性与技术合法性。 2. 评估半导体工艺风险。 3. 参与专利布局分析。
市场合规经理	1. 制定跨国市场准入策略。 2. 规避国际知识产权壁垒。 3. 协调跨境保护事务。

知言知语

中方愿同各方一道，继续加强合作，坚定维护国际知识产权多边体系，为打造有利于创新发展的国际环境贡献中国智慧和中国方案，推动全球知识产权治理体系向着更加公正合理方向发展，为增进人类福祉贡献中国力量。

——习近平总书记致 2024 年国际保护知识产权协会世界知识产权大会的贺信

知权演练

延伸思考

推荐阅读：

谷歌人工智能团队在国际顶级期刊《Nature》上发表一篇名为《一个快速芯片设计的布图布局方法》(*A graph placement methodology for fast chip design*) 的论文，阅读网站参见：https：//www.nature.com/articles/s41586-021-03544-w。

思考与实训

1. 如何利用智能检索工具构建地理标志特征词库。
2. 如何通过 AI 辅助工具优化地理环境要素分析。

项目名称	地理标志智能检索与分析		实训学时	2 课时
实训时间	章节结束后	实训地点	实训室	实训形式	挑战赛
实训目的	1. 掌握地理标志数据库及智能检索平台的使用方法。 2. 培养地理标志检索分析与合规性评估能力。 3. 提升 AI 辅助工具在地理标志实务中的应用能力。				
实训内容	1. 检索策略设计。在地理标志检索实务中，智能检索关键词的生成是一项系统性工作。首先，需要围绕产品特征词展开分析，包括传统工艺特征、质量特征等核心要素，这些要素应当符合《地理标志产品保护规定》中关于产品特性的要求。其次，地理环境要素的提取需要同时考虑自然因素（如气候、土壤、水文等）和人文因素（如历史传承、文化积淀等）的双重维度。最后，在生产规范要素方面，应当重点关注工艺流程的标准化要求以及质量控制指标，确保检索结果能够全面反映地理标志产品的规范性特征。				
	2. 关联地理标志识别。关联地理标志的识别是一项综合性任务。在跨区域地理标志追踪过程中，需要建立系统的信息收集机制，确保对相关区域的地理标志信息进行全面把握。在相似产品对比分析环节，应当重点关注产品特征的相似度评估，建立科学的对比分析框架。完整性验证则需要从法律保护、技术特征、质量标准等多个维度进行系统验证，确保地理标志信息的准确性和完整性。				
实训素材	1. 地理标志数据库使用指南。 2. 智能检索平台操作手册。 3. 检索策略示范模板。 4. 评分标准说明文档。				

实训要求	在本实训项目中，学生需要掌握以下两个关键环节的操作规范与技术要求： 1. 检索策略设计要求。根据《地理标志产品保护规定》，从产品特征（如茶叶、陶瓷等）和地域特征（如产地范围、自然环境等）两个维度，提取至少3个核心关键词，并运用智能检索平台的布尔逻辑功能（"AND""OR"等）构建检索式，完成指定地理标志产品的数据库检索。检索结果需体现该产品的特定质量、信誉或其他特征与地理来源的关联性。 2. 关联地理标志识别要求。选取同一产品类别（如茶叶）的两个不同地理标志，运用智能检索工具对比其自然因素（如气候、土壤等）和人文因素（如生产工艺、历史传统等），分析其显著差异特征，并完成一份不少于500字的对比分析报告。报告应当包含产品特征、地理环境特征和生产规范三个方面的内容。
实训组织	1. 分组进行，每组4~5人。 2. 指定组长负责任务分工。 3. 建立详细的检索日志。 4. 制作检索分析报告。